编写人员

主　编：刘亚芹

副主编：曾光辉　申　静　李　欣

撰稿人（以撰写章节先后为序）：

　　刘亚芹　曾光辉　李　欣

　　杨　帆　申　静

新时代司法职业教育"双高"建设精品教材

戒毒工作基础

刘亚芹 ◎ 主编

华中科技大学出版社
中国·武汉

内 容 提 要

本书主要介绍毒品与毒害、吸毒与成瘾、戒毒与康复等方面的基本理论、基础知识。分为"毒品基础知识""毒品问题与治理""毒品成瘾机制""戒毒康复基础知识""我国主要戒毒康复措施""司法行政戒毒工作""社会工作与戒毒"七个学习项目。每个学习项目设有学习目标、重点提示、拓展学习、项目考核等内容,以期帮助学习者领会、掌握学习内容,拓展视野,更好把握知识体系。

图书在版编目(CIP)数据

戒毒工作基础/刘亚芹主编. —武汉:华中科技大学出版社,2023.3
ISBN 978-7-5680-9228-9

Ⅰ.①戒… Ⅱ.①刘… Ⅲ.①戒毒-工作-中国 Ⅳ.①D669.8

中国国家版本馆CIP数据核字(2023)第049108号

戒毒工作基础   刘亚芹 主编
Jiedu Gongzuo Jichu

策划编辑:张馨芳	
责任编辑:苏克超	
封面设计:孙雅丽	
版式设计:赵慧萍	
责任校对:张汇娟	
责任监印:周治超	
出版发行:华中科技大学出版社(中国·武汉)	电话:(027) 81321913
武汉市东湖新技术开发区华工科技园	邮编:430223
录　　排:华中科技大学出版社美编室	
印　　刷:湖北新华印务有限公司	
开　　本:787mm×1092mm　1/16	
印　　张:13　插页:2	
字　　数:250千字	
版　　次:2023年3月第1版第1次印刷	
定　　价:58.00元	

本书若有印装质量问题,请向出版社营销中心调换
全国免费服务热线:400-6679-118　竭诚为您服务
版权所有　侵权必究

前　言

毒品是人类社会的一大公害，它不仅损害吸食者本人的身心健康，而且会引发严重的社会问题，比如诱发犯罪、传播疾病，危害公共安全、影响公共卫生秩序等。我国把禁毒工作纳入国家安全战略和平安中国、法治中国建设的重要内容，按照"源头治理、以人为本、依法治理、严格管理、综合治理"的基本原则，坚持"预防为主，综合治理，禁种、禁制、禁贩、禁吸并举"的工作方针，深入推进禁毒人民战争，坚决遏制毒品问题发展蔓延。作为治理毒品问题的一个重要环节，戒毒与康复工作对于挽救吸毒成瘾人员、保护人民生命健康、维护社会安全稳定具有十分重要的意义。

戒毒工作是一项专业性很强的工作，涉及医疗、教育、法律、康复、矫治等领域，涵盖医学、教育学、法学、心理学、社会学、管理学等学科。本书是一本关于毒品成瘾、戒毒康复等方面的概论性教材，依据国家禁毒戒毒工作的法律法规和相关政策，以及我国目前在戒毒康复领域的主要做法，结合专业学习以及专业教学的实际需要，从开展戒毒工作所需的基础理论、基本知识出发，介绍毒品成瘾和戒毒康复知识的有关内容。

本书有以下两个方面的特点。一是理论适度，注重基础。立足"好懂、易懂"，力求将冗长、深奥的专业术语在保持其科学性的定义下，理论适度，做到通俗易懂。二是读者视角，遵循认知。本书以读者为中心构建编写框架，从读者的认知逻辑出发，按照毒品与毒害、吸毒与成瘾、戒毒与康复的逻辑顺序选取编写素材，符合由入门到进阶，再到专业的认知规律，循序渐进、由浅入深。

戒毒工作既是一项专业性很强的工作，也是一项综合性很强的工作。我国目前戒毒资源还很紧缺，其中专业人才缺乏是非常突出的问题。当前，戒毒工作迫切需要加强人才培养，同时也需要普及相关知识，引起公众对戒毒康复领域的关注，以期汇集更多的社会力量治理毒品问题。本书简明、易懂、容易入门，希望借此能为防范毒品危害、普及戒毒康复知识、筑牢生命健康安全屏障、维护社会安全稳定出一份力。

在编写过程中，为适应司法警官类院校戒毒相关专业的教学需要，本书内容框架分为三个学习单元七个学习项目，由武汉警官职业学院刘亚芹担任主编，设计总体编写框架、提出编写体例；武汉警官职业学院曾光辉、湖北省狮子山强制隔离戒毒所申静、武汉警官职业学院李欣任副主编，参加编写的还有黄冈市强制隔离戒毒所杨帆等，最后由刘亚芹统稿。撰稿人及撰写内容（以撰写内容先后为序）如下。

  刘亚芹（武汉警官职业学院）：学习项目一、二、五、七。

  曾光辉（武汉警官职业学院）：学习项目三学习任务1、2。

  李欣（武汉警官职业学院）：学习项目三学习任务3。

  杨帆（黄冈市强制隔离戒毒所）：学习项目四、学习项目六学习任务2。

  申静（湖北省狮子山强制隔离戒毒所）：学习项目六学习任务1。

编写过程中，我们参考使用了一些学者、研究者的成果，感谢他们为本书的形成提供了资料来源，敬佩他们对推动戒毒工作所付出的辛勤努力和贡献的卓越智慧！感谢田云香主治医师在本书形成过程中给予的帮助！

由于编者水平有限，存在的不足之处，敬请各位同仁、读者朋友批评指正！

编　者
2022年9月

目 录

第一单元 毒品与毒害

学习项目一 毒品基础知识 ⋯⋯⋯⋯⋯⋯⋯⋯⋯⋯⋯⋯⋯⋯⋯⋯⋯⋯⋯⋯⋯⋯ 3
　　学习任务1　毒品的定义与特征　// 4
　　学习任务2　吸毒的危害性与违法性　// 15

学习项目二 毒品问题与治理 ⋯⋯⋯⋯⋯⋯⋯⋯⋯⋯⋯⋯⋯⋯⋯⋯⋯⋯⋯⋯⋯ 29
　　学习任务1　我国的毒品问题　// 30
　　学习任务2　我国毒品问题治理策略　// 35

第二单元 吸毒与成瘾

学习项目三 毒品成瘾机制 ⋯⋯⋯⋯⋯⋯⋯⋯⋯⋯⋯⋯⋯⋯⋯⋯⋯⋯⋯⋯⋯⋯ 47
　　学习任务1　吸毒成瘾相关概念　// 48
　　学习任务2　毒品成瘾机制　// 56
　　学习任务3　吸毒成瘾法律认定　// 62

第三单元 戒毒与康复

学习项目四 戒毒康复基础知识 ⋯⋯⋯⋯⋯⋯⋯⋯⋯⋯⋯⋯⋯⋯⋯⋯⋯⋯⋯⋯ 79
　　学习任务1　戒毒康复基本理论　// 80
　　学习任务2　戒毒康复工作流程　// 88
　　学习任务3　戒毒康复常用干预方法　// 95

学习项目五 我国主要戒毒康复措施 ········ 115
学习任务 1 自愿戒毒 // 116
学习任务 2 社区戒毒与社区康复 // 121
学习任务 3 强制隔离戒毒 // 125
学习任务 4 戒毒药物维持治疗 // 136

学习项目六 司法行政戒毒工作 ········ 153
学习任务 1 司法行政戒毒工作历史沿革 // 154
学习任务 2 司法行政戒毒工作的组织与运行 // 156

学习项目七 社会工作与戒毒 ········ 179
学习任务 1 社会工作基础知识 // 180
学习任务 2 戒毒社会工作 // 187

附录 常用法律法规 ········ 200

参考文献 ········ 201

第一单元 毒品与毒害

学习项目一　毒品基础知识
学习项目二　毒品问题与治理

学习项目一

毒品基础知识

◆ **学习目标**

1. **知识目标**：理解毒品的含义；了解毒品识别与检测方法；熟悉毒品的危害性与违法性；掌握毒品的定义、特征、分类，形成对毒品的总体认知，为后续学习打下基础。

2. **能力目标**：能准确把握毒品的含义，理解不同国家毒品管制的差异；学会根据毒品的特性，对常见毒品进行分类。

3. **素质目标**：树立"健康人生、绿色无毒"的生活理念；培养对禁毒、戒毒工作的认同感。

◆ **重点提示**

本项目学习重点是掌握毒品的基础知识，理解我国法律对毒品所作的定义，掌握毒品的特征及其基本分类；了解常见毒品的主要特性、毒品的识别与检测方法，明确吸毒的危害性与违法性。

学习任务1　毒品的定义与特征

一、毒品的定义

"毒品"是一种通俗的说法。英语中，一般将毒品与药品统称为"drug"，与毒品相近的概念是"illicit drugs"或"illegal drugs"（非法药物）；将毒品的使用（俗称吸毒）称为药物滥用或药物娱乐性使用。按照《国际禁毒公约》的规定，毒品是指受管制的麻醉药品和精神药品。

1979年的《中华人民共和国刑法》（以下简称《刑法》）规定了"毒品犯罪"的各种罪名，但未明确毒品的法律定义。1990年12月28日第七届全国人民代表大会常务委员会第十七次会议通过《关于禁毒的决定》，其中指出：本决定所称的毒品是指鸦片、海洛因、吗啡、大麻、可卡因以及国务院规定管制的其他能够使人形成瘾癖的麻醉药品和精神药品。这是我国法律首次正式对"毒品"进行定义。

1997年修订的《刑法》对"毒品"进行了更为准确规范的定义。《刑法》第357条规定：本法所称的毒品，是指鸦片、海洛因、甲基苯丙胺（冰毒）、吗啡、大麻、可卡因以及国家规定管制的其他能够使人形成瘾癖的麻醉药品和精神药品。2008年6月1日起施行的《中华人民共和国禁毒法》（以下简称《禁毒法》）采用了上述定义。《禁毒法》第2条规定：本法所称毒品，是指鸦片、海洛因、甲基苯丙胺（冰毒）、吗啡、大麻、可卡因，以及国家规定管制的其他能够使人形成瘾癖的麻醉药品和精神药品。

从上述法律规定可以看出，我国采取列举和概括相结合的方式对毒品进行定义。一方面通过列举的方式，明确了现阶段我国毒品的主要种类，同时又通过概括的方式，描述毒品的本质特征，补充列举的不足，满足禁毒工作不断发展和开展国际禁毒合作的需要。比如，国家管制的麻醉药品和精神药品清单，由国家药品监督管理部门制定并根据具体情况随时增减。[①]

[①] 2021年5月，公安部、国家卫生健康委员会和国家药品监督管理局联合发布《关于将合成大麻素类物质和氟胺酮等18种物质列入〈非药用类麻醉药品和精神药品管制品种增补目录〉的公告》，决定正式整类列管合成大麻素类新精神活性物质，并新增列管氟胺酮等18种新精神活性物质，2021年7月1日起施行。

随着社会经济的发展，对毒品的认识会发生变化。不同国家和地区在不同时期，对毒品内涵和外延的界定会有所不同。各国通常采取开列和定期公布麻醉药品、精神药品、制毒物质清单的方式确认毒品的范围。在国际社会中，第一个禁毒公约《海牙禁止鸦片公约》，仅仅将鸦片视为毒品；《1936年禁止非法买卖麻醉品公约》将毒品的范围扩大到其他鸦片制剂；《1961年麻醉品单一公约》把非法种植罂粟、古柯和大麻列为禁止和惩治行为；《1971年精神药物公约》将非法精神药物也列入其中。随着毒品滥用范围的不断扩大，以及新型合成类毒品的不断出现，毒品的种类和范围也会进一步扩大，因此，毒品的含义和范围，受禁毒形势和国家立法的影响，会是一个变化调整的过程。

二、毒品的特征

（一）成瘾性

成瘾性，是指由于反复使用某种药物而产生的生理依赖或心理依赖，或者二者兼而有之的一种依赖状态。因此，成瘾性又称"依赖性"。

成瘾性是毒品最重要、最显著的自然属性，它使吸毒者对毒品产生了一种难以克制的强烈追求欲望，迫使他们不断地获取和吸食毒品，最终不能自拔。

毒品的成瘾性（依赖性），分为生理和心理两个方面。

1. 生理依赖性

生理依赖性，又称身体依赖性，是指中枢神经系统因长期使用依赖性药物而产生的一种身体适应状态。毒品作用于人体后，使人体机能产生适应性改变，形成在药物作用下的新的平衡状态。一旦停止用药，生理功能就会发生紊乱，出现一系列严重反应，称为戒断症状或撤药反应，使人感到非常痛苦。用药者（吸毒者）为了避免戒断反应，就必须不断用药，并且不断加大剂量，最终导致离不开毒品。

生理依赖性的产生及其严重程度除了与吸毒者个体的生理、心理因素有关外，还与所滥用药物的种类、用药时间、频度和剂量有关。据研究，鸦片类毒品所产生的生理依赖性最为强烈，甚至从第一次用药后就会出现，用药者一般在停药8～12个小时后表现出一系列戒断症状。

2. 心理依赖性

心理依赖性，又称精神依赖性，是指长期、反复使用依赖性药物后，在心理上、精神上对所用药物产生的一种依赖状态，表现为在心理上、精神上对所用药物的主观渴求和强迫性觅药的心理倾向。毒品进入人体后，作用于人的中枢神经系统，使人产生心理满足的欣快感，这种欣快感，导致吸毒者在心理上对所食毒品的强烈渴求和吸食毒品的强烈欲望，继而引发强迫性用药行为，以获得不断满足的心理需求。

产生心理依赖性主要有两个方面的原因：一是由以往用药所体验到的某种效果或感受，会驱使用药者为不断追求这种效果或感受（欣快感），从而产生继续使用该药物的强烈欲望；二是为了逃避停药时出现的烦躁、不安等痛苦反应而渴望继续用药。毒品的心理依赖性虽然表面上不如生理依赖性明显、强烈，但实际上作用十分顽固，它是吸毒者在生理脱瘾后复吸率居高不下的重要原因。

（二）耐受性

耐受性，是指不断使用同一种或同一类药物后，药用效果会出现退化现象，机体对该药物的反应迟钝、变弱，需要不断增加剂量才能获得与以前相同的效果。同样，在反复、多次吸毒后，毒品带来的欣快感会逐渐降低，需提高吸毒频率或增加剂量来维持欣快感。

由于毒品的药物耐受性，大多数吸毒者的吸毒经历，通常表现为从增大吸毒剂量、缩短间隔时间，到吸食方式的变化，比如由口服、鼻吸等变为静脉注射。吸食的频率越高，意味着吸毒所产生的欣快感消退速度就越快，这也是导致吸毒频率逐步提高的主要因素。

（三）危害性

吸毒通常伴有身体的功能失调和身体组织病理变化，对身体器官造成损伤，机体免疫力下降，导致多种疾病。如果吸食过量，还会造成突然死亡。吸毒的人往往会出现精神障碍，比如兴奋、幻觉、丧失人格等，引发自伤、自残、自杀、攻击他人等行为。

吸毒不仅危害吸食者的身体和心理健康，而且危害家庭、社会，因此，毒品被视为人类社会的一大公害。由于毒品问题诱发的各种违法犯罪活动，扰乱社会治安，给社会安定带来巨大威胁。因此，有人用"毁灭自己，祸及家庭，危及社会"来概括毒品的危害。

（四）非法性

我国法律规定，吸食毒品是违法行为，必须承担相应的法律后果；同时，对走私、贩卖、运输、制造毒品、非法种植毒品原植物、非法持有毒品、强迫他人吸毒等，作为犯罪行为予以严惩。

毒品的四个特征相互关联，成瘾性和耐受性是毒品的自然特征，危害性则是毒品的后果特征，非法性是毒品的法律特征。

三、毒品的分类

毒品种类很多，范围很广，分类方法也不尽相同，通常有以下几种分类方法。

（一）以毒品来源为标准

以毒品来源为标准，可以分为天然毒品、合成毒品和半合成毒品三大类。

1. 天然毒品

天然毒品是指直接从毒品原植物中提取的毒品，可直接吸食、饮用，或经过简单的提取净化而得到，如鸦片、大麻、可卡因等均属于天然毒品。

2. 合成毒品

合成毒品是指利用两种或两种以上的化学物质，通过一系列化学反应制造出来的毒品，如甲基苯丙胺（冰毒）、安非他明类、杜冷丁、麦角酰二乙胺（LSD）、苯环己哌啶（PCP）等。

3. 半合成毒品

半合成毒品是由天然毒品与化学物质合成而得，如海洛因就是在吗啡中加入醋酸酐、三氯甲烷等化学品，通过化学方法提炼而成。

（二）以毒品自然属性为标准

以毒品自然属性为标准，可以分为麻醉药品和精神药品。

1. 麻醉药品

麻醉药品是指对中枢神经有麻醉作用，连续使用易产生依赖性的药品。常见的麻醉药品，有鸦片类（鸦片、吗啡、海洛因）、可卡因类（古柯碱、盐酸可卡因）、大麻类（大麻烟、大麻脂、大麻油）、合成麻醉药品类、药用原植物及其配剂。

2. 精神药品

精神药品是指直接作用于中枢神经系统，使人兴奋或抑制，连续使用能产生依赖性的药品，如苯丙胺类药物、催眠药、安定药等。

（三）以毒品的流行时间顺序为标准

以毒品的流行时间顺序为标准，可以分为传统毒品和新型毒品。

1. 传统毒品

传统毒品通常是指鸦片、海洛因等阿片类流行较早的毒品。

常见的传统毒品有：

（1）鸦片，又叫阿片，俗称大烟。

（2）吗啡，是从鸦片中分离出来的一种生物碱。

（3）海洛因，化学名称"二乙酰吗啡"，俗称白粉。

（4）大麻，桑科一年生草本植物，分为有毒大麻和无毒大麻。

（5）杜冷丁，即盐酸哌替啶，是一种临床应用的合成镇痛药。

（6）古柯，是生长在美洲大陆、亚洲东南部及非洲等地的热带灌木，是南美洲传统的种植物。

（7）可卡因，是从古柯叶中提取的一种白色晶状的生物碱，是强效的中枢神经兴奋剂和局部麻醉剂。

2. 新型毒品

新型毒品是相对传统毒品而言的，主要指冰毒、摇头丸等人工化学合成的致幻剂、兴奋剂类毒品。相比传统毒品，新型毒品以成本低廉、制作简单、隐蔽性强等特点而取代传统毒品。

常见的新型毒品有：

（1）冰毒，即甲基苯丙胺，外观为纯白结晶体，故被称为"冰毒"。对人体中枢神经系统具有极强的刺激作用，且毒性强烈。冰毒的精神依赖性很强，吸食后会产生强烈的生理兴奋，大量消耗人的体力和降低免疫功能，严重损害心脏、大脑组织，甚至导致死亡。

（2）摇头丸，冰毒的衍生物，以 MDMA 等苯丙胺类兴奋剂为主要成分，具有兴奋和致幻双重作用，滥用后可出现长时间随音乐剧烈摆动头部的现象，故称为"摇头丸"。

（3）K粉，即氯胺酮，静脉全麻药，有时也可用作兽用麻醉药。白色结晶粉末，无臭，易溶于水。吸食 K 粉后，如遇快节奏音乐便会强烈扭动，会导致神经中毒反应、精神分裂症状，出现幻听、幻视等，对记忆和思维能力造成严重的损害。

（4）咖啡因，是化学合成或从茶叶、咖啡果中提炼出来的一种生物碱。大剂量长期使用会对人体造成损害，引起惊厥、心律失常，并可加重或诱发消化性肠道溃疡，甚至导致吸食者下一代智能低下、肢体畸形，同时具有成瘾性，停用会出现戒断症状。

（5）三唑仑，又名海乐神、酣乐欣，淡蓝色片，是一种强烈的麻醉药品，口服后可以迅速使人昏迷晕倒，故俗称迷药、蒙汗药、迷魂药。可以伴随酒精类一起服用，也可溶于水及各种饮料中。见效迅速，药效比普通安定强 45～100 倍。

（6）麦角酰二乙胺，又名麦角二乙酰胺，麦角乙二胺，简称 LSD，是一种强烈的半人工致幻剂，无药用价值。纯净的 LSD 是一种无色、无气味、味微苦的固体。毒品形式一般为酒石酸盐，白色粉末，易溶于水。LSD 能造成使用者 4 到 12 小时的感官、感觉、记忆和自我意识的强烈化与变化，可作化学武器使用。LSD 由麦角酸和仲酰胺合，对氧气、紫外线与氯十分敏感（尤其是当 LSD 处于液态时）。

3. 传统毒品与新型毒品比较

（1）从制造工艺看，鸦片、海洛因等传统毒品主要是罂粟等毒品原植物再加工的半合成类毒品；新型毒品大部分是通过人工合成的化学合成类毒品，因此，新型毒品又叫"实验室毒品""化学合成毒品"。

（2）从作用机理看，鸦片、海洛因等传统毒品对人体的作用主要以"镇痛""镇静"为主；新型毒品对人体主要有兴奋、抑制或致幻的作用。

（3）从吸食的方式看，海洛因等传统毒品多采用吸烟式或注射等方法吸食滥用；新型毒品大多为片剂或粉末，吸食者多采用口服或鼻吸式，具有较强的隐蔽性。

（4）从引发犯罪的时机看，海洛因等传统毒品吸食者一般是在吸食前犯罪，主要是由于对毒品的强烈渴求，吸毒者为了获取毒资导致抢劫、盗窃等违法犯罪；冰毒、摇头丸等新型毒品吸食者由于在吸食后会极度兴奋，出现幻觉、抑郁等精神病症状，导致行为失控而采取暴力行为甚至犯罪。

（四）其他分类

（1）联合国麻醉药品委员会将具有依赖性的药品分为六大类：① 吗啡型药

品，包括鸦片、吗啡、海洛因和罂粟等较危险的毒品；② 可卡因和可卡叶；③ 大麻；④ 安非他明等人工合成兴奋剂；⑤ 安眠镇静剂，包括巴比妥药物和安眠酮；⑥ 精神药物，即安定类药物。

（2）世界卫生组织将具有依赖性的药品分为八大类：阿片类、可卡因类、大麻类、中枢神经兴奋药、酒精及中枢神经抑制药、致幻剂、挥发性有机溶液、烟草。

（3）《国际禁毒公约》将具有依赖性的药品分为三类：① 麻醉药品，包括阿片类（吗啡、海洛因）、大麻类（北美大麻、印度大麻）、可卡因类（古柯叶、可卡因）等；② 精神药品，包括镇静催眠药与抗焦虑药（巴比妥类、安眠酮、苯二氮卓类）、中枢兴奋类（甲基苯丙胺）、致幻剂（LSD、色胺类）等；③ 其他，包括烟草、酒精、挥发性有机溶剂。

四、毒品识别与毒品检测

（一）常见毒品识别

根据毒品的外观物理特征和化学反应特性，可以判断、识别毒品。毒品快速检验识别的方法主要有观察法和化学显色法。观察法主要根据各种毒品不同的物理特性，比如气味、颜色、物态和形态等，进行辨识。但是这种方法过于单一，当识别两种物理性质较相近的毒品时，就难以准确识别出来，所以需要结合化学显色法进行检验识别。化学显色法根据不同的毒品与不同化学试剂发生的化学反应，通过其呈现出来的反应色，来进行推断。

1. 鸦片类毒品的外观识别

鸦片是罂粟果实中流出的白色浆汁、经干燥凝结而成。新鲜的生鸦片为膏状，呈棕色或暗褐色，有弹性，有类似氨味或陈旧尿味，味苦，有一种特殊的呛人的气味。没有嗅过的人如果近闻，会被刺激到打喷嚏。仔细嗅之，其气味中包含蜜糖、烟叶及石灰水等杂味。长时间放置的生鸦片因水分的散失呈棕黑色的硬块，形状不一，常以球状、饼状、砖块状贩运出售。生鸦片经烧煮和发酵，便成了可供人吸食的熟鸦片，并被制成了条块状或饼状，此时它呈棕色或金黄色，手感光滑柔软，吸时会有香甜气味。

吗啡是从鸦片中分离出来的一种生物碱，比鸦片更容易成瘾。在鸦片中含量占10%左右，在医学上为麻醉性镇痛药。海洛因、杜冷丁、美沙酮等都是吗啡的衍生物。

吗啡具有特殊的气味，形状似细咖啡粒，纯净的吗啡为无色或白色的结晶或粉末，难溶于水，易吸潮。药用的吗啡片是合法生产的盐酸吗啡、硫酸吗啡、压成小片，一般呈米色或黄色。吗啡主要有粗制吗啡、吗啡碱、吗啡片。

海洛因是由吗啡与醋酸酐经化学作用而生成的一种衍生物。海洛因镇痛作用是吗啡的4～8倍，化学名称叫二乙酰吗啡，医学上曾广泛用于麻醉镇痛，但成瘾快，戒断难，目前世界各国都把它列为头号毒品。

海洛因按其成分和纯度不同分为一到五号五大类，不同纯度的海洛因外观也不同，一般呈灰白色粉末状或压成块状，略有醋味。

2. 大麻类毒品的外观识别

大麻植物为一年生草本植物。雌雄异株，株高1～5米，主茎有沟纹，表皮粗糙，呈绿色，竖直、中空。叶片呈掌状，每片叶子由5～11个锯齿状小叶片组成，根部叶片大，顶部叶片小。花粉呈黄绿色。雌株的果实呈卵形，直径1～2毫米，称大麻籽。

粗制的大麻毒品含有叶、花、茎及种子，容易与树叶、茶叶相混淆，有草腥味，略感麻性。混合于香烟内的大麻叶与烟叶颜色较为一致，现场识别需使用5倍的放大镜加以区分。混糅于雪茄烟内的大麻叶更需仔细观察。精制的大麻毒品仅含有细碎的叶茎和花穗，新鲜时呈暗绿色，放久或暴露后变成褐色。

大麻脂以过滤、打浆等方式收集，多压缩成块状。固定成型的方式不同，其硬度、形状也不同，用热水浸泡溶解，呈深绿色混溶状，气味较腥、较麻。有些块状物有凹形花纹、文字，一般认为是毒品产地的商标记号。

3. 古柯类毒品的外观识别

常见古柯类毒品主要有古柯叶、古柯糊（古柯膏）、可卡因碱及盐酸可卡因等。古柯叶的外观形状与月桂树叶类似，为长椭圆形，呈深绿色，叶子的背面有两条与中间主叶脉相平行的纵向叶脉线，这是识别古柯叶的主要特征。古柯膏为呈浅白色、乳白色或米色的粉状物，颗粒较粗且较为潮湿，呈团块状，轻压即能粉碎，有特殊气味；纯品可卡因生物碱是无色或白色柱状结晶，具有苦味，熔点为98℃，易溶于乙醇、乙醚、苯、氯仿等，难溶于水；盐酸可卡因为无色柱状结晶或白色结晶状粉末，具有光泽，近似透明，即使碾碎后仍呈闪光的晶体状，味苦，尝起来舌头感到麻木，易溶于水、乙醚、氯仿等。

4. 苯丙胺类毒品的外观识别

苯丙胺类毒品，也称苯丙胺类兴奋剂，是由苯丙胺转换而来的中枢神经兴奋剂的统称。常见的主要有苯丙胺、甲基苯丙胺（冰毒）及其衍生物亚甲二氧基苯丙胺（MDA）、亚甲二氧基甲基苯丙胺（MDMA），本身为液体，不稳定，常以盐类如盐酸盐、硫酸盐及磷酸盐形式存在。

非法生产的苯丙胺硫酸盐为白色粉末，由于成品中含有杂质或掺有各种添加剂，如色料，使得其色泽呈粉色、黄色或褐色，无臭、略带苦辣味，常以片剂粉末、胶囊、糖浆等形式出售。

非法生产的甲基苯丙胺（冰毒），外观为纯白结晶体，晶莹剔透，与普通冰块相似，故被吸毒、贩毒者称为"冰"。在走私冰毒中常掺有葡萄糖乳糖、蔗糖、硫酸镁、谷氨酸钠、咖啡因、麻黄碱、普鲁卡因、安替比林等。常以片剂、块状、颗粒或无色液体形式出售，偶有以邮票等形式出现。

MDA、MDMA 的游离体为无色油状液体，一般不溶于水而溶于有机溶剂，如乙醇、乙醚和氯仿。其盐酸盐纯品为白色粉末，常以白色、红色、橘黄色、蓝绿色和棕色等五颜六色的片剂形式出售，药片上刻有"鸟"形、"五角"形、"菱"形和"LOVE"等标志，也有无标志的。摇头丸即以 MDMA、MDA 等苯丙胺类兴奋剂为主要成分。

5. 致幻剂类毒品的外观识别

目前国际上广为滥用的致幻剂类毒品主要有麦角酰二乙胺（LSD）、麦斯卡林、苯环利定（PCP）等。LSD 为白色晶体，无味，难溶于水，易溶于甲醇，在碱性溶液中易分解，对光不稳定。吸食者一般吸食的 LSD 为其酒石酸盐，无味，外形为粉末，一般皆为口服，也可静脉或皮下注射，或洒在烟草上以抽吸方式吸入。LSD 能完全在体内代谢，肝脏是其主要的代谢器官，代谢产物为 LSD 的氧化物，但从尿及粪便中的排泄量极少。LSD 的剂型为粉剂、溶液、纸型、剂量类似"微剂型"的小片和胶囊。

麦斯卡林的外形为结晶体，溶于水、乙醇和氯仿，几乎不溶于乙醚。其盐酸盐为针状结晶，溶于水和乙醇。麦斯卡林的硫酸盐含有两个结晶水，为菱形，可溶于热水、甲醇，微溶于冷水和乙醇。走私的麦斯卡林有花粉、药片或胶囊。

苯环利定（PCP）通常以盐酸盐的形式存在，外形为白色结晶性粉末，无臭，极易溶于水、乙醇和氯仿。大多数出售的苯环利定（PCP），因拌有其他杂质而呈棕黄色至褐色，形态有粉末状和黏土状，成品有片剂和胶囊。

6. 抑制剂类毒品的外观识别

中枢抑制剂主要是指巴比妥类和安定类药物，近年来，一些吸毒者把中枢抑制剂与其他毒品合用，严重危害身体健康。

巴比妥类催眠药多为白色结晶或结晶性粉末，无臭，味苦。巴比妥的外形为白色长方形结晶，易溶于乙醇等有机溶剂，但不溶于水；戊巴比妥钠的外形为白色结晶性粉末，无臭、味微苦，几乎不溶于乙醚和绝大多数有机溶剂，但极易溶于水和乙醇。水溶液加酸酸化，就会析出戊巴比妥钠的白色沉淀。硫喷妥钠呈浅黄色，略有蒜样臭味。

安定类药物中的利眠宁纯品为淡黄色结晶性粉末，无臭、味苦；安定纯品为白色结晶性粉末，无臭、味苦；硝基安定为黄色结晶性粉末，无臭、无味。三唑仑的外形为白色或微黄色结晶性粉末，无味，难溶于水，可溶于乙醇，可以伴随酒精类共同服用，也可溶于水及各种饮料。

安眠酮纯品为白色结晶性粉末，无臭、味微苦，在水中几乎不溶，易溶于氯仿、苯、乙醇、丙酮等有机溶剂。

氯胺酮（俗称 K 粉）的盐酸盐为白色结晶性粉末，微溶于乙醇，能溶于水，水溶液呈酸性。

（二）毒品检测

人体内毒品检测方法主要有尿液检测、唾液检测、血液检测、毛发检测等。根据新陈代谢原理，吸食毒品后，人体代谢物、血液、唾液等生物样本中都会留下毒品痕迹。不同生物样本中毒品留存时间不同，因此，不同样本的吸毒检测时效也不同。

1. 尿液检测

尿液检测是通过比对待检测的尿液在试纸上的反应，来判断是否吸毒。由于毒品试纸操作相对比较简单，其体积小，方便携带，并且可以快速地检测出吸毒者体内的毒品成分，因此非常适合现场检测使用。尿液检测最长的有效期为一周（最佳检测时间为吸毒后三四天内）。如果吸毒者在一个星期前吸毒，尿液检测会出现阴性（即未检测出吸毒）的情况，这是在尿液检测时需要特别注意的。

尿液检测因其快速、方便、便于携带等优点，是比较常规的检测方法，适合个人、戒毒医院、公安部门等快速筛查。但尿液检测也存在一些弊端，比如样本必须一对一监督取尿、尿液有可能与常用的合法药物产生交叉反应，从而造成假阳性结果及尿液样本易掺假、调包等。因此，随着毒品检测技术的进步，目前尿液检测一般用于简单的吸毒筛查。

2. 唾液检测

唾液检测和尿液检测类似，使用唾液检测板或检测仪。唾液检测能精准检测出吸食的毒品类别，包括冰毒、吗啡、大麻、甲基苯丙胺等 20 多种毒品及其代谢物，从采集到检测短时间即可完成。

相对于尿液检测来说，唾液检测更加灵敏，其方式更易于被检测者接受，而且不受场地和性别的限制。但唾液检测追溯期比尿液检测短，通常情况只有 24 小时。

唾液毒品检测有操作便捷、快速的优点，但同样也存在易污染（比如受到食物、口香糖、香烟等影响）的情形，容易导致检测结果的不稳定，产生误差，而且唾液检测样本的获取，需要检测者的高度配合。

3. 血液检测

血液检测需要抽取被检测者的血液，通过专门的仪器设备来判断是否吸毒。血液检测的专业度、精准度是比较高的，能弥补尿液、唾液检测的一些缺陷。但血液的新陈代谢比较快，残留在血液中的毒品很容易被代谢掉，因此血液检测对时效性要求相对较高。如果采集血液后，不能及时进行检测，容易导致样本无效。另外，血液检测对检测设备要求高，检测成本高。

4. 毛发检测

人体毛发的主要成分是角质蛋白，约占 97%。吸毒后，毒品就会参与到人体的新陈代谢之中，毒品的代谢产物会进入新生毛发的角蛋白中。对于已经生长出来的毛发，毒品的代谢物也会通过汗腺或皮脂的分泌而进入人体。毒品进入毛发后，可在毛发中保持相当长的时间，毛发检测技术基于此而产生。当毛发样本中毒品含量高于国家规定阈值时，检测结果就会显示阳性。

毒品在毛发中的留存机理和血液、唾液、尿液等生物样本不同，毒品进入人体后，唾液、血液及尿液中的毒品成分会持续代谢、快速降解，几天后就会彻底消失；而当毒品通过血液循环进入毛囊，毒品原体及代谢物会被毛发中的角质蛋白固定，并保留在毛发中，随着毛发的生长，吸毒信息会从发根向发梢迁移，因此规律生长的毛发可以记录吸毒史。比如，正常规律生长的头发，从发根端算起，基本通过 1 厘米毛发可以检测出一个月内的吸毒情况。从理论上讲，如果毛发足够长，可以检测出 2~3 年内的吸毒情况。

毛发检测样本易于采集、能反复采样，易操作、易保存（无须冷藏）。除了头发可以作为检测样本外，身体的任何一处体毛都能够用来检测，因此也更便捷。相对于其他毒品检测方法，毛发检测结果更精准，检测报告常应用于司法实践；检测时效长，可以判断被检测者至少 6 个月内是否存在吸毒行为。

在禁毒戒毒工作中，尿液检测、唾液检测、血液检测、毛发检测各有特色和优势，具体选择哪一种检测方法，要结合实际情况来决定。

学习任务 2　吸毒的危害性与违法性

一、吸毒的危害性[①]

吸毒的危害性是多方面的，不仅会给吸毒者本人带来身心损害，而且会祸及家庭、危害社会。

（一）躯体损害

1. 直接损害

1）成瘾

成瘾是毒品对大脑特定部位作用和损害的结果，因此，成瘾被认为是一种慢性复发性脑疾病，表现为不可控制的、不顾后果的强迫性的觅药和用药行为，以及对毒品持久而强烈的渴求感。

一是改写欣快感体验，导致强烈渴求感。位于大脑边缘系统内由伏隔核、腹侧被盖区和前额叶皮质组成的多巴胺神经环路，称为脑奖赏环路。当受到直接或间接刺激时，该环路可大量释放多巴胺神经递质，该神经递质作用于相应的多巴胺受体，产生一种从"舒适"感受到强烈"欣快"的体验。自然状态下，进食、饮水和性活动均可不同程度地促进多巴胺的释放，产生吃饱喝足后的舒适感和性高潮快感。因此，脑奖赏环路多巴胺神经细胞结构与功能的完好与否是决定上述奖赏效应的基础。研究表明，所有成瘾性物质均是通过促进多巴胺释放、抑制多巴胺重吸收或模拟多巴胺的作用而导致超出自然奖赏强度的极度强烈的"欣快感"。比如，阿片类物质是通过激动阿片受体促进多巴胺释放；可卡因类物质可抑制多巴胺重吸收；苯丙胺类物质等则可促进多巴胺释放和抑制

---

① 参见赵敏、张锐敏：《戒毒社会工作基础》，军事医学科学出版社 2011 年版，第 44—47 页。

其重吸收。毒品的作用，实质上是使得多巴胺耗竭，同时造成多巴胺神经细胞的结构受损，如细胞体积皱缩和树突变性坏死等等。这种损害可在用药后很快出现，且难以逆转和完全恢复，并且可持续很长时间，有的甚至可持续终生。脑奖赏环路多巴胺的相对或绝对缺乏，就是成瘾者停止使用毒品后对毒品产生强烈"渴求"和出现对很多事情都"找不到感觉""没有兴趣""高兴不起来"和"没有动力"的原因所在。

二是影响情绪记忆，终生难以忘记。大脑内与记忆和情绪活动密切相关的结构有海马回和杏仁核，海马回位于脑颞叶内，形状弯曲似海马，是大脑边缘系统的组成部分之一，与记忆及空间定位有关，海马回被切除后记忆只能保留20秒。杏仁核附着在海马的末端，呈杏仁状，也是边缘系统的一个部分。在情绪、特别是恐惧中，具有重要作用。杏仁核参与了中脑边缘多巴胺奖赏回路的活动，并接受下丘脑、丘脑、脑干网状结构和新皮质的纤维。大量动物试验和临床实践证明，杏仁核与情感行为活动等密切相关。脑影像学的相关研究发现，仅30毫秒毒品场景的视频刺激就可激活杏仁核和海马的活动，诱发出病人对毒品的渴求，甚至寻求和使用毒品。可见，毒品作用于该部位后所形成的带有强烈的"愉悦"和"欣快"等情绪体验和情绪色彩的"毒品记忆"，深刻而持久，甚至终生难以忘怀。这就是人们常说的"一朝吸毒，十年戒毒，终生想毒"的原因所在。

三是损害大脑额叶，降低判断与控制能力。额叶约占大脑皮质面积的40%，是大脑功能的执行中枢，并与大脑其他部位相联系，负责对传入的信息进行加工整合，并选择适当的情感和运动反应，其功能与躯体运动、语言及高级思维活动有关，主要负责思维、计划，个体的需求和情感。大脑的"风险决策认知加工过程假说"认为：前额叶眶部可能参与了奖赏（惩罚）认知加工过程，是风险决策认知加工和处理的重要脑区。该部位损伤会对风险决策认知加工产生影响，前额叶眶部损伤后的患者追求高奖赏，惩罚后风险选择的抑制效应消失，额叶病变不仅能改变认知功能、行为和决策能力，也能影响情感和情绪。研究发现，所有成瘾性物质均可对前额叶产生影响，特别是长期反复使用这类物质成瘾后，可见前额叶的神经细胞损伤，奖赏（惩罚）认知加工过程明显损害，表现为追求毒品"高奖赏"（欣快感）的强烈渴求，理智能力和冲动控制能力减弱，以及明知故犯的、不可控制的、不顾后果的寻找和使用毒品的行为。

2）大脑其他部位的损害

毒品除作用于上述与成瘾相关的部位外，还可对大脑的其他部位造成相应的损害。毒品的主要作用部位是大脑，对大脑的影响广泛而持久，长期反复使用可造成大脑功能和结构的损害。不同种类的毒品，其损害存在差异。

(1) 阿片类物质。可作用于大脑由内源性阿片肽构成的抗痛系统，损害其功能与结构，导致机体抗痛作用降低，当停止使用阿片类物质时，出现以疼痛为主要表现的戒断症状。另有动物研究显示，海洛因成瘾可致中枢神经系统出现损害，其损害以变性为主，神经元凋亡是海洛因成瘾致神经元死亡的主要形式。长期使用海洛因可引起智力减退和个性改变。睡眠障碍也是海洛因依赖者普遍存在的问题。

(2) 苯丙胺类。研究表明，甲基苯丙胺（冰毒）导致的脑损伤涉及面非常广泛，包括认知和运动中枢等在内的多种神经细胞，且损害程度相当严重，其后果也是长期的。急性使用甲基苯丙胺后，可损害脑内多巴胺细胞的神经末梢，直到停止使用18个月后，多巴胺功能才基本恢复。人的脑成像研究发现，长期滥用甲基苯丙胺者，在停药后至少3年内，脑内多巴胺细胞的神经末梢仍将持续受到损害，且损害程度显著。这种损伤到年老后，可能会发展成为帕金森病。美国国家药物滥用研究所（NIDA）实验室的研究进一步表明，甲基苯丙胺的毒性比以前人们认知的要大得多，它不仅破坏含有多巴胺的神经细胞末梢，而且还在其他神经通路中杀伤产生其他神经递质的传导神经细胞。研究证实，经甲基苯丙胺处理的大鼠脑细胞，可引起细胞凋亡方式的细胞死亡，如DNA裂成碎片和细胞体崩解，纹状体、海马和额叶皮质神经细胞体丧失。海马和额叶皮质神经细胞的丧失将导致记忆力、认知功能和果断处理事物能力的损伤。脑影像研究显示，长期滥用甲基苯丙胺可改变多巴胺系统的作用，如减慢运动速度和损害语言学习能力。研究显示，长期滥用甲基苯丙胺，可造成与记忆和情绪有关的脑区严重损伤，很多病人可出现情绪和认知方面的问题。另外，甲基苯丙胺滥用者还可出现焦虑、神志不清、失眠、心境障碍和暴力行为。长期滥用甲基苯丙胺还可导致苯丙胺性精神病症状，包括妄想、幻觉（听幻觉、视幻觉、皮下蚁行感）、重复动作等，这些症状可持续数月到数年，且反复发作。近年来，大量动物研究显示，摇头丸可损伤5-羟色胺神经细胞，而且这种损伤是长期的。临床研究表明，严重的摇头丸滥用者可出现持续性的意识混乱、抑郁和选择性的工作记忆和注意过程损伤。影像学研究显示，摇头丸滥用者脑内与认知、情绪和运动相关的脑区有明显的改变。

(3) 可卡因。长期反复和大剂量使用可卡因可使用药者高度兴奋、坐立不安、心神不定和出现妄想，甚至出现妄想型精神病症状，如出现脱离现实感和听幻觉等。大剂量可卡因虽然增加了欣快感，但同时会导致怪诞的、捉摸不定的和攻击性的暴力行为。一些可卡因滥用者自我陈述有坐立不安、易怒和焦虑症状。可卡因使用者往往会经历颤抖、眩晕、肌肉抽搐和妄想症状。

（4）大麻。研究显示，大麻可损伤短期记忆、学习能力和注意力，甚至导致精神病样症状。大麻对记忆、注意力和学习能力的损害可持续到停止使用大麻后的数天到数周。

无论何种毒品，其成分都不是单一的，均不同程度地掺有杂质，这些杂质成分复杂，作用不明，使用后可造成中枢神经系统的广泛损害。如使用掺有杂质的海洛因后，会引起一系列的神经系统的病变，如惊厥、震颤麻痹、周围神经炎、弱视和非注射部位肌肉功能障碍等，部分病人会出现脑组织海绵样脑白质变性。

3）意外死亡

海洛因过量食用，会抑制呼吸中枢，从而导致死亡。甲基苯丙胺、摇头丸和可卡因中毒导致的死亡多为心跳或呼吸停止所致，有的病例甚至在第一次使用可卡因后即可发生。

4）机体其他系统的损害

除中枢神经系统外，成瘾性物质还可对机体的其他系统造成不同程度的损害。

（1）血管与心脏损害。为了逃避监管和惩罚，毒品的生产过程一般高度隐蔽，其成分也变化不定，十分复杂；为了增加毒品重量和获得高额利润，贩毒者还会加入镇静催眠药、解热镇痛药、滑石粉、石灰等其他成分，这些成分一旦进入血液可引起溶血、血栓形成、血管栓塞、局部感染等相关症状。常见的有，静脉塌陷和注射部位感染、血栓形成、血管栓塞（脑血栓、大动脉血栓）及坏死性脉管炎、细菌性心内膜炎和心瓣膜炎等。研究显示，海洛因可导致心脏传导阻滞、心律不齐等心律失常。甲基苯丙胺和可卡因则可引起心率加快、心跳不规则，甚至严重心率失常和心脏病发作等。可卡因可引起血管收缩、心率加快、血压升高、头痛、中风甚至昏迷。

（2）呼吸系统损害。通过呼吸道吸入是许多毒品的使用方式，如鼻吸可卡因、氯氨酮（K粉），口吸海洛因、冰毒和大麻等，这使得毒品直接与呼吸道接触，造成呼吸系统损害。常见的有气管炎、支气管炎和支气管肺炎、支气管哮喘、肺气肿、肺栓塞、肺脓肿等。长期以鼻吸方式使用可卡因可导致嗅觉丧失、流鼻血、鼻中隔穿孔、慢性鼻炎、流涕、声音嘶哑和吞咽困难等。过量的海洛因可抑制呼吸中枢，使呼吸减慢或停止，导致大脑缺氧，进而出现脑水肿、呼吸衰竭死亡等。

（3）消化系统损害。甲基苯丙胺、海洛因的吸入，可直接导致严重的牙齿损害。海洛因成瘾者大都伴有肝功能异常，如谷丙转氨酶升高，有的还可见肝脏血管栓塞和小片状坏死等。口服可卡因可引起肠道缺血、出现肠坏死等。阿片类药物可抑制肠道蠕动、引起便秘。可卡因可导致腹痛和恶心,长期使用可卡因者,多数可出现食欲丧失、体重减轻和营养不良等。

（4）泌尿生殖系统损害。男性海洛因成瘾者可见明显的性欲降低、性功能障碍和生育能力降低。研究证实,在海洛因成瘾期间,性欲基本处于完全丧失的状况。国外一些针对女性药物滥用者的研究显示,海洛因滥用的女性,其性欲下降比例达到60%以上,虽然在戒毒后,性欲可以慢慢恢复,要达到正常水平却非常困难。有报告指出,女性海洛因滥用者性感觉呈现明显下降的趋势。女性海洛因成瘾者月经异常和停经极为常见。

（5）新生儿异常及戒断症状。临床观察显示,药物成瘾的孕妇,其胎儿畸形、流产、早产、未成熟新生儿、死胎等发生率远高于正常孕产妇。海洛因成瘾者所生产的新生儿有50%为低体重儿（体重低于2500g）,80%的新生儿有窒息、颅内出血、低血糖和低血钙等问题。据报道,孕妇吸毒时间大于1年者,所娩出的新生儿有60%～90%出现戒断症状,表现为易激惹、竭力啼哭、震颤、反射亢进、呼吸加快、打哈欠、呕吐发热和稀便等症状。在最初的戒断症状消失后,新生儿的易激惹情绪仍可延续3～4个月之久。研究显示,孕期使用可卡因的孕妇,其新生儿早产、低体重、小头围和身长不足的比例远高于没有使用可卡因的孕妇。滥用大麻的孕妇所生的新生儿可出现视觉刺激反应改变、易激惹、高声哭叫等症状。

（6）婴幼儿发育障碍。妊娠期的药物滥用与出生后婴幼儿发育障碍有关。研究表明,在社会经济条件和生活环境相同的前提下,对药物滥用组和非药物滥用组孕妇所生婴幼儿和儿童进行了认知表现、信息处理过程和注意力集中等方面的比较,发现前者明显低于后者。孕期暴露于大麻的胎儿到学龄期,其持续注意能力和记忆能力均不如正常儿童,且在校期间的解决问题能力、记忆力和注意力保持能力均出现欠缺。

2. 继发损害

毒品的继发性损害,主要指使用毒品后和毒品成瘾后,毒品使用者的行为所导致的伤害性后果。毒品为精神活性物质,可对使用者的认知过程、情绪和行为产生影响,导致用药者出现各种高危险行为,由此造成损害后果。

（1）传染性疾病。研究显示,使用海洛因、可卡因和苯丙胺类等毒品后,以及成瘾后不顾后果的、不可控制的用药行为,均可损害使用者的判断和决策能力,极有可能导致异性或同性之间的高风险的性行为（性乱行为和无保护性交行为）、共用注射针具、性毒品交易等,导致性传播疾病和血源性疾病,如艾滋病病毒（HIV）、丙型肝炎病毒（HCV）和乙型肝炎病毒（HBV）等在物质滥用人群中传播。

（2）机体抵抗力降低。毒品成瘾后，成瘾者的生活中心变成了毒品，以毒品为第一需求，体现为成瘾者放弃了正常的生活模式，忽视对自己健康的关注，往往导致机体抵抗力降低和各种疾病缠身。

（二）心理障碍及行为问题

成瘾药物通过直接作用于中枢神经系统导致成瘾。中枢神经系统是人类精神活动，诸如感觉、知觉、思维、情感、意志行为等的物质基础，长期使用毒品导致中枢神经系统功能与结构的改变。因此药物依赖者不仅会出现一系列的躯体并发症，还会因精神健康受到损害而出现一系列的异常心理行为，需要进行相应的药物及心理行为治疗。

药物依赖后的心理行为问题，主要表现在以下方面。

1. 感觉方面

使用不同种类的成瘾物质具有不同的感觉体验，阿片类物质是麻醉性镇痛剂，具有降低中枢痛觉域值，使用者感觉减退的药理作用。长期药物滥用者痛觉迟钝，对各种躯体感觉不敏感，可能延误药物滥用期间出现的各种躯体疾病的诊断与治疗；戒毒后会出现因毒品麻醉作用而掩盖的各种躯体疾病症状，如牙痛、头痛等，这些症状会影响戒毒治疗的效果。

2. 认知与思维方面

吸毒者往往认知片面直观，狭隘易变，受暗示性强。在社会实践中形成的偏激认识，往往以一种逆反思维表现出来。药物依赖后思维内容贫乏，夸大吹牛，偏执多疑，对吸毒问题存在许多错误的认知。经常存在的错误认知主要有：① 试验一下自己的控制能力，比如，去看看以前（吸毒）的朋友，我保证不吸；② 以前的戒毒都没有效果，觉得自己没有戒毒希望；③ 如果不用毒品，这个世界上就没有让人感到愉快的东西了；④ 戒毒很轻松，再吸也无所谓；⑤ 我已经摆脱心瘾了，偶尔去追求一次快感并没有什么危险性；⑥ 我想用毒品奖励自己一次；⑦ 我只是想去忘记烦恼；⑧ 我已经戒毒很长时间了，再吸一次不会上瘾；⑨ 我只是想看看以前的（吸毒）朋友，并不想去吸毒；⑩ 我与别人不一样，我能控制自己。

3. 情绪方面

主要表现为暴躁、易激动、情绪波动大，同时又悲观、自卑、抑郁、焦虑、空虚无聊。情绪具有明显的两极性，受到毒品的影响，当获得毒品时，他们表现得温和顺从；吸毒后情绪相对正常、平稳；当毒品需求不能得到满足时，则表现得冷漠无情、六亲不认，甚至伤害自己的亲人，对人对事缺乏同情心，自私自利。除了毒品，对任何事情都没有兴趣。

4. 精神障碍

吸毒所致的精神障碍，可表现为幻觉、思维障碍、人格低落，还会出现伤人或自杀等危险行为。吸毒所致的精神障碍与所使用毒品的种类、剂量有关。比如，长期使用可卡因、苯丙胺，可出现明显的视听幻觉、有时有触幻觉，产生妄想、类偏执狂和刻板行为等症状，这些症状往往很难与精神分裂症区别。长期大剂量使用大麻，会使人冷漠、呆滞、判断力与记忆力损害、精神不集中、不注意个人卫生和外表、对饮食失去兴趣、事业心降低。致幻剂可产生欣快感、幻觉、反常的感觉，如"听见"颜色、"看见"声音，或时间过得很慢（与实际情况不符），知觉上出现异常变化（视物显小或显大）、心境易变（忧郁变为快乐，安全感变为恐惧感）等。

5. 意志方面

吸毒成瘾后，表现为与毒品相关的意志活动增强，一切活动围绕毒品，为追求毒品不择手段；但另一方面，在正常生活、学习、工作中表现出意志活动减退，表现为自控力极差，生活懒散，好逸恶劳，不能遵章守纪、守时守信。除毒品外，对其他事物都不感兴趣，不愿与他人交往，行为孤僻。缺乏对生活目标的坚定追求，缺乏实现目标的坚韧毅力，对自己情感和行动的自制力差，这直接表现为对戒毒的信心不足，从而导致戒毒半途而废，在"戒毒-复吸-戒毒"中反复循环。

6. 行为方面

吸毒成瘾后，一切行为以毒品为中心，行为的目的就是如何获得毒品及吸毒。为了吸毒放弃正常的家庭生活、工作与社交活动，行为孤僻、不与外界接触，不与正常人交往，生活圈子非常狭窄，交往的人基本都是涉毒人员，亲情淡漠，对孩子、配偶、父母等漠不关心；为了获得毒品不惜撒谎、欺骗他人，甚至违法犯罪。

7. 人格方面

吸毒者多存在一些人格问题，如反社会、偏执、自恋、易冲动等。吸毒成瘾以后，人格问题更加明显，主要表现为：无耐心，愿望必须立即获得满足，不能控制延缓满足；容易冲动，不考虑行动后果；自卑感强烈，逆反心理强，反社会倾向明显，为了毒品，不惜一切手段（盗窃、抢劫甚至杀人等）；无责任心，对自己的不良行为与错误，通常找借口解脱或者推卸责任；自暴自弃，不思进取，多伴有人格障碍。

（三）公共卫生与社会问题

1. 吸毒与性病、艾滋病的传播

吸毒与性病、艾滋病的传播紧密相连。吸毒者之间共用注射器以及性滥交，极易感染淋病、梅毒、尖锐湿疣、非淋菌性尿道炎等多种性病以及艾滋病。

（1）静脉注射毒品，特别是共用注射器的行为易导致艾滋病病毒传播。吸毒者往往会发展成注射方式吸毒，或注射、烫吸等交替滥用毒品。与烫吸等方式相比，静脉注射毒品用量相对较少，但起效速度更快、药效反应更猛烈。静脉方式吸毒群体中存在普遍共用注射器的行为，造成吸毒群体中一人感染艾滋病病毒，便会迅速传播，继而向一般人群蔓延。

（2）不安全性行为导致艾滋病病毒传播。艾滋病病毒从吸毒人群传播到一般人群主要是通过不安全性行为。对吸毒人员来说，如果感染了艾滋病再进行不洁性行为，就会通过性传播方式使艾滋病病毒从高危人群迅速扩散到一般人群。很多男性吸毒者曾经与卖淫女或女性吸毒者发生过性关系。而女性吸毒者，为了获取高额毒资，普遍存在卖淫现象。女性静脉注射吸毒人群较之其他卖淫妇女，在传播艾滋病方面更具危险性。

2. 毒品诱发犯罪问题

吸毒与犯罪是一对孪生兄弟。在毒品的作用下，人体会出现亢奋、情感冲动、幻觉，极易导致暴力、犯罪行为。同时，吸毒需要大量资金，当吸毒者将自己的财产挥霍一空后，没有毒资来源，就会千方百计甚至采用非法手段去获取钱财，吸毒人员以贩养吸、以盗养吸、以抢养吸、以骗养吸、以娼养吸现象严重，极易引发走私、贩卖毒品、盗窃、抢劫、拐骗、诈骗等刑事犯罪活动。

3. 毒品对社会的影响

毒品对社会的破坏作用也是较大的。吸毒本身会造成社会财富的较大损失和浪费；同时，吸毒导致身体疾病，使人降低甚至丧失生产能力。而且，毒品导致的违法犯罪活动，扰乱社会治安，威胁社会安定，会严重破坏当地社会经济环境，阻碍社会经济发展；加之因吸毒造成的公共卫生问题以及缉毒、禁毒等打击毒品犯罪活动，都需要投入较大的公共开支，造成财政负担。另外，因吸毒导致的卖淫嫖娼等丑恶现象，也严重败坏了社会风气。

二、吸毒的违法性

（一）新中国成立前有关吸毒违法性的规定

毒品在我国的传播主要始于明清时期，随着输入我国的鸦片数量的日益增加，一些有识之士及封建统治者开始认识到鸦片的危害。1729年，清雍正皇帝颁布了禁毒法令，鸦片在中国正式成为法律意义上的毒品。

1813年，清嘉庆皇帝颁布圣旨，命刑部制定《吸食鸦片烟治罪条例》，在中国历史上首次对吸毒行为进行处罚，开创了以刑法手段制裁吸毒者的先河。《吸食鸦片烟治罪条例》对吸食鸦片者按照身份的不同，规定了不同的定罪量刑标准：官员买食鸦片者，照官犯赌博例，即行革职，杖一百，枷号两月；一般军民人等买食鸦片者，杖一百，枷号一月。《吸食鸦片烟治罪条例》是中国禁毒史上第一次对吸毒行为的禁止性立法。

道光皇帝即位后，继续推行"禁烟（毒）政策"，几乎年年颁发禁烟谕令。道光三年（1823年），颁布《失察鸦片条例》。道光十一年（1831年），颁布禁种条例。道光十八年（1838年），颁布《钦定严禁鸦片烟条例》，将清廷历次发布的有关禁贩、禁吸、禁种的规定合编为39条，成为我国历史上第一部综合性的"禁毒法典"。惩治措施极为严厉，比如，所有吸毒人员，在一年半之内必须戒烟，不能戒烟者将被判刑，绞监候（死缓）。鸦片烟贩，就地正法，斩立决；所有开设烟馆、提供吸烟场所，以及包庇贩毒的官员，就地正法，绞监候（死缓）。鸦片烟贩，就地正法，斩立决；为国内走私提供货源的洋人，就地正法，首犯斩立决，从犯绞立决。除了吸毒人员是死缓以外，其他凡是参与鸦片销售的相关人员，无论洋人还是中国人，都要就地正法。《钦定严禁鸦片烟条例》也被称为史上最严厉的"禁毒法"。

第一次鸦片战争后，在《中英天津条约》和《中法天津条约》中，鸦片（"洋药"）被允许在通商口岸销售，每百斤纳税30两，鸦片贸易合法化。此后，清政府对以往的禁烟法令进行了修订，规定除官员、士兵、太监等不准开设烟馆，不准买"洋药"外，老百姓允许买"洋药"，结果导致吸食鸦片的人越来越多。清末时期，戒毒立法发生重要转变，对吸毒行为采取逐步戒除的措施。19世纪末20世纪初，晚清政府改变禁烟政策。1906年，光绪发出十年禁绝烟毒的上谕："著定十年以内，将洋土药之害一律革除净尽。"根据这道谕令，清政府制定了《禁烟章程十条》，规定禁种、禁进口、禁新吸、戒烟瘾、关烟馆。

1927年，上海的中华国民拒毒会代表各界群众发表宣言，呼吁在全国禁烟，同时向政府递交了禁烟请愿书，提出了8项建议。其中有：请训令各省在各县成立勒戒所，调查烟民，分批勒令戒断毒瘾，年老患病一时未能戒绝者，实行注册管理，按年递减，限期肃清；请通令所属文武官吏、海陆军人以身作则，凡染有烟瘾者一律辞退；请通令各省区中小学校教科书中加入拒毒教育内容。

1935年4月，南京国民政府颁布《禁毒实施办法》。该办法规定：吸用烈性毒品及施打吗啡针者，限于1935年内自行投戒，如查获未经投戒者，拘送戒毒所勒戒；1936年内如仍有未经投戒而私吸者，除勒戒外，并处以五年以上有期徒刑；自1937年起，凡有吸用毒品及施打吗啡针者，一律处以死刑或无期徒刑。此外，凡制造、运输、贩卖烈性毒品者，依法处以死刑，从犯按情节轻重，处五年以上十二年以下有期徒刑或无期徒刑。公务员对于制造、运输、贩卖烈性毒品有帮助者，概处死刑。自1937年起，凡制造、贩卖烈性毒品者，无论主犯还是从犯，一律处死刑。

（二）新中国成立后有关吸毒违法性的规定

新中国成立后，禁毒是我国政府的一贯立场，对吸毒行为的违法性认定，一直没有改变。1950年2月24日，政务院向全国发布了《关于严禁鸦片烟毒的通令》，在短短的3年时间里，将8万多名毒品犯罪分子绳之以法，使2000万名吸毒者戒除了毒瘾。1963年5月26日，中共中央颁布《中央关于严禁鸦片、吗啡毒害的通知》，规定严惩私藏毒品、吸食毒品、种植罂粟、私设地下烟馆和贩卖毒品等犯罪行为；规定对吸毒犯应强制戒毒，对已吸食鸦片或打吗啡针等毒品成瘾者，必须指定专门机构严加管制，在群众监督下，有计划、有组织、有步骤地限期强制戒除，在吸毒严重的地区可以集中戒除；规定凡自己吸食毒品，但自动交出毒品并坦白交代其犯罪行为者，可从宽处理。1973年1月13日，国务院又颁发了《关于严禁私种罂粟和贩卖、吸食鸦片等毒品的通知》。该通知重申1950年《关于严禁鸦片烟毒的通令》，要求发动群众同私种罂粟和贩卖、吸食鸦片等毒品的违法犯罪行为做斗争，规定严惩偷运、贩运毒品犯罪行为，对吸毒者实行强制戒毒。

1990年12月28日，全国人大常委会通过《关于禁毒的决定》。该决定第八条规定，吸食、注射毒品的，由公安机关处十五日以下拘留，可以单处或者并处二千元以下罚款，并没收毒品和吸食、注射器具。吸食、注射毒品成瘾的，除依照前款规定处罚外，予以强制戒除，进行治疗、教育。强制戒除后又吸食、注射毒品的，可以实行劳动教养，并在劳动教养中强制戒除。

1995年1月12日，国务院发布《强制戒毒办法》，对需要送入强制戒毒所的吸食、注射毒品成瘾人员（以下简称戒毒人员）实施强制戒毒，强制戒毒期限为三个月至六个月。

2002年4月12日，公安部颁布《公安机关办理劳动教养案件规定》，规定对年满十六周岁"吸食、注射毒品成瘾，经过强制戒除后又吸食、注射毒品的，应当依法决定劳动教养。2003年5月20日，司法部发布《劳动教养戒毒工作规定》，对因吸食、注射毒品被决定劳动教养的人员，以及因其他罪错被决定劳动教养但兼有吸毒行为尚未戒除毒瘾的劳动教养人员的管理、治疗和教育工作做了具体规定。

2005年8月，全国人民代表大会常务委员会第十七次会议通过《中华人民共和国治安管理处罚法》，其中第72条规定："有下列行为之一的，处十日以上十五日以下拘留，可以并处二千元以下罚款；情节较轻的，处五日以下拘留或者五百元以下罚款：① 非法持有鸦片不满二百克、海洛因或者甲基苯丙胺不满十克或者其他少量毒品的；② 向他人提供毒品的；③ 吸食、注射毒品的；④ 胁迫、欺骗医务人员开具麻醉药品、精神药品的。"

2007年12月29日，第十届全国人民代表大会常务委员会第三十一次会议审议通过《禁毒法》），并于2008年6月1日起施行。《禁毒法》的颁布实施，对预防和惩治毒品违法犯罪行为，保护公民身心健康，维护社会秩序，具有十分重要的作用。《禁毒法》将强制戒毒和劳动教养戒毒整合为强制隔离戒毒，并且针对吸毒人员的不同情况，《禁毒法》分别规定了自愿戒毒、社区戒毒和强制隔离戒毒等方式，以加强对吸毒人员的管理和帮教，提高戒毒的成效。

综上所述，吸食毒品在我国是违法行为，必须承担相应的法律后果。从世界范围来看，虽然毒品给人类社会带来的危害众所周知，但各国对待毒品的态度和管制政策，尤其是在对待所谓软性毒品的问题上并不完全一致。比如，乌拉圭就是世界上第一个让大麻种植以及交易全面合法化的国家；2018年10月17日，加拿大正式将私用大麻合法化，成为继乌拉圭之后第二个大麻合法化的国家。再比如荷兰、印度、美国的部分州等对大麻的管制相对比较宽松。

拓展学习

易制毒化学品

易制毒化学品是指国家规定管制的可用于制造海洛因、甲基苯丙胺（冰毒）、可卡因等麻醉药品和精神药品的化学原料及配剂。易制毒化学品作为化工产品和制造毒品的原料或者配剂，具有合法性、可制毒性和管制性等特点。根据易制毒化学品在制毒中的作用，国际社会分两类对其进行管制，我国亦制定了严格的法律，对易制毒化学品实行分部门管理、分类管理和分级管理。通过对易制毒化学品的管理，建立许可证制度、备案制度、登记制度、报告制度、监督检查制度和核查制度，严厉打击非法贩运、走私各类易制毒化学品的犯罪活动。

一、易制毒化学品的概念

易制毒化学品是禁毒领域的一个专业术语，其实质就是化工合成、生产、配制过程中的各种化工原料，当这些化工原料被用于毒品的非法生产、制造或合成时就成为易制毒化学品。易制毒化学品有许多称谓，国际麻醉品管制局称其为经常用于非法制造麻醉药品和精神药品的前体和化学品。

易制毒化学品本身不是毒品，但与毒品的制造有很大的关系，是毒品的上游产品。易制毒化学品包括用以制造毒品的原料前体、试剂、溶剂及稀释剂、添加剂等。易制毒化学品具有双重性，即合法用途性和非法用途性，它既是一般医药、化工的工业原料，又是生产、制造或合成毒品必不可少的化学品。

二、易制毒化学品的特性

（一）合法性

易制毒化学品首先是化工产品，是工农业生产、医药和科研的常用原料或日常生活的化工用品，有着合法的用途，这是该类物品与冰毒、海洛因等毒品不具有有益性的区别。例如麻黄碱类的化学品可制作支气管扩张药（止咳药、感冒药）；异黄樟脑可制作胡椒醛，改良香水，用作肥皂香料补剂，还可当作杀虫剂使用；N-乙酰邻氨基苯酸可合成多种精细化学品，等等。

（二）可制毒性

易制毒化学品的另一特征，是这些产品的理化性质具备制造毒品的特性，存在潜在的、间接的危险和危害，一旦流入非法渠道用于制造毒品，即可成为毒品的原料或者配剂。在制毒过程中，易制毒化学品或者作为前体原料，或者作为配剂发挥作用，没有这些化学品也就不可能制造出毒品，这也是易制毒化学品不同于普通化工产品的根本之处。例如，麻黄碱类的化学品是制造冰毒的主要原料，异黄樟脑是制造摇头丸（MDMA）所需的主要易制毒化学品，N-乙酰邻氨基苯酸是制造安眠酮和新安眠酮的主要原料，等等。

（三）管制性

易制毒化学品的管制性具有两层含义：一是易制毒化学品应当被管制；二是易制毒化学品应当是已经被管制的，即已被法律明文规定予以管制。其中，易制毒化学品的可制毒性决定了其应当被管制的性质，也就是说，易制毒化学品因其本身特性决定了其既不能像普通商品一样，可以自由生产和交易，也不能等同于纯粹的毒品，被完全禁止，而是在国家管制下有条件地生产、经营和使用。与此同时，易制毒化学品的管制性，也表现为该类化学品是国家明文规定的管制物品，在没有立法明确规定予以管制之前，即使该物质具备用于制造毒品的危害，或被用于毒品加工过程中，如甲胺、氧化亚砜、麻黄素复方制剂等，也只能称作替代化学品，而非法律意义上的易制毒化学品。表1为常见易制毒化学品别名及其合法、非法用途。

表1 常见易制毒化学品别名及其合法、非法用途

名称	别名	合法使用	非法使用
醋酸酐	氧化乙酸；无水醋酐乙酐；乙酐酸；醋酐	化工业作为乙酰剂；制药业用于生产阿斯匹林、非那西汀	生产海洛因、安眠酮、1-苯基-2-丙酮及N-乙酰邻氨基苯酸
麻黄素	麻黄碱；2-甲氨基-1-苯基-1-丙醇；1-苯基-2-甲氧基苯醇	制药业用于生产支气管扩张剂（一种止咳药）	合成甲基安非他明
乙醚	1,1-氧二乙烷；二乙醚；乙氧乙烷	常用的溶剂，在医药方面作为麻醉剂	作为溶剂
异黄樟脑	1,2（亚甲二氧基）-4-丙烯基苯	生产香水、香精、调味品、杀虫剂	合成MDA、MDMA、MDE
3,4-亚甲基二氧苯基-2-丙酮	3,4亚甲二氧苄基甲基酮；胡椒基甲基酮	生产胡椒醛和其他香水成分	合成MDA、MDMA、MDE
苯乙酸	α-甲苯甲酸	生产香水、苯乙酸脂、除草剂、青霉素	合成甲基安非他明、安非他明和1-苯基-2-丙酮

续表

名称	别名	合法使用	非法使用
1-苯基-2-丙酮	苄基丙酮；苯基-2-丙酮；苄基甲基酮；甲基苄基；苯基甲酮	用于化工与医药工业生产安非他明、甲基安非他明及清洁液添加剂	合成甲基安非他明、安非他明和1-苯基-2-丙酮
胡椒醛	3,4-亚甲二氧苄基甲基酮；洋茉莉醛	生产香水、香精、驱蚊剂	合成 MDA、MDMA、MDE 和 N-羟基-MDA
高锰酸钾	高锰酸钾；灰锰氧	作为氧化剂、增白剂、杀菌剂、抗菌与抗真菌剂	精制可卡因的关键化学品
黄樟脑	5-(2-丙烯基)-1,3-苯间二氧杂环戊烯；4-烯丙-1,2-亚甲二氧苯	用于调味及香料工业	合成 MDA、MDMA、MDE 和 N-羟基-MDA

2005年，国务院第445号令公布了《易制毒化学品管理条例》，列管了3类24种易制毒化学品。第一类主要是用于制造毒品的原料，第二类、第三类主要是用于制造毒品的配剂。根据2012年8月29日公安部、商务部、卫生部、海关总署、国家安全监管总局《关于管制邻氯苯基环戊酮的公告》，从2012年9月15日起，邻氯苯基环戊酮也被列入第一类易制毒化学品加以管制。随后，国家于2014年、2017年又进行了增补，共列管了3类32种物料；2021年5月，国务院同意将α-苯乙酰乙酸甲酯等6种物质列入我国易制毒化学品品种目录。

💡 项目考核

1. 什么是毒品？我国法律对毒品是如何定义的？
2. 毒品有哪些特征？如何进行分类？
3. 如何理解吸毒的危害性与违法性？

学习项目二

毒品问题与治理

◆ **学习目标**

1. **知识目标**：了解毒品问题的历史发展过程；明确毒品问题社会治理是我国国家治理体系的一个重要部分，熟悉我国的毒情形势以及"六全"中国特色毒品治理体系。

2. **能力目标**：能运用有关的毒品知识，结合我国毒品问题的治理策略，开展毒品预防宣传教育。

3. **素质目标**：树立"坚持中国特色毒品问题治理之路"的工作理念，培养禁毒、戒毒工作的使命感与价值感。

◆ **重点提示**

本项目学习重点是了解我国毒品问题的治理历史，明确全球背景下的毒品问题治理形势，熟悉中国特色毒品治理体系。

学习任务 1　我国的毒品问题

一、毒品在我国的历史回顾

（一）从药品到毒品的演变

罂粟的种植可以追溯到人类文明的早期。在人类早期，人们已经学会了从罂粟、大麻、古柯等植物中提取汁液，用作医疗及宗教祭祀用途。在演变为毒品之前，罂粟及其制品鸦片的主要用途是药用。鸦片的成分非常复杂，已知有二十多种生物碱，约占其总重量的 25%。鸦片是几种主要毒品的来源，被称为"毒品之母"。19 世纪初，医学家从鸦片中提炼出吗啡，用于镇静、止咳、镇痛。海洛因是德国科学家从吗啡中提取的另一种生物碱，其药效（镇痛和镇静）是吗啡的 5 到 10 倍。

从目前掌握的史料来看，鸦片最早传入我国是在唐高宗时期。据《旧唐书》记载，公元 667 年，当时来自东罗马帝国的使臣曾向唐高宗李治敬献过一种由鸦片制成的医治痢疾的特效药"底也迦"。大约到宋代，国人才知道提取罂粟汁液中的有效成分用于治病。明代中叶，鸦片被南洋诸国作为宝物向皇帝进贡。明代御医王玺在《医林集要》中写道："阿芙蓉，天方国种红罂粟花，花谢后，刺青皮取之。"当时的鸦片由于数量稀少，其价格昂贵如金。

有学者对鸦片进入中国后的发展总结为三个阶段，即从昂贵的药品到上流社会的奢侈品，最后到一般百姓的日常消费品。药品阶段大概持续了 1000 年；而从药品到奢侈品，则只用了 100 年，从奢侈品最后成为大众消费品，大概只用了 50 年。[1] 在此过程中，随着鸦片的使用方式与价值的转变，鸦片的文化属性也发生了变化，最终演变为真正意义上的毒品，毒品问题由此开始在我国蔓延泛滥。

（二）新中国成立以前的毒品问题

明朝后期，鸦片开始流入我国民间。1729 年，清雍正皇帝颁布了世界上第一部禁毒法令，至此，鸦片在我国正式成为法律意义上的毒品。新中国成立以前的毒品问题主要表现在以下几个方面。

---

[1] 司法部戒毒管理局组：《司法行政戒毒工作概论》，法律出版社 2017 年版，第 7 页。

1. 吸食鸦片成风，严重损害国人健康

鸦片战争前后，吸食鸦片成为一种社会时尚，吸食人数众多。"上至官府缙绅，下至工商优隶，以及妇女、僧尼、道士，随在吸食"，甚至到了"三尺童子，莫不吃烟矣"的境地。据估计，道光十五年（1835年）中国的鸦片吸食者在200万人以上，几乎涵盖了社会各个阶层。当时民间对鸦片的危害描述为："一杆竹枪，打得妻离子散，未闻枪炮震天；半盏铜灯，烧尽田地房席，不见火光冲天。"鸦片严重损害了国人的健康，也加剧了清朝的统治危机。

2. 鸦片对社会政治、经济各个方面造成了严重破坏

19世纪中叶，以英国为首的资本主义国家在经济上处于快速上升期，为了最大限度地攫取高额利润，它们运用军事、贸易等手段疯狂向海外扩张，鸦片成为帝国主义侵略中国的"敲门砖"。鸦片的输入，使我国的白银大量外流。许多忧国忧民之士尖锐地指出了鸦片危害的严重性，林则徐一针见血地指出："若犹泄泄视之，是使数十年之后，中原几无可以御敌之兵，且无可以充饷之银。"正是在这种情况下，清政府下决心禁烟，鸦片战争也随之爆发。两次鸦片战争不但使中国政府签订了不平等条约，而且让中国沦陷为半殖民地半封建社会，更加剧了鸦片在我国的大肆泛滥。

3. 毒品的种类和使用方式出现多样化的趋势

近代以来，毒品主要指鸦片，鸦片也几乎成为毒品的代名词。清朝末年，外国最新研制的毒品开始进入中国，吗啡就是在同治年间输入沿海城市的。最初吗啡、海洛因作为戒烟药被引入，在西药房公开发售，其中金丹是一种固体化的吗啡类毒品，因为价格低廉受到下层民众的欢迎。1893年，用针管皮下注射吗啡溶液的新方法开始在中国出现。毒品问题随着毒品种类和使用方式的多样化而变得越发严重。

民国初年，由于实行禁种、禁运、禁售和禁吸的"四禁"政策，罂粟种植面积大幅缩小，鸦片产量也急剧下降。然而，到了军阀混战的北洋政府时期，烟税、武装和地盘成为军阀割据的三大法宝，由此罂粟种植、贩运和吸食鸦片的现象更加严重。

20世纪30年代后，辽宁成为日本实施鸦片侵略政策的初始地和重灾区。日本人在辽宁公开种植罂粟，建立鸦片烟膏制造厂，从事鸦片制品的生产和买卖活动。伪满洲国颁布的一系列"法令"，核心不是禁毒而是实行鸦片专卖，放任

吸食，只要领取了吸食证，吸毒就成为"合法"。① 东北成为日本毒化政策的重灾区。

南京国民政府成立后，鸦片生产到达近代中国的顶峰时期。1929年到1933年间，罂粟的种植面积约8000万亩。蒋介石执政后期，也曾开展过大规模的禁烟运动，1935年4月推出"六年禁烟"计划，之后又有"两年禁毒"计划，但受到各方势力的层层阻碍。南京国民政府对于禁毒政策的控制力和执行力非常微弱，尽管制定了严格明确的禁毒法律和政策，事实上却无法有效执行。

二、新中国成立以后的毒品问题

（一）新中国成立初期的毒品形势②

新中国成立之初，我国毒品形势非常严峻。统计数据显示，当时全国吸食鸦片等毒品的烟民大约有2000万人，约占全国人口总数的4.4%。以鸦片的主产区西南地区为例，仅云南省罂粟种植面积就占可耕地的20%～30%，云南省的吸毒人员超过200万人，占全省总人口的12.5%。总体上，新中国成立之初的毒品形势有以下几个显著特征。

1. 罂粟种植遍布全国，从业人员众多

1949年，全国范围内种植罂粟的农民约1000万人，从事毒品贩运、交易的人员高达50万人。新中国成立之初，几乎每个省份均有罂粟种植，全国罂粟种植面积达100多万公顷。罂粟种植、鸦片生产较重要的地区除西南地区外，还有西北地区，其他省份也存在面积不一的罂粟种植。

2. 对毒品危害性的认识比较淡漠，缺乏社会共识

政府与民众、中央与地方，对鸦片危害的严重性缺乏统一认识，吸食鸦片、种植罂粟处于社会舆论的模糊地带，甚至成为普通人的生活方式。据记载，1930年春，上海大亨杜月笙举行盛大典礼庆贺杜家祠堂落成，庆典首日即吸食掉5000余两大烟膏，三天共计吸食大烟膏8000余两。③ 新中国成立之前，吸食

---

① "伪满洲国鸦片政策"，载《人民法院报》2015-09-03（20），特刊12。
② 参考 TSU.TW 原文：《建国初期的毒品形势》，引自"天山医学院"，载 https://m.tsu.tw/edu/11363.html。
③ 冼波：《烟毒的历史》，中国文史出版社2005年版，第198页。

毒品已成为一种普遍的社会文化现象，难以形成遏制毒品的社会舆论环境。在社会文化和社会心理氛围中，拒绝毒品的社会共识无法达成。

3. 吸食毒品人数居高不下，毒品贩运规模空前

新中国成立前，以四川省为例，在四川省北部地区，一些县几乎家家都有烟灯，有的家庭还有两三盏烟灯。吸毒所致的社会问题非常突出，倾家荡产、卖儿卖女、卖淫偷盗等现象普遍。

由于存在庞大的吸食毒品群体和较为宽松的社会舆论环境，新中国成立前的毒品贩运现象非常猖獗，规模空前。南京国民政府内政部1948年上半年度的禁烟工作报告显示，抗战胜利后，"烟毒之查缉愈密，偷运之方法愈巧，是以利用飞机、邮政变相夹带之贩运随之而生。……其最著者，关于飞机方面，则有上海查获包括将级军官、政党中委、大学讲师……立法委员王者宾之挟带烟土案……关于邮政方面，则有陕西、贵州等省查获邮包一次寄递烟土22斤案，暨邮寄烟毒煮过白布棉花以图逃避检查案与利用邮车携带吗啡8斤、烟膏烟土60余斤案"[①]。直至新中国成立初期，仍有部分地区毒品贩运形势严峻。

（二）新中国成立初期的禁毒运动，创造"无毒国"奇迹

新中国成立后，党和政府决心在全国开展一场声势浩大的禁烟禁毒运动，彻底根除烟患，医治旧中国的痼疾。1950年2月24日，中央人民政府政务院向全国发布了《关于严禁鸦片烟毒的通令》，在短短的3年时间里，将8万多名毒品犯罪分子绳之以法，使2000万名吸毒者戒除了毒瘾，一举禁绝了为患百年的鸦片烟毒。

新中国成立初期的禁烟禁毒运动结束后，我国基本实现了"无毒国"的目标，一直到20世纪70年代末期，我国内地全境的毒品犯罪、吸食毒品现象几乎处于销声匿迹的状态，只是在边疆地区偶有种植和吸食毒品的现象发生，但并未成为一种普遍性的社会问题。

（三）毒品问题卷土重来

20世纪70年代末80年代初，毒品问题在我国又开始出现，并逐渐蔓延。

我国在地理上毗邻世界毒品两大主要产地，即金三角和金新月地区。国际贩毒集团趁我国改革开放之际竭力开辟"中国通道"。20世纪70年代末80年代初，西方国家进入毒品消费的高峰时期，特别是对海洛因的需求大幅增加。作

---

① 马模祯：《中国禁毒史资料》，天津人民出版社1998年版，第1483页。

为最重要的海洛因产地——金三角与金新月地区，迅速扩大了罂粟种植面积，并通过技术改良提升了鸦片和海洛因的产量。国际毒品消费市场不断增长凸显了"中国通道"的重要性。对于贩毒集团而言，打开"中国通道"能够实现快捷中转、输出毒品的目标。毒贩把金三角地区生产的毒品通过走私进入我国，再转运港、澳地区，可以直接投向国际毒品市场。我国西南地区具有毗邻金三角的区位特点，特别是云南省与缅甸、老挝、越南接壤，使得毒品的输入具有了空间上的便利性。云南省自改革开放以来，一直是我国最重要的毒品输入通道。另一个毒品来源地金新月，则通过新疆口岸将毒品输入我国。毒品频繁过境，使我国境内毒品数量大量增加，因而获得毒品的可能性、便捷性增大。与此同时，改革开放后思想和文化的逐渐多元，也催生了毒品消费群体，吸毒现象沉渣泛起。

2000年6月，国务院新闻办发表《中国的禁毒》白皮书，指出：二十世纪七十年代末期以来，国际毒潮不断侵袭中国，过境贩毒引发的毒品违法犯罪活动死灰复燃；吸毒人数持续上升，毒品案件不断增多，危害日益严重，禁毒形势严峻。……全国各省、自治区、直辖市都程度不同地存在着与毒品有关的违法犯罪活动，中国已由毒品过境受害国转变为毒品过境与消费并存的受害国。

我国对毒品问题一直持"零容忍"的态度，经过多年努力，我国毒品问题治理成效显著，毒品违法犯罪活动、新发现吸毒人员数量、现有吸毒人员数量逐年下降。其中，2021年全国破获毒品犯罪案件数较2016年下降61.4%。截至2021年底，全国有吸毒人员数较2016年底下降40.7%，极大减轻了毒品危害，为保障人民群众健康、维护社会安全稳定作出了贡献。我国毒品案件已由2017年的14万起下降至2021年的5.4万起，连续5年年均降幅达20%以上，在全球亦属罕见。[①]

然而，国际毒品形势仍处于高危风险期，受全球毒潮泛滥等因素影响，我国毒品形势依然严峻复杂。毒品治理攻坚期的基本态势没有发生根本改变，并呈现出境内与境外毒品问题相互交织、传统与新型毒品危害相互交织、网上与网下毒品蔓延相互交织等新特点，毒品来源持续增多，合成毒品滥用突出，毒品种类加速变异，毒品犯罪组织化、网络化、暴力化明显增强，毒品问题的复杂程度和治理难度进一步加大。

---

① 参见《我国禁毒工作取得显著成效　禁毒斗争形势持续好转》，引自《人民日报》2022-06-23（19）。

学习任务 2　我国毒品问题治理策略

一、毒品治理的全球背景

毒品已成为全球公害，严重威胁着人类健康与社会安定，备受各国政府与社会关注。2021 年 6 月 24 日，联合国毒品和犯罪问题办公室（UNODC）发布了《2021 年世界毒品报告》（以下简称 2021 年 WDR 报告）。报告指出，2020 年全球约有 2.75 亿人吸毒，相比 2010 年增加了 22%，预计到 2030 年吸毒人口会继续增加 11%。报告同时指出，在 2019 年，吸毒导致近 50 万人死亡，超过 3600 万人因吸毒患有精神障碍疾病，重度毒品使用精神障碍导致 1800 万个健康生命丧失。

2015 年至 2019 年，全球大多数毒品种类的数量都有所增加。截至 2020 年底，全球共鉴定出超 1000 种新精神活性物质（NPS）。2020 年，列入国际管制的毒品新增了 12 种化合物，目前共有 294 种精神活性物质受国际管制。截至 2020 年 12 月，126 个国家发现的新精神活性物质总数达到 1047 种，是国际管制物质数量的 3 倍。

暗网上的毒品市场十年前才出现，但现在主要的毒品市场规模不低于 3.15 亿美元。尽管在全球药品总销售额占比较小，但在 2011 年至 2017 年年中和 2017 年年中至 2020 年期间呈上升趋势，增长了近四倍。由于技术创新步伐越来越快，人们更容易通过各种平台获取毒品或其他化合物，因此毒品销售很可能会迎来一个全球化的市场，也因此造成吸毒模式的加速转变，进而对公共卫生事业产生重大影响。

2021 年 WDR 报告还显示，在新冠肺炎疫情暴发初期，毒品市场已迅速恢复运转，新冠肺炎疫情的暴发已触发或加速了全球毒品市场中某些早先存在的贩运动态。其中包括：越来越多的非法毒品运输，用于贩运的陆路和水路路线的频率增加，更多地使用私人飞机进行贩毒以及大量使用非接触式毒品运送方式给终端消费者。新冠肺炎疫情期间毒品市场的弹性再次证明了毒贩能迅速适应市场的变化。该报告还指出，通往欧洲的可卡因供应链正在多样化转变，推动了毒品价格的降低和质量的提高。全球市场上出现的新精神活性物质数量从 2013 年的 163 种下降到 2019 年的 71 种，北美、欧洲和亚洲同时呈现了这样的趋势。研究结果表明，国家和国际毒品控制体系已成功限制了新型精神活性物质在高收入国家的传播，新精神活性物质十年前首次出现在高收入国家。

受新冠肺炎疫情扩散等因素影响，全球毒品泛滥态势进一步发展。联合国毒品与犯罪问题办公室的报告显示，新冠肺炎疫情不仅给全球经济、公共健康和人们的生活方式造成重大影响，也给全球毒品生产供应、贩运方式和消费需求等带来诸多新变化。金三角、金新月、银三角等毒源地禁毒工作弱化，经济衰退导致更多农民转向毒品种植，全球毒品产量居高不下。疫情防控导致航空、陆路交通及人员流动受限，海上毒品贩运增多。疫情防控带来的失业率上升，使更多的贫困和弱势人群转向吸毒或从事毒品犯罪活动，全球目前约有 2.7 亿人吸毒。毒品问题的跨国性和严峻性，使得毒品治理成为全球性难题。①

二、我国的毒情形势②

受国际毒情和新冠肺炎疫情影响，我国毒情形势出现一些新特点新变化，根据《2021 年中国毒情形势报告》，我国毒情形势为：

（一）毒品滥用

经过广泛开展禁毒宣传教育和推进吸毒人员"平安关爱"行动，国内毒品滥用规模日趋缩小。截至 2021 年底，全国有吸毒人员 148.6 万名，同比下降 17.5%；戒断三年未发现复吸人员 340.3 万名，同比上升 13.4%；新发现吸毒人员 12.1 万名，同比下降 21.7%。现有吸毒人数和新发现吸毒人数连续 5 年下降，毒品滥用治理成效持续显现。

1. 滥用人数持续减少

在现有吸毒人员中，滥用海洛因 55.6 万名、冰毒 79.3 万名、氯胺酮 3.7 万名、大麻 1.8 万名，同比分别下降 19%、18.5%、9% 和 10.7%。据各地开展城市污水中毒品成分监测结果显示，海洛因、冰毒、氯胺酮等 3 类滥用人数较多的主流毒品消费量普遍大幅下降。

2. 滥用品种更加多样

受毒品供应和流通数量"双降"影响，国内主流毒品价格居高且普遍掺假，毒品买不到、吸不起、纯度低成为普遍现象，部分吸毒人员减量降频，或寻求

---

① 参见《2021 年世界毒品报告》。
② 参见《2021 年中国毒情形势报告》。

麻精药品和非列管物质进行替代，或交叉滥用非惯用毒品以满足毒瘾。氯胺酮和合成大麻素列管后，查处滥用人数呈先升后降态势。部分地区还发现吸食含依托咪酯、美托咪酯的"烟粉"和"烟油"、含天然阿片类物质的"卡痛叶"等替代物质。

3. 滥用替代物质危害显现

一些人滥用毒品替代物质后，出现狂躁症状甚至诱发精神障碍或心血管疾病，存在引发肇事肇祸风险。一些不法分子利用具有镇静、催眠、麻醉作用的精神药品制成"迷奸水""听话水"，实施强奸、猥亵等犯罪活动。

（二）毒品来源

国内缴毒总量持续下降，境外毒品仍是主要毒源。2021 年缴获海洛因、冰毒、氯胺酮等 3 类滥用人数较多的主流毒品 17.3 吨，其中来自境外 15.3 吨、国内囤积或制造 2 吨，同比分别下降 21.7% 和 48.2%，分别占缴获总量的 88.4% 和 11.6%。

1. 境外毒品渗透

（1）金三角地区仍是我国最主要毒源地。2021 年缴获海洛因 1.81 吨，同比下降 52.1%，其中来自金三角地区 1.78 吨、金新月地区 0.03 吨，分占缴获总量的 98.3% 和 1.7%。缴获冰毒 15 吨，同比下降 29.3%，其中来自金三角地区 13.4 吨，占缴获总量的 89.3%。

（2）南美地区可卡因向我国走私中转依然较多。2021 年缴获可卡因 690 公斤，同比上升 18.6%，主要来自南美地区，多藏匿在船舶和集装箱中经我国过境中转，以大宗案件居多。

（3）北美地区大麻向我国输入大幅增加。全年缴获境外大麻 308.9 公斤，同比上升 4.5 倍，主要来自北美地区，多通过国际邮包量少、次多、分散入境，涉及我国 23 个省份。

2. 国内毒品制造

（1）毒品制造活动继续萎缩。通过持续推进"除冰肃毒"专项行动，创新完善全链条打击模式，国内制毒活动延续萎缩态势。2021 年摧毁制毒窝点 123 个，缴毒 1.2 吨，同比分别下降 26.4% 和 89%。规模化制毒活动得到遏制，缴获毒品公斤级以下案件 70 起，占 64.2%，10 公斤以上案件 6 起，占 2.2%，未发生 50 公斤以上制毒案件。少数省份制毒活动零星偶发，呈现出选址隐蔽、规模小型、分段加工、多点合成等特点。

（2）制毒物品流失不断减少。通过持续推进制毒物品清理整顿，完善麻精药品管理机制，国内制毒物品流失得到有效防控。2021年破获制毒物品案件230起，缴获制毒物品1282吨，同比分别下降25.1%和45.1%。不法分子为逃避法律监管，对毒品合成路径进行改进，寻求非列管化学品用于制毒。

（三）毒品贩运

通过持续推进"净边"、"集群打零"、"寄递渠道禁毒百日攻坚"等专项行动，国内毒品贩运活跃程度大幅降低。2021年破获走私、贩卖、运输毒品案件4.1万起，抓获犯罪嫌疑人6万名，缴获毒品21.4吨，同比分别下降12.9%、12.8%和51.5%。贩毒分子改变运毒渠道、藏毒手法，更多采用受疫情影响小、被查获风险低的贩毒模式。

1. 邮路和水路渠道贩运增多

2021年破获邮路贩毒案件3741起、水路贩毒案件18起，同比分别上升24.2%和63.6%。因国内毒品供应减少和疫情影响，传统渠道毒品贩运活动大幅减少，邮路、水路受影响较小，水路特别是海上贩毒活动以大宗毒品案件居多，东南沿海地区接连破获多起海上贩毒大案。

2. 外籍和外流贩毒人员减少

外籍人员在华涉毒犯罪骤减，2021年抓获外籍贩毒嫌疑人264名、占抓获总数的0.4%，同比下降43.8%；抓获外流贩毒人员0.9万名，占抓获总数的15.9%，同比下降16.7%，西南边境和东南沿海为主要流入地。

3. 网上和网下交织更为紧密

2021年破获网络贩毒案件0.5万起、抓获犯罪嫌疑人0.8万名、缴获毒品0.5吨，分占全国总数的9.2%、10.4%和2%。毒品市场继续向线上延伸，更多采用钱毒分付、人物分离交易模式，"互联网＋物流寄递"非接触式贩毒手法增多。勾连交易由大众聊天工具向小众社交工具、二手交易平台、游戏平台甚至暗网发展；毒资流转由网上银行转账向虚拟货币和游戏币扩展；运送毒品由"大宗走物流、小宗走寄递"向大宗毒品交专业团队组织运输、小量毒品交未严格执行实名制要求的寄递公司代送演变。

三、我国毒品问题治理策略

我国对毒品一直持"零容忍"的态度，采取严厉措施治理毒品问题是我国的一贯主张和立场。为了使人民能够远离毒品的危害，我国一直将禁毒作为国家治理的重点内容，新中国成立初期开展的禁毒运动创造了约三十年的"无毒神话"。中国特色社会主义进入新时代后，以推进国家治理体系和治理能力现代化为目标，对毒品治理提出了新的要求。习近平总书记指出，我们要走中国特色毒品治理之路，坚决打赢新时代禁毒人民战争。

我国的毒品治理政策强调要建设毒品治理体系，充分发挥我国政治优势和制度优势，全面提升毒品治理能力，努力走出一条具有中国特色的毒品问题治理之路。

毒品问题社会治理是我国国家治理体系的一个重要部分，"禁毒人民战争"成为中国特有的禁毒形式。《禁毒法》第 3 条规定，禁毒是全社会的共同责任。国家机关、社会团体、企业事业单位以及其他组织和公民，应当依照本法和有关法律的规定，履行禁毒职责或者义务。第四条规定，禁毒工作实行预防为主，综合治理，禁种、禁制、禁贩、禁吸并举的方针。禁毒工作实行政府统一领导，有关部门各负其责，社会广泛参与的工作机制。2000 年 6 月，国务院发布的《中国的禁毒》白皮书中明确地提出了"禁吸、禁贩、禁种、禁制并举，堵源截流，严格执法"的禁毒工作方针。2014 年，中共中央、国务院印发了《关于加强禁毒工作的意见》，首次将禁毒工作纳入国家安全战略和平安中国、法治中国建设的重要内容，按照"源头治理、以人为本、依法治理、严格管理、综合治理"的基本原则，坚持"预防为主，综合治理，禁种、禁制、禁贩、禁吸并举"的工作方针，立足当前，长期治理，突出重点，多管齐下，不断创新禁毒工作体制机制，进一步完善毒品问题治理体系，深入推进禁毒人民战争，坚决遏制毒品问题发展蔓延。2015 年 6 月 25 日，习近平总书记会见全国禁毒工作先进集体代表和先进个人并发表重要讲话，对进一步做好新形势下的禁毒工作提出了更高要求、指明了前进方向。2020 年 6 月 23 日，在全国禁毒工作先进集体和先进个人表彰会议上，习近平总书记作出重要指示，强调：当前，境内和境外毒品问题、传统和新型毒品危害、网上和网下毒品犯罪相互交织，对群众生命安全和身体健康、对社会稳定带来严重危害，必须一如既往、坚决彻底把禁毒工作深入进行下去。各级党委和政府要坚持以人民为中心的发展思想，以对国家、对民族、对人民、对历史高度负责的态度，坚持厉行禁毒方针，打好禁毒人民战争，完善毒品治理体系，深化禁毒国际合作，推动禁毒工作不断取得新成效，为维护社会和谐稳定、保障人民安居乐业作出新的更大贡献。

（一）预防为主、源头治理

《禁毒法》第4条明确了禁毒工作方针，明确"预防为主"。我国法律在"惩治"和"预防"这两种禁毒斗争的基本手段和方式上作出了"预防为主"的价值选择。预防为主、源头治理是毒品问题治理的治本之策。

源头治理，就是要正确处理预防与打击的关系，坚持预防为主，将预防置于禁毒工作的基础性、根本性、源头性地位。开展毒品预防教育，实施三级预防策略，即针对社会大众进行通用性干预，针对青少年、演艺界人员、社会闲散人员、公共娱乐服务场所从业人员等高危人群开展选择性干预，针对高危个体开展指明性干预；同时，深入推动毒品预防教育进学校、进单位、进家庭、进场所、进社区、进农村的"六进工程"。加强麻醉药品和精神药品管理，使其用于医疗、教学和科研目的，防止流入非法渠道转化为毒品；加强易制毒化学品管理，使其用于合法生产、生活目的，防止流入非法渠道用于制造毒品；加强涉毒治安案件查处，防止涉毒治安案件演变为涉毒刑事案件，控制毒品滥用增量，减少毒品需求；加强戒毒康复治疗，依法落实强制隔离戒毒、社区戒毒（康复）、社区药物维持治疗和自愿戒毒等戒治措施，努力帮助吸毒成瘾人员戒断毒瘾、回归社会。[①]

（二）广泛参与、综合治理

《禁毒法》规定全社会都要依法履行禁毒职责、义务，禁毒工作实行政府统一领导，有关部门各负其责，社会广泛参与的工作机制。广泛参与、综合治理是治理毒品问题的有效途径。

"广泛参与、综合治理"一方面是指治理毒品问题需要全社会各方面的参与。在各级党委政府的统一领导下，以政法机关为骨干，依靠人民群众和社会各方力量，分工合作，治理毒品问题的力量具有综合性。另一方面是指治理毒品问题需要采取综合性的措施和手段。比如，在毒品治理中充分运用法律、政治、经济、行政、教育、文化等手段，多管齐下、多措并举；在毒品治理中针对毒品违法犯罪活动的生产、制造、流通和消费全链条实行禁种、禁制、禁贩、禁吸"四禁并举"的措施；在毒品重点地区治理中坚持治毒与治贫相结合；在

---

① 肇恒伟：《全面推进毒品治理体系和治理能力建设》，载《人民公安报》2015-07-28（3）。

戒毒康复工作中落实管理、戒治、康复、救助等一揽子治理措施，把政府主导与社会服务、戒毒康复与就业安置结合起来。①

（三）"四禁"并举

"四禁"，即"禁种、禁制、禁贩、禁吸"。《禁毒法》用法律的形式将禁吸、禁贩、禁种、禁制措施具体化，比较完整地体现了"四禁"并举的工作方针，并且按照禁种、禁制、禁贩、禁吸的自然顺序对"四禁"的排列顺序作了调整，有其重要意义。"四禁"并举是我国治理毒品问题的具体措施。

禁种，即禁止非法种植罂粟、大麻、古柯树等毒品原植物。国家对麻醉药品药用原植物种植实行管制。禁止非法种植罂粟、古柯植物、大麻植物以及国家规定管制的可以用于提炼加工毒品的其他原植物。禁止走私或者非法买卖、运输、携带、持有未经灭活的毒品原植物种子或者幼苗。

禁制，即禁止非法利用毒品原植物直接提炼或者使用化学方法加工、配制毒品。重点规定禁止制造或者非法传授毒品和易制毒化学品配方以及制造方法，及时处理公民关于非法制毒活动的举报，对麻醉药品、精神药品和易制毒化学品生产、经营企业和使用单位加强监督，实行行政许可和定期查验制度，发生麻醉药品、精神药品和易制毒化学品流入非法渠道情况时，立即采取必要控制措施。

禁贩，即禁止非法拥有、走私、贩卖和运输毒品。重点禁止非法运输、携带、邮寄毒品和易制毒化学品进出境和非法交易，公安机关应当在边境、（行政区域）边界和人员复杂场所进行毒品和易制毒化学品检查，娱乐场所建立巡查、举报制度。

禁吸，即禁止吸食、注射等滥用毒品行为。加强禁毒宣传教育，防范吸毒行为，重点规定禁止非法持有毒品或者向他人介绍、提供毒品，禁止容留、引诱、教唆、欺骗、强迫他人吸食、注射毒品；对吸毒成瘾人员，公安机关可以责令其接受社区戒毒。对于吸毒成瘾严重，通过社区戒毒难以戒除毒瘾的人员，公安机关可以直接作出强制隔离戒毒的决定。

"四禁"并举符合毒品问题的发展规律，吸毒、贩毒、种毒、制毒互有联系，相互刺激，互为因果。国际社会已经注意到减少毒品供应与减少毒品需求同等重要，提出了减少供应与减少需求并重的原则。"四禁"并举是减少毒品供应与减少毒品需求的统一。其中"禁吸"属于减少毒品需求范畴，"禁种、禁

---

① 肇恒伟：《全面推进毒品治理体系和治理能力建设》，载《人民公安报》2015-07-28（3）。

制、禁贩"属于减少毒品供应范畴。坚持"四禁"并举,就是既要减少毒品供应又要减少毒品需求,对毒品问题实行综合治理。

(四)中国特色毒品治理体系①

2018年4月29日,全国禁毒工作电视电话会议上提出要积极构建"六全"体系,努力走出一条具有中国特色的毒品问题治理之路。"六全"中国特色毒品治理体系,是指全覆盖毒品预防教育体系、全环节服务管理吸毒人员体系、全链条打击毒品犯罪体系、全要素监管制毒物品体系、全方位毒情监测预警体系、全球化禁毒国际合作体系。

一要构建全覆盖毒品预防教育体系。坚持关口前移、预防为先,把青少年毒品预防教育置于禁毒工作优先发展的战略位置,深入实施青少年毒品预防教育工程,努力实现校园无毒品、学生不吸毒。着力打造禁毒宣传教育新平台,广泛倡导"健康人生、绿色无毒"生活理念,在全社会形成浓厚禁毒氛围。

二要构建全环节服务管理吸毒人员体系。坚持人文关怀、科学戒毒,不断创新吸毒人员服务管理工作,健全自愿戒毒医疗服务、社区戒毒、社区康复、强制隔离戒毒等戒毒康复体系,完善戒毒治疗、心理矫正、帮扶救助、就业扶持等政策措施,积极帮助吸毒人员戒断毒瘾、回归社会,使吸毒人员切身感受到党和政府的关爱和帮助。

三要构建全链条打击毒品犯罪体系。紧密结合推进社会治安防控体系建设和扫黑除恶专项斗争,不断创新完善缉毒执法、堵源截流等工作机制,坚决摧毁制贩毒团伙网络,深挖打击涉毒黑恶势力及"保护伞"和境外幕后毒枭,有力震慑毒品违法犯罪活动的嚣张气焰。

四要构建全要素监管制毒物品体系。坚持保障合法需求与打击非法流失并重原则,健全易制毒化学品管制法律体系,严格管制重点品种和重点环节,着力推出管制工作新举措,实现生产、经营、流通等各环节的动态全程监控、闭环管理,严密防范易制毒化学品流失。

五要构建全方位毒情监测预警体系。充分利用大数据技术,加强对各类数据的集成分析,切实提高毒情监测预警的实效性和禁毒绩效评估的科学性。全方位开展毒情监测分析评估,及时发现涉毒情报线索,实时掌握毒情发展变化,不断提高禁毒工作的前瞻性、针对性。

---

① 赵克志:《以习近平新时代中国特色社会主义思想为指导,奋力夺取新时代禁毒人民战争新胜利》,载《人民日报》2018-06-26(6)。

六要构建全球化禁毒国际合作体系。坚持互利共赢原则，认真履行大国义务，坚定维护国际禁毒政策，务实开展跨国缉毒执法合作，积极推进全球毒品共治，努力打造与构建人类命运共同体目标相适应、共商共建共享的禁毒国际合作格局。

拓展学习

网络涉毒行为

互联网的飞速发展促进了社会进步，但同时也为一些不法分子所利用。网络涉毒行为，就是通过互联网从事毒品类违法犯罪活动。目前，现实存在的各类毒品违法犯罪活动几乎都在网上得到复制，比如，利用互联网传播制毒技术、销售毒品和制毒物品、聚众吸毒等违法犯罪活动越来越严重，大大增加了毒品问题的治理难度。2011年10月，公安机关破获了"8·31"全国首例特大网络吸贩毒案，查获涉毒违法犯罪嫌疑人12125人，缴获毒品308.3千克，涉及全国31个省、自治区、直辖市。这是全国首例利用互联网视频交友平台进行涉毒违法犯罪活动的新类型毒品案件，反映了这类违法犯罪活动的新趋势、新特点，迫切需要创新毒品问题治理手段，堵住虚拟社会涉毒犯罪的漏洞。

2015年5月，国家禁毒委成立了由中宣部、中央网信办、最高法、最高检、公安部、工信部、国家工商管理总局、国家邮政局、国家禁毒办等九部门组成的互联网禁毒工作小组。主要是为了加强相关部门协作配合，有效打击互联网涉毒违法犯罪活动，这是我国建立的第一个多部门参加的打击互联网违法犯罪活动长效工作机制。2015年4月14日施行的《关于加强互联网禁毒工作的意见》（以下简称《意见》），将互联网禁毒工作列为全国禁毒工作的重要内容，明确了各部门职责任务、互联网行业主体责任和处罚措施。这是我国治理互联网涉毒行为的第一个多部门正式文件，一方面，《意见》的出台进一步丰富和完善了我国的禁毒法律体系；另一方面，《意见》从侧面反映出打击网络涉毒违法犯罪的重要性和急迫性。

互联网涉毒违法犯罪活动，一般体现在利用网络吸毒、贩毒、制毒等方面，包括教唆及传授吸毒、贩毒、制毒、种毒方法等，概括起来有以下几类行为。[①]

---

① 参见王锐园：《网络涉毒行为探析》，载《上海政法学院学报》2014年第5期。

毒品交易流通型行为。通常表现为行为人利用互联网非法从事贩卖毒品、贩卖制毒物品及毒品原植物种苗等行为，例如通过QQ等聊天软件联络买家，以快递形式寄送毒品。

教唆传授型行为。通常表现为行为人利用网络聊天室、网络视频语音等形式非法传授制毒方法，或者在网络上宣扬吸毒快感，引诱、教唆他人吸毒。

场所型行为。一般表现为多人利用网络聊天室聚众吸毒，以通话或视频形式交流吸毒感受，观看吸毒表演视频等。此外，在司法实践中还出现了毒品犯罪集团利用网络组织、策划和指挥毒品犯罪活动的现象，这也是网络涉毒违法犯罪的一种表现形式。

随着互联网技术的发展，网络涉毒行为还会有新的态势，对网络涉毒行为性质的认定和治理，在理论和实践中还存在不同的认识和看法，这也是当前治理毒品问题需要关注和研究的问题，以适应信息化时代毒品治理的需要。

💡 项目考核

1. 如何理解毒品治理的全球背景？
2. 我国治理毒品问题采取了哪些措施？
3. 我国当前毒品治理体系有何特点？

💡 单元小结

本单元主要介绍毒品的定义、特征、分类等方面的知识，目的是建立起对毒品与毒害的正确认知，包括对毒品含义的理解、毒品特征的掌握、毒品危害性的认识等等，为后续学习打下基础。与此同时，本单元通过介绍我国毒品问题的历史与现状，以及当前面临的复杂严峻的全球毒品形势，帮助进一步理解我国建设毒品治理体系，充分发挥我国政治优势和制度优势，全面提升毒品治理能力，努力走出一条具有中国特色的毒品治理之路。

戒毒工作基础
JIEDU GONGZUO JICHU

第二单元 吸毒与成瘾

学习项目三 毒品成瘾机制

学习项目三

毒品成瘾机制

◆ **学习目标**

1. **知识目标**：了解毒品成瘾机制，理解毒品成瘾是一种慢性复发性脑疾病，掌握吸毒人员"违法者、病人、受害者"的三重属性；熟悉成瘾者的行为、心理特征，掌握我国法律规定的吸毒成瘾以及吸毒成瘾严重的认定标准。

2. **能力目标**：学会运用毒品成瘾的相关知识，判断成瘾者的行为、心理表现；能根据法律规定，进行吸毒成瘾，以及吸毒成瘾严重的认定。

3. **素质目标**：建立对吸毒人员的科学认知，培养尊重规律、科学戒毒的职业素养。

◆ **重点提示**

本项目学习重点是理解毒品成瘾机制与成瘾表现，熟悉成瘾者的行为、心理特征，掌握我国法律规定的吸毒成瘾以及吸毒成瘾严重的认定标准，了解吸毒行为的法律后果等，为后续学习戒毒康复知识打下基础。

学习任务1　吸毒成瘾相关概念

为了更好地理解与把握本单元知识内容，先对一些基本概念进行介绍。

一、药物滥用

药物滥用，是指反复、大量地使用具有依赖性特性或依赖性潜力的药物，这种用药与公认的医疗需要无关，属于非医疗目的用药。滥用的药物有非医药制剂和医药制剂，其中包括禁止医疗使用的违禁物质和列入管制的药品。

在我国，一般将药物滥用，狭义上俗称为吸毒。药物滥用可导致药物成瘾以及其他行为障碍，引发严重的公共卫生和社会问题。

（一）药物滥用的具体解释

（1）不论是药品类型，还是用药方式和地点都是不合理的；
（2）没有医生指导而自我用药，这种自我用药超出了医疗范围和剂量标准；
（3）使用者对该药不能自拔并有强迫性用药行为；
（4）由于使用药物，往往导致精神和身体危害、社会危害。

（二）药物滥用的范围

1. 麻醉药品

如阿片类、可卡因类、大麻类等。

2. 精神药品

包括中枢抑制剂，如镇静催眠药；还有中枢兴奋剂，如咖啡因；此外还有致幻剂，如麦司卡林、LSD等。

3. 挥发性有机溶剂

如汽油、打火机燃料和涂料溶剂等，有抑制和致幻作用，具有耐受性甚至精神依赖性。

4. 烟草

其主要成分尼古丁长期使用也可致瘾。

5. 酒精

长期酗酒也会产生生理依赖性和心理依赖性。

专家指出,很多人认为非处方药就可以放心使用,为追求疗效,甚至擅自加大剂量。事实上,一些非管制类药物,长期或过量服用,也会导致依赖性。例如,某些常用药如复方止咳药水、感冒药,因其含有阿片、咖啡因、麻黄碱、苯巴比妥等麻醉药品或精神药品成分,长期使用可产生依赖性。

二、药物依赖性

(一)药物依赖性的定义

药物依赖性是专用术语,又称药物成瘾或药物成瘾性,俗称"药瘾"、药物依赖,是指药物长期与机体相互作用,使机体在生理机能、生化过程和/或形态上发生特异性、代偿性和适应性改变的特性,停止用药可导致机体的不适和/或心理上的渴求。这个概念是20世纪60年代逐渐形成的。在此之前,人们所说的成瘾性单指生理依赖性,而将心理依赖性称之为"习惯性"。

药物的成瘾性和习惯性早为人们所知,但由于在使用上述两个术语时常出现混淆现象,故有必要确定一个更为科学的术语。为此,世界卫生组织专家委员会于1964年用"药物依赖性"这一术语取代了"成瘾性"和"习惯性",并于1969年对药物依赖性的含义作了如下描述:

药物依赖性是由药物与机体相互作用造成的一种精神状态,有时也包括躯体状态,表现出一种强迫性地连续或定期使用某种药物的行为和其他反应,目的是要感受它的精神效应,有时也是为了避免停药引起的不适,可以发生或不发生耐受。用药者可以对一种以上药物产生依赖性。

因此,药物依赖性又称药物成瘾,是指药物与躯体相互作用而引起精神及躯体方面的改变。患者为再度体验药物所致的兴奋感、舒适感,而周期性、持续使用某种药物,这种强迫性愿望特征,称为药物依赖性。

(二)药物依赖性的分类

药物依赖性可分为躯体依赖性和精神依赖性。

1. 躯体依赖性

躯体依赖性，主要是机体对长期使用依赖性药物所产生的一种适应状态，包括耐受性和停药后的戒断症状。

2. 精神依赖性

精神依赖性，是指药物对中枢神经系统作用所产生的一种特殊的精神效应，表现为对药物的强烈渴求和强迫性觅药行为。

（三）可产生药物依赖性的药物

1. 酒精-巴比妥类

乙醇，巴比妥类及其他催眠药和镇静药，例如苯二氮卓类。

2. 苯丙胺

苯丙胺，右旋苯丙胺，甲基苯丙胺，哌唑甲脂（利他灵），苯甲吗啉。

3. 大麻

大麻制剂，例如大麻和印度大麻。

4. 阿片类

阿片，吗啡，海洛因，美沙酮，哌替啶等。

5. 可卡因

可卡因和古柯叶。

6. 致幻剂

LSD，麦司卡林（墨仙碱），裸盖菇素（西洛斯宾）。

7. 挥发性化合物

丙酮，四氯化碳及其他溶媒，例如"嗅胶"。

8. 烟碱

烟草，鼻烟。

在以上八大类可产生依赖性的药物中,阿片类药物依赖流行最广、危害最大,它不但对病人身体造成极大损害,还导致许多社会问题,比如违法犯罪。

(四) 药物依赖性的特征

1. 对药物产生心理依赖性

依赖者具有持续地或周期性地渴望体验某种药物的心理效应,这种愿望可以压倒一切。为了得到药物,会不择手段行事。所有能产生依赖的药物均有心理依赖性。

2. 对药物产生生理依赖性

依赖者必须继续用药才能避免戒药后的戒断症状。戒断症状的表现因人而异、轻重不一,包括种种不适感和躯体症状。不适感常与心理依赖的要求相重叠,而躯体症状是有生理基础的,可以非常严重,甚至引起死亡。但也有能产生依赖的药物,并没有躯体依赖性。

3. 对药物可以发生程度不等的耐受性

一般依赖性药物剂量会越用越大,但也有药物耐受性不明显。

4. 对药物依赖的种类

药物依赖者可以依赖一种药物,或者同时依赖多种药物。

5. 对药物依赖的后果

由于长期依赖药物,使依赖者脱离正常生活轨道,可给本人、家庭和社会带来不良后果。

三、精神活性物质

(一) 精神活性物质的含义

精神活性物质,是指能够影响人类情绪、行为、改变意识状态,并有致依赖作用的一类化学物质,人们使用这些物质的目的在于取得或保持某些特殊的心理、生理状态。

精神活性物质滥用，在美国的《精神障碍诊断与统计手册（第 4 版）》（DSM-IV）中，是指一种适应不良的物质使用方式，其主要特征有：

（1）尽管认识到对身体有害仍使用；

（2）已造成社交、职业、心理，或躯体问题或使之恶化，仍继续使用。

诊断之前一般应优先考虑"成瘾"的诊断。1969 年，世界卫生组织（WHO）提出，滥用是指持续或间歇性精神活性物质（酒或药物）过度使用，与可接受的医疗措施不相称或无关。《中国精神障碍分类与诊断标准（第 3 版）》（CCMD-3）采纳两者结合的描述性定义：滥用是指持续或间歇性精神活性物质（酒或药物）过度使用，与可接受的医疗措施不相称或无关。特征是：

（1）尽管认识到对身体有害仍使用；

（2）已造成社交、职业、心理，或躯体方面的问题或使问题恶化，仍继续使用；

（3）诊断之前一般应优先考虑成瘾的诊断。

（二）精神活性物质的分类

从对精神活性物质的管制角度，精神活性物质分为合法的（未列管的）精神活性物质（如香烟、酒精等）与违禁的（或列管的）精神活性物质。根据精神活性物质的药理特性，可以分为以下种类：

（1）中枢神经系统抑制剂，能抑制中枢神经系统，如巴比妥类、苯二氮卓类、酒精等。

（2）中枢神经系统兴奋剂，能兴奋中枢神经系统，如咖啡因、苯丙胺、可卡因等。

（3）大麻，是世界上最古老、最有名的致幻剂，适量吸入或食用可使人欣快，增加剂量可使人进入梦幻，陷入深沉而爽快的睡眠之中，主要成分为 Δ9-四氢大麻酚。

（4）致幻剂，能改变意识状态或感知觉，如麦角酸二乙酰胺、仙人掌毒素等。

（5）阿片类，包括天然、人工合成或半合成的阿片类物质，如海洛因、吗啡、阿片、美沙酮、二氢埃托啡、哌替啶、丁丙诺啡等。

（6）挥发性溶剂，如丙酮、苯环己哌啶（PCP）等。

（7）烟草。

（三）新精神活性物质

近年来，国际禁毒机构在描述毒品滥用形势时，提出了新精神活性物质

(New Psychoactive Substance，以下简称 NPS）的概念。联合国毒品与犯罪问题办公室（UNODC）将新精神活性物质定义为：未被联合国《1961 年麻醉品单公约》和《1971 年精神药物公约》所管制，但存在滥用，可能对公共健康安全造成危害的单一或混合物质。根据这一定义，新精神活性物质是指没有被国际禁毒公约管制，但存在滥用并会对公众健康带来威胁的物质。

大部分新精神活性物质是不法分子为逃避打击而对管制毒品进行化学结构修饰所得到的毒品类似物，具有与管制毒品相似或更强的兴奋、致幻、麻醉等效果。联合国毒品与犯罪问题办公室（UNODC）将新精神活性物质分为：

（1）合成大麻素类；

（2）卡西酮类；

（3）苯乙胺类；

（4）哌嗪类；

（5）氯胺酮类；

（6）芬太尼类；

（7）植物类；

（8）其他类，包括色胺类、氨基茚满类、苯环己基胺类、镇静类等多个类别。新精神活性物质是继传统毒品（如鸦片、海洛因、吗啡等）、合成毒品（如冰毒、摇头丸、麻古等）后流行全球的第三代毒品。

以上类别中，目前合成大麻素类和卡西酮类包含的物质数量最多，其滥用也最为严重。新精神活性物质自 2009 年兴起以来，在全球迅速泛滥，且愈演愈烈，危害严重。根据各国的监测报告，新精神活性物质滥用的主要特点有两个：一是新精神活性物质的滥用人群以年轻人为主，其滥用比例已超过海洛因、可卡因、甲基苯丙胺等。二是不同国家流行的新精神活性物质种类有较大区别。例如，美国是合成大麻素滥用最严重的国家，新西兰有滥用苄基哌嗪的传统，英国滥用最多的则是 4-甲基甲卡西酮（属于卡西酮类物质），这可能与各国滥用者的偏好以及管制法律有关。

我国 2015 年 10 月 1 日起施行的《非药用类麻醉药品和精神药品列管办法》（以下简称《办法》），一次性增列 116 种新精神活性物质，覆盖当前全球八大类新精神活性物质。2021 年 7 月，公安部、国家卫生健康委员会和国家药品监督管理局决定将合成大麻素类物质和氟胺酮等 18 种物质列入《非药用类麻醉药品和精神药品管制品种增补目录》。至此，我国列管的新精神活性物质已达 188 种，并对芬太尼类物质、合成大麻素类物质，施行整类列管。

新精神活性物质的出现和流行，给人类健康带来严重威胁，许多新精神活性物质的毒理作用比海洛因、吗啡等传统毒品更加强烈，像我国列管的 U-47700

的药效约是吗啡的7.5倍，需要引起全世界的高度警惕。

吸毒成瘾或药物滥用、药物依赖、物质滥用、物质依赖是精神医学的重要组成部分，在很多地方被混用，但显然它们并不是能够完全等同的。物质依赖的物质是指精神活性物质，药物依赖的药物是指精神活性药物，吸毒成瘾的毒品是指鸦片、海洛因、甲基苯丙胺（冰毒）、大麻、可卡因等目前未被认可临床使用的列管精神活性物质以及未依照医疗规范使用的或未由国家认可的企业生产的或未在国家有关规定范围内流通的精神活性药物。三者的主要区别在于各自包含的品种范围不同。[1]

四、耐受性

耐受性，是指人体对药物反应性降低的一种状态，按其性质有先天性获得和后天获得性之分。

耐受性是指连续多次用药后机体对药物的反应性降低。耐受性是一种生物学现象，是药物应用的自然结果，是指机体对药物反应的一种适应性状态和结果。当反复使用某种药物时，机体对该药物的反应性减弱，药学效价降低；为达到与原来相等的反应和药效，就必须逐步增加用药剂量，这种叠加和递增剂量以维持药效作用的现象，称为药物耐受性。为了避免药物耐受性的产生，关键要合理用药，而且要在医生指导下，根据病情需要使用。

产生耐受性的药物常见于阿片类、巴比妥类和苯二氮卓类；另有一些精神活性物质，如酒精，也极易产生耐受性。从理论上讲，药物的耐受性是可逆的，在停止用药后，耐受性会逐步消失，机体对药物的反应可以逐步恢复到原有的水平。

五、戒断综合征

戒断综合征，也称脱瘾综合征、戒断违反效应，是一种脱瘾综合征，是在停药或减少某些类型的药物的情况下出现的一种症状。随着药物剂量和使用时间的增加，出现不连续性综合征的风险也会增加。

戒断综合征，常可在戒烟、戒酒、戒毒等情况下出现。比如，吸烟者因长期吸入含有尼古丁的烟叶制品，当中断吸烟后，会出现全身软弱无力、烦躁不

---

[1] 吴宁、李锦：《药物成瘾的生物学本质》，载《中国药物滥用防治杂志》2013年第19卷。

安、哈欠连作、口舌无味，甚至心情不畅、胸闷、焦虑、感觉迟钝等一系列瘾癖症状。又如，吸毒者因长期吸食毒品成瘾，戒断时会出现渴求使用阿片、恶心或呕吐、肌肉疼痛、流泪流涕、瞳孔扩大、毛发竖立或出汗、腹泻、呵欠、发热、失眠等瘾癖症候群。

六、引燃

引燃，指物质依赖者对曾经滥用过的成瘾物质的再一次接触，可以激发滥用，快速恢复到以前的水平或更高水平。

七、复吸

复吸，狭义上是指吸毒者在完成戒毒治疗以后，由于种种原因重新开始吸食毒品的行为。广义上也指复吸香烟，等等。本书主要讨论复吸毒品。

复吸现象在吸毒人群中是一个普遍存在的问题，也是戒毒工作面临的难题。复吸不能简单看成是戒毒者的个人问题，有其复杂的社会原因。要降低复吸率，不仅戒毒者要有顽强的毅力，更需要家庭、社会等各方的关怀与大力支持。

吸毒会使人在心理上对毒品产生强烈的依赖，戒毒治疗以后，即使躯体、生理上症状消除了，精神依赖在相当长的一段时间里仍不易消除，心理上仍会强烈地存在着一种对毒品的渴求。戒毒治疗后，如果处于有利的环境，再加上戒毒人员坚强的毅力，"心瘾"就会逐渐淡化。但如果存在不利的因素，比如戒毒人员感到前途无望或心理压力难以承受的时候，往往会克制不住毒品的诱惑，走上复吸的道理。

八、奖赏效应

在心理学中，当作出某一决策后如果被证实正确并产生了好的结果，大脑会向负责决策的区域发送"奖赏"信号，从而促进人的认知能力进一步提升，形成良性循环，这被称作"奖赏效应"。"奖赏"信号会刺激大脑的某些皮层，使大脑活动活跃。实验表明，"奖赏效应"不仅能提高认知能力，还会影响到大脑中负责体感的皮层。神经递质多巴胺的水平对于"奖赏效应"十分关键。

学习任务 2　毒品成瘾机制

一、毒品成瘾机制

（一）成瘾相关因素[①]

1. 生理因素

人脑中本来就有一种类吗啡肽物质维持着人体的正常生理活动。吸毒者吸食海洛因等毒品后，外来的类吗啡肽物质进入人体之后，抑制了自身吗啡肽的分泌，最后导致自身的吗啡肽物质完全停止分泌，要靠外界的类吗啡肽物质来维持人体的生理活动。一旦外界停止供应，人体生理活动就出现紊乱，出现医学上所说的戒断症状。只有再供给类吗啡肽物质，才可能解除这些戒断症状，这就是所谓的"上瘾"。

传统毒品的成瘾性让成瘾者为了重复体验用药时的精神快感，产生强烈的药物渴求和觅药行为，甚至为达到这个目的，可以利用撒谎、欺骗、偷盗等手段，久而久之，心理障碍和行为异常会表现得越来越突出。以海洛因为代表的阿片类药物滥用，使机体产生药物依赖性和药物耐受性，在突然停止或减少用药的情况下，机体在反复连续用药状态下所形成的适应性和神经细胞的代偿平衡被破坏，会出现难以忍受的临床戒断综合征症状，如周身疼痛、焦虑不安、恶心呕吐、顽固失眠、药物渴求等症状。阿片类药物不仅通过其药物作用产生生理效应，而且通过其药理作用及非药理作用产生心理效应，引起极其欢愉的欣快感和难以言状的精神冲动，这种欣快感和精神冲动是阿片类物质的特殊药理学特征。在此基础上，极大地改变了用药者的心境和精神状态，使用药者对阿片药物产生无比向往和强烈追求愿望，形成精神和心理上的明显依赖。一旦中断使用，戒断症状更重。

2. 心理因素

研究者从条件反射、同伴学习、精神分析等不同角度对吸毒成瘾的心理因

[①] 曲晓光、杨波、李庆安：《戒毒与康复》，北京日报出版社 2018 年版，第 10—11 页。

素进行了分析论证。通俗地讲，毒品成瘾者具有成瘾人格，比如逃避现实、胆小、退缩和抑郁，常有自杀企图。人际关系中一般表现为依赖、贪婪、易怒、幼稚性行为、不负责任行为等。研究结果倾向于认为，在不同性格的人当中，易冲动，对社会常规模式具有反抗性，以及对挫折忍受较差者这三类人，有着相对较高的危险度，即具有较高的滥用药物成瘾的易感性。

吸毒者比较容易感受到物质的刺激感，并且追求感官的刺激和愉悦。他们借助毒品对神经系统的刺激以改变意识状态，不断地寻求新异刺激。这些刺激对吸毒者形成非常牢固的记忆，维持着吸毒者对毒品心理上长期的欲望和渴求，从而形成"心瘾"。

3. 社会因素

社会因素包括社会环境、文化背景、家庭关系、人际交往等对人的影响，以及社会对毒品的态度、在所处环境中能否获得毒品，等等。比如，大部分吸毒人员的家庭环境存在明显缺陷，忽视家庭教育，家庭关系混乱，情感沟通存在障碍，情感联系松散。研究指出，吸毒者身边较为亲密的人、同伴的吸毒行为和态度可以直接影响并预测个体吸毒行为。另外，缺乏社会支持和社交技巧，可能使青少年成为吸毒的高危人群，比如，当青少年因为缺乏社交技巧，造成被亲社会的同伴群体拒绝后，往往趋向于与其他反社会的吸毒同伴群体产生联系。研究表明，吸毒成瘾者普遍存在较低的社会支持。

（二）毒品成瘾机制

从神经生物学机制来看，毒品成瘾是由毒品与大脑奖赏系统相互作用产生的慢性、复发性脑疾病，有着极其复杂的机制。虽然目前还存在未被完全科学认知的问题，但毒品成瘾与脑内的多巴胺、内源性阿片肽、γ-氨基丁酸等有关的奖赏系统是其主要的神经生物学原理。现代功能影像学技术论证，中枢神经系统内存在奖赏系统，所有成瘾药物都能够使脑内奖赏系统激活，"心瘾"就是由奖赏效应而造成的。

一般认为，毒品在与机体长期相互作用后，能引起机体，尤其是中枢神经系统发生一系列生理机能、生化过程和组织形态学等方面的适应性改变，称为代偿性适应。通俗地讲，吸食毒品后，刺激大脑特定的区域，从而刺激相应的奖赏系统，使大脑结构和功能发生改变。以吸食海洛因为例，对成瘾机制比较一致的认识是：人体内本身就有一种类似阿片类物质的存在，当从外部大量摄入此类物质时，外来的阿片类物质逐渐取代了内源性阿片类物质，抑制了体内正常阿片类物质的形成和释放，从而破坏了人体机能的正常平衡，只有通过不断递增这种外来物质，才能保持人体生理、心理上的平衡，从而形成人体在生理、心理上的依赖（成瘾）；如果中断外来毒品的供应，吸毒者就会因"犯瘾"而引发生理和心理上的痛苦。毒品成瘾对全身各个系统都有不同程度的损害，其中以神经系统损害最为严重。

人体中有很多神经传递物质，负责将神经元信息从大脑中的一个地方传递到另一个地方。多巴胺是脑部分泌的一种神经传导物质，当一个事物引发自我兴奋和愉快感受的时候，多巴胺就会发出信号，刺激大脑，让人产生愉悦、快乐的感觉，比如运动、拥抱、接吻、恋爱，或者享受美食的时候，人体就会分泌大量的多巴胺，以此来奖励自己。人体会迷恋多巴胺升高时产生的欣快感，总想通过反复不停地进行某种行为，来刺激多巴胺不停升高。

但是，人体有平衡机制，当多巴胺频繁升高的时候，人体其他神经细胞又会释放出 γ-氨基丁酸来抑制感受器神经受到过度刺激，强迫让大脑休息，阻止过多升高多巴胺，避免因过度兴奋和刺激伤害大脑器官。当多巴胺分泌减少后，会导致精神低落、对任何事情都不感兴趣，无法感受到愉悦，因此，人体需要更大剂量的毒品才能再次产生同样的欣快感。当频繁大量地使用毒品后，反复强烈的刺激会突破人体的自我约束机制，强制多巴胺升高。人体在毒品的反复作用下，完全破坏了大脑的正常约束机制，就会因此对毒品形成依赖性，导致成瘾。长期接触毒品都可产生极强的药物耐受性、依赖性。

通常意义上，可从以下几个方面来理解毒品成瘾机制。

（1）吸毒成瘾是吸食毒品后，人的机体在生理和心理上发生某种变化的一个过程。从生物医学角度，吸毒成瘾可视为一种慢性复发性脑疾病。

（2）吸食毒品后，毒品物质会迅速传送到人的脑部，并与人的某种受体物质结合，反复多次后，人体对毒品的耐受性提高，药物的作用逐渐减弱，吸毒者只能以更大的剂量连续不断地来抑制身体反应，满足生理渴求，从而愈陷愈深，不能自拔。

（3）吸食毒品，使人在生理上形成奖赏性强化的后果，导致在心理上产生依赖性，即强烈的渴求感，也称为"心瘾"。

（4）一旦吸毒成瘾，生理依赖与心理依赖又互相强化，因心理依赖而加重生理依赖，生理依赖产生的戒断症状又反复加重了心理依赖。

二、毒品成瘾的行为特点

长期的动物实验、临床观察和研究表明，毒品成瘾的基本行为学特征是强迫性用药、强迫性觅药和冲动控制障碍。

（一）强迫性用药

强迫性使用毒品，即强迫性用药。在动物实验中，强迫性用药主要表现为成瘾动物为了能感受毒品带来的精神刺激而主动地不断用药，有时为了用药不顾外界伤害性刺激给机体带来的痛苦感受，甚至伤害。曾经使用大鼠进行过相关实验，比如，在大鼠自身给药实验装置中，有两个外观一样的开关，一个开关控制的是生理盐水，另一个开关控制的是毒品。

大鼠每鼻触或足踏控制毒品的开关一次或几次就可以从颈静脉插管中自动得到一个剂量的毒品，反之只能得到生理盐水。在训练开始的时候，动物鼻触开关的行为是随机的，且对两类开关没有选择。经过一段时间训练之后，大鼠就能够准确辨别出哪一个开关是毒品的开关，并为了获得足够量的毒品而不断鼻触或足踏控制毒品的开关。这些行为学特征提示实验大鼠已对毒品成瘾。在此基础上，通过实验装置，让大鼠在每接受一定剂量毒品的同时，接受一次电击。在此实验条件下，大鼠为了能不断得到毒品，宁肯接受电击也要不断鼻触或足踏毒品开关。

再如，在小鼠强迫游泳实验中，动物为了脱离水这一危险环境，经过一段时间训练后就能在被放入水中短时间内（潜伏期）登上站台逃生。然而，如果让动物在远离站台的位置反复暴露一段时间后再测量小鼠强迫游泳（潜伏期），我们就会发现小鼠逃生潜伏期较对照组明显延长。这些实验结果提示，动物一旦对毒品成瘾就会出现强迫性的用药行为，这是毒品成瘾的重要行为特征。实验动物的这些行为特征和临床上吸毒者强迫用药的行为特征类似，因此这个模型被广泛用于毒品成瘾神经生物学机制研究和抗精神依赖药物的筛选。

在临床上也可以观察到海洛因成瘾者类似的强迫用药行为。毒品成瘾者一旦对毒品成瘾就一定要用药。对他们来说，吸食毒品比工作、学习、家庭重要，甚至比进食、睡眠等生理需求还重要，为了毒品可以牺牲一切，放弃对家庭和社会的责任，放弃自尊自爱，放弃前途、健康等，总之，为了毒品，可以放弃一切。

由于强迫性使用毒品需要大量的毒资，为了寻找毒资，毒品成瘾者有可能会经常说谎。这种习惯性说谎，会演变成病态的说谎行为。同时，吸毒者也会认识到毒品危害，其戒毒愿望中有真诚的成分，会有悔过表现、配合戒毒治疗。然而，一旦出现精神和躯体上的戒断反应，又会表现出完全相反的一面，千方百计地吸食毒品。这种说谎、复吸看似反复无常的行为，往往不被理解、被认为是人格品质问题。但如果把动物的强迫性用药行为和成瘾者的行为联系起来理解，可以看出，这是毒品成瘾后的一种行为表现。

(二)强迫性觅药

在自身给药动物实验中,通过特殊的实验装置,大鼠每正确鼻触或足踏控制毒品开关一次或几次就可以从颈静脉插管中自动得到一定剂量的毒品。经过一段时间训练之后,大鼠就能够形成稳定的操作行为,以获得足够量的毒品。这些行为学特征提示实验大鼠已对毒品成瘾。在此基础上,用生理盐水换掉毒品液体,虽然大鼠不能再通过操作获得毒品,但在一段时间内还会操作开关,希望能继续得到毒品,这种现象称为强迫性觅药。

在临床上,吸毒者的强迫性觅药行为表现为"心瘾"。以海洛因为代表的阿片类毒品成瘾者在完成脱毒后,停用阿片类毒品几十天或更长的时间里,虽然此时已没有躯体戒断症状存在,但他们在主观上还渴望吸食毒品,特别是当再次回到熟悉的吸毒环境中,或者看到吸毒的场景,这种渴望便达到无法忍受的程度。有些吸毒者在被强制脱离毒品半年或更长时间之后,脱离强制环境后想做的第一件事情就是寻找毒品。这种渴望毒品的心情随着时间的延长会逐渐减弱,但有证据表明心瘾可持续几年,甚至数十年。强迫性用药和强迫性觅药都与复吸相关,但后者更为重要。

(三)冲动控制障碍

根据国际冲动和冲动控制紊乱研究协会的定义,冲动是指相对于具有相同能力和知识水平的其他机体,在采取行为前不经过充分考虑或不顾自身行为会带来的负性后果,而倾向于对内源性、外源性刺激作出快速而没有计划的反应。在动物实验和临床上都能清楚地观察到成瘾机体的第三个行为学特征是冲动控制障碍。

在动物冲动控制实验装置中有两个开关,一个开关的触碰仅会马上滴出一滴水供动物饮用;而另一个开关的触碰经过短时间的延迟后就会滴出多滴水供动物饮用。前者叫小奖赏,后者叫大奖赏。在实验前,先给动物禁水24小时,然后把动物放入上述装置中进行训练。经过一段时间训练后,正常动物宁可忍受短时间的延迟也会不断地争取获得大奖赏。这一实验现象提示,干渴的正常动物能够良好地控制饮水冲动,做出正确的选择,以便在单位时间内饮用到更多的水,使利益最大化。而用毒品对动物进行长时间处理并使之成瘾后,干渴的成瘾动物则不断触碰开关以获得小奖赏。这一现象说明,成瘾动物不能很好地控制饮水冲动,而放弃大奖赏,表现出了明显的冲动控制障碍。

对正常人来讲,当某一冲动产生之后,他们都有一定的控制能力,使自己的行为符合所处的环境,与伦理、道德、社会规范和法律要求相一致。毒品成瘾者则不同，他们的冲动控制能力较正常人明显减弱。心瘾可在某种意义上理解为一种强烈的冲动，而冲动本身就难以控制。

三、成瘾者的心理特征

长期吸食毒品者，受毒品伤害及毒品亚文化人群影响，其心理、行为具有与正常人群不一样的特异性表现。成瘾者与正常人在心理方面的差异，常常表现出高度敏感、性格脆弱、容易冲动、对环境的适应能力差，难以维系正常的人际交往，每当遇到挫折和失败就会产生过分沮丧、失意与忧伤等不良情绪。成瘾者的心理特征主要体现在以下几个方面。

（一）价值观扭曲

调查研究发现，毒品成瘾者在思想意识、生活观念等方面与众不同。追求毒品带来的短暂快感或以吸毒的方式获得替代性满足，在本质上是吸毒者人生观、价值观在行为上的外在反映。从成瘾者的经历来看，很多人由于过早接触社会，并进入不良交际环境，追求感官刺激，染上抽烟、酗酒、赌博等恶习，扭曲了个人的人生观、价值观，偏离了正常的成长轨道。这类成瘾者对吸毒行为及其后果，常常持轻率、放任、侥幸甚至赞同的心理态度。这种对吸毒行为的错误认知，尤其在新型毒品的吸食人群中较为常见。

（二）心理承受能力差

借助毒品摆脱压力，是成瘾者较为多见的心理特点。心理承受能力差的人往往缺乏调节自身行为的能力，无法摆脱心理危机，借助吸毒方式来发泄不满和释放压力，这可看成是成瘾者自身的一种不成熟的心理防御机制。由于使用毒品的欣快感和戒毒引起的痛苦感受，形成了强烈的反差对比，使成瘾者对毒品的依赖心理变得更加顽固。长期处于这种畸形的心理防御机制，个人意志也会因为现实与防御机制之间的矛盾冲突，而使其经常处于心理冲突和崩溃的边缘。

（三）性格异常

成瘾者长期沉湎于毒品的感官刺激中，对毒品有着强烈的追求欲望。毒品对吸食者的精神摧残，以及对大脑等神经中枢的损害，使得人脑中调节情绪、睡眠、记忆、思维等的神经失调。特别是毒瘾发作时的痛苦，使其不择手段、不顾后果地追求毒品，导致精神长期处于高度紧张、恐惧、烦躁、孤独、空虚状态，思维混乱，情绪不稳，易于冲动发怒且容易失控，固执任性，性情古怪，造成性格的改变。具体表现为，常因小事采取非理智的攻击性行为，事后又后悔；当不合理要求得不到满足时，有时甚至采取自伤自残，或以自杀等方式相威胁。心理学、精神病学和临床医学的研究表明，病态人格是吸毒成瘾者的一个主要心理特征。受毒品依赖性的驱使，寻觅毒品和摄入毒品的行为成为吸毒成瘾者的生活重心，使其丧失了起码的责任感、人格尊严和羞耻感。

学习任务3 吸毒成瘾法律认定

一、吸毒成瘾

（一）吸毒成瘾的含义

根据《吸毒成瘾认定办法》（2017年修订）第2条，吸毒成瘾，是指吸毒人员因反复使用毒品而导致的慢性复发性脑病，表现为不顾不良后果、强迫性寻求及使用毒品的行为，常伴有不同程度的个人健康及社会功能损害。

我国目前将吸毒成瘾定义为慢性复发性脑病，其主要有三个方面的特征。

1. 病理特征

病理特征，包括典型的戒断症状；毒品耐受性增加；对毒品的强烈渴求或强迫性觅药倾向等。

2. 身心损害

身心损害，表现为感觉迟钝、运动失调等神经系统损伤；患有感染性疾病或传染性疾病；患有脑功能受损导致的精神障碍等。

3. 社会功能损害

社会功能损害，表现为工作、学习及生活自理能力下降，人际交往能力受损等。

实践中发现，由于吸毒者吸食毒品种类及成瘾程度的不同，以上三个特征并非一定会同时出现。比如，对于海洛因成瘾者，戒断症状体现得较为明显，但精神障碍症状不易被发现；而苯丙胺类毒品成瘾者所表现的特征刚好相反。在社会功能损害方面，吸毒成瘾程度越轻微，由吸毒导致的该种损害表现就越不容易被发现。并且近年来一些新型毒品不断出现，对人体产生的影响与以往毒品有较大不同，其成瘾特征也更加复杂。

因此，基于《戒毒条例》（2011年6月26日实施）所确立的"以人为本"的戒毒工作原则，在制定《吸毒成瘾认定办法》时，确立的一项总体原则是，规范吸毒成瘾认定工作，科学认定吸毒成瘾人员，依法对吸毒成瘾人员采取戒毒措施和提供戒毒治疗，以"病理特征"作为认定吸毒成瘾的首要标准，将"身心损害"及"社会功能损害"作为选择性适用的标准。

（二）吸毒者的法律定位

对于吸毒成瘾者的法律定位，是伴随着对"成瘾"本质的深入认知而不断发展变化的。早期人们认为，成瘾源于性格缺陷，是个体行为自我选择的结果，是精神层面的道德缺失、意志缺乏问题。基于这种认识，社会对吸毒成瘾更加强调个体责任，从而简单地将其列为违法犯罪行为，通过法律的手段加以惩罚。

随着科学研究的不断深入，对成瘾的认知从性格缺陷、错误的行为选择，逐渐转向了医学领域。神经生物学研究发现，成瘾本质上是一类疾病的外在表现。人们对毒品成瘾问题的探索一直没有停止，"成瘾的生物学基础是什么"这一问题，甚至被列入《科学》杂志公布的21世纪最具挑战的125个科学前沿问题。从法律的角度看，吸毒行为直接违反了《禁毒法》《治安管理处罚法》等法律法规，并且在客观上诱发了许多违法犯罪行为，所以吸毒人员是违法者。从医学的角度看，吸毒成瘾的人，大脑神经功能受到严重损伤，这是一种顽固的反复发作的脑部疾病，所以吸毒成瘾者又是病人。从社会学角度看，吸毒成瘾对身体、心理都造成了严重损害。在我国，吸毒人员具有"违法者、病人、受害者"三重身份。

《禁毒法》第31条规定，国家采取各种措施帮助吸毒人员戒除毒瘾，教育和挽救吸毒人员。第62条规定，吸食、注射毒品的，依法给予治安管理处罚。

1. "帮助吸毒人员戒除毒瘾"是基于病人身份的定位

从医学角度看，成瘾性药物对人体健康的损伤是多方面的。首先，吸毒成瘾人员是慢性复发性脑病患者，脑神经功能受到严重损伤。研究表明，因吸毒患有精神障碍疾病者在吸毒人群中比例不小，甚至会因此导致死亡。其次，长期吸毒会导致人体免疫系统受损，合并机会性感染，还可引起神经系统、心血管系统、呼吸系统、消化系统和泌尿系统等多个系统的病变。

2. "教育和挽救"是基于受害者身份的定位

吸毒成瘾者,往往是因为对毒品的好奇,或朋友的怂恿,或基于追求刺激的心理,一步步迈向成瘾的深渊,最终造成对自身健康的严重损害,同时造成对家庭的严重伤害,对社会安全和秩序的严重破坏。从这个角度来讲,吸毒成瘾者是毒品泛滥的受害者。因此,需要通过戒毒治疗、康复训练、职业技能培训、社会权利保障、社会救助等手段对其加以挽救,帮助其最终回归社会,正常参与社会生活。

3. "依法给予治安管理处罚"是基于违法者身份的定位

《禁毒法》《治安管理处罚法》都将吸食、注射毒品认定为妨害治安管理的行为予以处罚,体现了吸毒成瘾者违法性的身份定位。这是因为,吸毒行为不仅对吸毒者个体造成损害后果,也给社会带来一系列的危害,比如:

(1)传播传染性疾病。吸毒成瘾者在毒瘾发作时,经常存在多人混用吸毒器具,在吸毒后进行淫乱活动的现象,这会导致类似性病、肝炎、艾滋病等传染性疾病更容易在吸毒群体中传播。如果传染性疾病源得不到有效的控制,就会对社会公众健康安全造成严重威胁。

(2)危害社会治安。吸毒成瘾人员往往缺乏经济来源,常常会通过偷盗、诈骗、抢劫、以贩养吸等违法犯罪行为来获取钱财,严重扰乱社会公共秩序,给他人人身财产安全造成极大危害和威胁。因此,对吸毒者应给予法律上的惩戒,使其承担相应的法律后果。

二、吸毒成瘾认定标准

(一)吸毒成瘾认定标准的形成与发展

在我国的禁毒执法实践中,随着禁毒形势的变化和科学技术的发展,吸毒成瘾认定标准大体经历了两个阶段。

1. 成瘾认定标准的形成阶段

认定吸毒成瘾是开展戒毒工作的一个决定性的前提。1990年12月28日施行的《全国人民代表大会常务委员会关于禁毒的决定》第8条规定,吸食、注射毒品成瘾的……予以强制戒除,进行治疗、教育。"但是,对"成瘾"这一概念,相关法律并没有及时作出解释,这在一定程度上造成了执法标准的混乱。

有个别地方一度将吸毒者与吸毒成瘾者不加区分地纳入强制戒毒的范围，甚至将强制戒毒变相地当成社会治安治理的手段之一，严重偏离了强制戒毒制度设立的初衷。

直至1998年，公安部在《关于对吸食、注射毒品人员成瘾标准界定问题的批复》中，初步确立了吸毒成瘾的标准。具体分为两种情形：① 有吸毒证据且尿样毒品检测呈阳性的，应当认定为吸毒成瘾；② 无吸毒证据但尿样毒品检测呈阳性，且经药品（纳屈酮）催瘾医学试验具有成瘾症状的，应当认定为吸毒成瘾。

需要注意的是，当时公安部之所以没有采用医学成瘾标准，在该规范性法律文件中也作出了解释：鉴于目前和今后相当长的时间内，在基层执法部门推广使用药品催瘾医学试验的条件难以具备。因此，公安部门当时所作出的成瘾认定标准，是一种符合时宜的选择。

由于该成瘾认定标准过于简单，且侧重于强调吸毒违法行为而弱化了成瘾性问题，导致强制戒毒执法对象扩大为所有吸毒违法行为人，使得强制戒毒制度更加凸显了惩罚性特征，这在一定程度上偏离了该制度设立的目的。

直至2002年4月4日，公安部发布了《关于对吸食苯丙胺类毒品违法人员处理意见的通知》，这使得我国毒品成瘾认定标准向着科学化、合理化迈出了一大步。其中对于吸食苯丙胺类毒品成瘾的认定，采用了医学诊断标准，即对于有吸食苯丙胺类毒品行为的违法人员，如不存在《苯丙胺类兴奋剂滥用及相关障碍的诊断治疗指导原则》认定的戒断症状，或对社会或他人造成危害等苯丙胺类兴奋剂依赖综合症状的，仅对其吸毒违法行为进行处罚。

2. 成瘾认定标准的发展阶段

2008年6月1日实施的《禁毒法》第一次明确区分了吸毒、吸毒成瘾、吸毒成瘾严重三个概念，并有针对性地采取不同的救助措施。《禁毒法》第31条规定：吸毒成瘾的认定办法，由国务院卫生行政部门、药品监督管理部门、公安部门规定。2010年11月19日，公安部、卫生部根据《禁毒法》的相关立法授权，联合制定了《吸毒成瘾认定办法》，并于2011年4月1日起施行。

《吸毒成瘾认定办法》第2条第一次对吸毒成瘾从医学角度进行了解释，明确了吸毒成瘾的三个特征，即"病理特征"、"身心损害"及"社会功能损害"。在此基础上，分别对吸毒成瘾及吸毒成瘾严重制定了相应的认定标准。

（二）现行的吸毒成瘾认定标准

为了适应新形势下的禁毒工作需要，按照"科学认定吸毒成瘾"的工作理念,伴随着我国吸毒检测技术的不断进步,结合既往吸毒成瘾认定工作经验,公安部、卫生和计划生育委员会(现为国家卫生健康委员会)对《吸毒成瘾认定办法》进行了修订,并于2017年4月1日施行。

1. 吸毒成瘾的认定标准

1)认定标准

根据《吸毒成瘾认定办法》第7条规定,吸毒人员同时具备以下情形的,公安机关认定其吸毒成瘾:

(1)经血液、尿液和唾液等人体生物样本检测证明其体内含有毒品成分;

(2)有证据证明其有使用毒品行为;

(3)有戒断症状或者有证据证明吸毒史,包括曾经因使用毒品被公安机关查处、曾经进行自愿戒毒、人体毛发样品检测出毒品成分等情形。

戒断症状的具体情形,参照卫生部制定的《阿片类药物依赖诊断治疗指导原则》(2017年修订形成《阿片类物质使用相关障碍诊断治疗指导原则》)和《苯丙胺类药物依赖诊断治疗指导原则》(2018年修订形成《苯丙胺类兴奋剂使用相关障碍诊断治疗指导原则》)、《氯胺酮依赖诊断治疗指导原则》确定。

2)吸毒检测

根据修订的《吸毒检测程序规定》(2017年1月1日起施行)第2条,吸毒检测是运用科学技术手段对涉嫌吸毒的人员进行生物医学检测,为公安机关认定吸毒行为提供科学依据的活动。结合《吸毒成瘾认定办法》第7条规定来看,公安机关认定吸毒成瘾有两种情形:一是存在吸毒行为,且有成瘾症状;二是存在吸毒行为,且有吸毒史。

3)证明标准

存在吸毒行为的证明标准,需同时具备以下两种情形:

第一,有证据证明其体内含有毒品成分。根据《吸毒成瘾认定办法》第7条的规定,体内是否含有毒品成分,公安机关一般通过血液、尿液和唾液等人体生物样本检测结果进行判断。

人体生物样本的种类,除前述三种外,还应当包括毛发。首先,从立法层面上来看,无论是《吸毒检测程序规定》,还是某些地方性立法(如经修订并于2022年3月1日实施的《上海市禁毒条例》),均明确将毛发与血液、尿液和唾液并列作为吸毒检测样本。其次,从检测技术层面来看,基于毒品在人体内的代谢特点,当前的检测技术可以通过对毛发分段检测的方法,分别确定当事人本次或近期是否存在吸毒行为,以及是否有吸毒史。最后,从当前公安机关禁毒工作实践层面来看,毛发检测结果也的确在吸毒成瘾认定中被用作"体内含有毒品成分"的证据。

第二，有证据证明其有使用毒品行为。仅仅根据当事人体内含有毒品成分，并不能确定其存在吸毒行为。比如，误食含有毒品成分的食物、饮料，或者服用合法药物（比如某些止咳药、感冒药、治疗帕金森病的某些药），也会导致体内含有毒品成分、毒品检测呈阳性。因此，公安机关还要结合当事人是否存在主观上使用毒品的行为来认定其吸毒的事实。

使用毒品的证据，通常是吸毒者的陈述和申辩、指认现场照片、他人的证人证言，收缴的吸毒工具、毒品等。

4）吸毒行为证明中应当注意的问题

第一，吸毒行为的发生时间问题。一是吸毒行为是本次执法中新发现的。从《吸毒成瘾认定办法》第7条的规定来看，证明"其体内含有毒品成分"的目的，是公安机关为了证明本次执法中新发现的吸毒行为，而并非为了证明行政相对人具有吸毒史。所以，通过本次检测即使发现其体内含有毒品成分，但如果相对应的吸毒行为之前已经作出行政处理的，则应属于吸毒史的范畴。二是吸毒行为最早发生时间为毛发样本被提取之日前6个月以内。关于该吸毒行为最早发生时间问题，法律上并无直接规定，但可以通过相关法律的规定来推理得知。从技术上来看，在人体生物样本检测中，血液、唾液可检测期大概在一到两天，尿液可检测期大概在一周，毛发可检测期一般从两个星期至几个月不等，根据毛发长度，甚至可以达到数年。

因此，新发现的吸毒行为最早发生时间，应该通过涉毒人员毛发检测相关法律规定来确认。公安部发布的《涉毒人员毛发样本检测规范》第3条规定：长于3厘米的头发，需从发根端截取3厘米。第10条规定：发根端3厘米以内的头发样本检测结果为阳性的，表明被检测人员在毛发样本提取之日前6个月以内摄入过毒品。根据以上规定，新发现的吸毒行为最早发生时间，应为毛发样本被提取之日前6个月以内。这也与《治安管理处罚法》中"违反治安管理行为在六个月内没有被公安机关发现的，不再处罚"的规定相吻合。

综上所述，结合当前公安机关禁毒工作实践来看，吸毒行为的认定在时间上应同时符合两个条件：第一，该吸毒行为是在公安机关本次执法中新发现的；第二，该吸毒行为最早是在毛发样本被提取之日前6个月以内发生的。对于其他情形下的吸毒行为，应被认定为存在吸毒史。

第二，使用毒品行为的主观性问题。对于"有使用毒品行为"中的"使用"一词，它体现出吸毒这一违法行为的主观故意性，即明知或应当知道是毒品而吸食、注射，行为上具有主动性特征。如被同伴偷偷将毒品放入饮料中，在不知情的情况下摄入，即使事后知情的，也不应认定为"使用"毒品。

5) 成瘾症状或吸毒史的证明标准

第一，戒断症状的证明标准。戒断症状的具体情形，参照卫生部制定的《阿片类药物依赖诊断治疗指导原则》和《苯丙胺类药物依赖诊断治疗指导原则》、《氯胺酮依赖诊断治疗指导原则》确定。

需要注意的是，以下两部规范现已进行了修订。一是2017年国家卫生健康委员会组织专家对《阿片类药物依赖诊断治疗指导原则》进行了修订，形成《阿片类物质使用相关障碍诊断治疗指导原则》。修订后的《阿片类物质使用相关障碍诊断治疗指导原则》规范和统一了诊断标准和方法，明确了治疗目的、治疗方法和有效治疗的基本要素，增加了药物维持治疗和防复发治疗干预的内容。二是2018年国家卫生健康委员会组织专家对《苯丙胺类药物依赖诊断治疗指导原则》进行了修订，形成《苯丙胺类兴奋剂使用相关障碍诊断治疗指导原则》。修订后的《苯丙胺类兴奋剂使用相关障碍诊断治疗指导原则》，对临床表现与诊断标准作了更详细的描述，并增加了治疗目标、原则、疗效评价和预防复吸等内容。

第二，吸毒史的证明标准。吸毒史，是指吸毒人员本次吸毒行为被查处之前曾经发生的吸毒事实。包括曾经因使用毒品被公安机关查处、曾经进行自愿戒毒、人体毛发样本检测出毒品成分等情形。

这里"人体毛发样本检测出毒品成分"的情形，区别于吸毒行为认定中的"发根端3厘米以内的头发样本检测结果"，即发根端3厘米以外的头发样本检测结果呈阳性的，应认定为存在吸毒史。

6) 关于毛发样本的范畴问题

《涉毒人员毛发样本检测规范》第2条规定：本规范所称毛发样本检测，是指运用科学技术手段对涉嫌吸毒人员的毛发样本（头发）进行检测。第3条规定：提取毛发样本时……紧贴被提取人员头皮表面剪取头顶后部（如头顶后部无法提取到足够头发的，可选择离该部位最近的头部部位）长度为3厘米以内的头发。第10条规定：发根端3厘米以内的头发样本检测结果为阳性的，表明被检测人员在毛发样本提取之日前6个月以内摄入过毒品。

根据以上规定，2018年实施的《涉毒人员毛发样本检测规范》对2016年经修订实施的《吸毒检测程序规定》中的人体毛发样本范围进行了限制，仅指头发。但是，实践中也存在公安机关提取其他部位毛发进行检测，在诉讼中法院认可其检测结果的情形。人体其他部位毛发作为检测样本，具有其积极意义。比如，有些吸毒人员长期剃光头发，公安机关只能采集其他部位毛发进行吸毒检测。

同时应该注意的是，行政执法过程中，执法机关不应为了查明事实，首先进行违法推定，假设嫌疑人违法；否则，很容易在执法中突破比例原则，从而对公民权利产生不当侵害。毕竟其他部位毛发采集，涉及违法嫌疑人的隐私问题，需要慎重使用。为了解决这个矛盾，在今后的立法中，应该对其他部位毛发采集的适用情形和程序设立更为严格的规定。

2. 吸毒成瘾严重的认定标准

吸毒成瘾严重的认定，是对吸毒成瘾的进一步认定。也就是说，在认定吸毒成瘾严重时，首先应当达到吸毒成瘾的认定标准。《吸毒成瘾认定办法》第8条规定，吸毒成瘾人员具有下列情形之一的，公安机关认定其吸毒成瘾严重：

（1）曾经被责令社区戒毒、强制隔离戒毒（含《禁毒法》实施以前被强制戒毒或者劳教戒毒）、社区康复或者参加过戒毒药物维持治疗，再次吸食、注射毒品的。

这里的"再次吸食、注射毒品"，在行为时间方面应该同吸毒成瘾认定中的吸毒行为认定一致，理解为"新发现的吸毒行为"，即毛发样本被提取之日前6个月以内存在吸食、注射毒品行为的。

从吸毒成瘾严重认定的行政执法实践来看，如果"再次吸食、注射毒品"的行为发生时间已较为久远，则只可以证明行为人存在再次吸毒的历史，并不具有定义吸毒人员当前成瘾严重状态的现实意义。

（2）有证据证明其采取注射方式使用毒品或者至少三次使用累计涉及两类以上毒品的。

第一，"两类"以上毒品的认定。《吸毒成瘾认定办法》第24条规定：两类及以上毒品是指阿片类（包括鸦片、吗啡、海洛因、杜冷丁等），苯丙胺类（包括各类苯丙胺衍生物），大麻类，可卡因类，以及氯胺酮等其他类毒品。

第二，"三次"和"两类"的计算问题。"至少三次""累计涉及两类以上毒品"是同时从吸毒次数和种类的角度来评价行为人吸毒成瘾的程度，该吸毒行为是否已被行政处罚不影响计算。因此，上述"至少三次""累计涉及两类以上毒品"包含本次被查获前，曾被公安机关查处或查证的吸毒行为。

（3）有证据证明其使用毒品后伴有聚众淫乱、自伤自残或者暴力侵犯他人人身、财产安全或者妨害公共安全等行为的。

鸦片、海洛因等传统的麻醉药品对人体主要以镇痛、镇静为主，新型毒品对人体主要有兴奋、抑制或致幻的作用。长期吸食冰毒、麻古、摇头丸、K粉等新型毒品，会改变和破坏人的大脑和神经系统，影响人的精神状态、情绪以及行为，症状表现与间歇性精神病、偏执型精神分裂症相似，存在极度狂躁、抑郁、被迫害妄想、幻视、幻听等症状，进而会有自残、伤人等不可控的暴力风险，严重的则会导致恶性犯罪，会严重威胁甚至损害吸毒者本人、他人人身财产安全及社会公共安全，因而，将其列入吸毒成瘾严重的认定因素。

三、吸毒成瘾认定的主体

（一）吸毒成瘾认定的主体

根据《禁毒法》第32条、《戒毒条例》第4条的规定，县级以上地方人民政府公安机关是认定吸毒成瘾的主体。同时，《吸毒成瘾认定办法》第3条、第4条、第5条规定，公安机关也可以委托符合资质的戒毒医疗机构进行认定，承担吸毒成瘾认定工作的戒毒医疗机构，由省级卫生行政部门会同同级公安机关指定。

1. 公安机关认定吸毒成瘾的程序

《吸毒成瘾认定办法》第6条规定：公安机关认定吸毒成瘾，应当由两名以上人民警察进行，并在作出人体生物样本检测结论的二十四小时内提出认定意见，由认定人员签名，经所在单位负责人审核，加盖所在单位印章。第9条规定：公安机关在吸毒成瘾认定过程中实施人体生物样本检测，依照公安部制定的《吸毒检测程序规定》的有关规定执行。

2. 受委托的戒毒医疗机构认定吸毒成瘾的程序

1）委托程序

《吸毒成瘾认定办法》第4条规定：公安机关在执法活动中发现吸毒人员，应当进行吸毒成瘾认定；因技术原因认定有困难的，可以委托有资质的戒毒医疗机构进行认定。第11条规定：公安机关委托戒毒医疗机构进行吸毒成瘾认定的，应当在吸毒人员末次吸毒的七十二小时内予以委托并提交委托函。超过七十二小时委托的，戒毒医疗机构可以不予受理。

2）认定程序

《吸毒成瘾认定办法》第12条规定：承担吸毒成瘾认定工作的戒毒医疗机构及其医务人员，应当依照《戒毒医疗服务管理暂行办法》（已被2021年7月1日起施行的《戒毒治疗管理办法》废止，下同）的有关规定进行吸毒成瘾认定工作。第13条规定：戒毒医疗机构认定吸毒成瘾，应当由两名承担吸毒成瘾认定工作的医师进行。第19条规定：戒毒医疗机构应当自接受委托认定之日起

3个工作日内出具吸毒成瘾认定报告，由认定人员签名并加盖戒毒医疗机构公章。认定报告一式二份，一份交委托认定的公安机关，一份留存备查。

（二）吸毒成瘾认定资格要求

1. 公安机关吸毒成瘾认定资格要求

《吸毒成瘾认定办法》第10条规定，公安机关承担吸毒成瘾认定工作的人民警察，应当同时具备两个条件：

（1）具有二级警员以上警衔及两年以上相关执法工作经历；
（2）经省级公安机关、卫生计生行政部门组织培训并考核合格。

2. 受委托的戒毒医疗机构吸毒成瘾认定资质要求

1）戒毒医疗机构

根据《吸毒成瘾认定办法》《戒毒治疗管理办法》的有关规定，戒毒医疗机构，是指符合《戒毒医疗服务管理暂行办法》规定的专科戒毒医院和设有戒毒治疗科室的其他医疗机构，其必须符合戒毒医院基本标准或医疗机构戒毒治疗科基本标准。承担吸毒成瘾认定工作的戒毒医疗机构，由省级卫生计生行政部门会同同级公安机关指定。

2）戒毒医疗机构工作人员

《吸毒成瘾认定办法》第14条规定，承担吸毒成瘾认定工作的医师，应当同时具备以下条件：

（1）符合《戒毒医疗服务管理暂行办法》的有关规定；
（2）从事戒毒医疗工作不少于三年；
（3）具有中级以上专业技术职务任职资格。2021年7月1日起施行的《戒毒治疗管理办法》也明确规定了执业人员的资格条件。

四、吸毒成瘾认定的法律地位

（一）吸毒检测的法律地位

吸毒检测是公安机关确定涉毒嫌疑人是否具有吸毒行为的重要程序。《吸毒成瘾认定办法》第6条规定：公安机关认定吸毒成瘾……并在作出人体生物样本检测结论的24小时内提出认定意见。所以，在吸毒成瘾认定工作中，进行吸毒检测，确认行政相对人是否存在吸食毒品的行为，是吸毒成瘾认定的前置工作,所形成的文书为吸毒成瘾认定的证据材料。

根据修改后的《吸毒检测程序规定》,吸毒检测分以下情形:

(1)现场检测由县级以上公安机关或者其派出机构进行;

(2)实验室检测由县级以上公安机关指定的取得检验鉴定机构资格的实验室或者有资质的医疗机构进行;

(3)实验室复检由县级以上公安机关指定的取得检验鉴定机构资格的实验室进行。

根据以上规定,现场检测由公安机关或其派出所实施,形成的文书为《现场检测报告书》;实验室检测和复检由检验鉴定机构实施,形成的文书为《鉴定意见书》;实验室检测也可以由有资质的医疗机构实施,形成的文书为《检验(测)报告单》。

根据《公安机关办理行政案件程序规定》(2018年修正)、《公安机关鉴定规则》(公通字〔2017〕6号)和《公安机关鉴定机构登记管理办法》(公安部令第155号)的相关规定可以看出,公安机关目前将吸毒检测活动纳入了司法鉴定的范畴。同时根据《吸毒成瘾认定办法》第6条"有关证据材料,应当作为认定意见的组成部分"之规定,吸毒检测的鉴定结果为吸毒成瘾认定的证据材料之一。

需要注意的是,无论是2005年10月1日施行的《全国人民代表大会常务委员会关于司法鉴定管理问题的决定》,还是《司法鉴定程序通则》(司法部令第132号),均将司法鉴定明确为诉讼活动中的鉴定行为。实际上,从公安机关法定职权范围的角度来看,其既存在行政执法或依法处理行政事务纠纷活动时的鉴定行为,也存在承担诉讼职能时的鉴定行为。司法实践中,一般认为行政执法活动中的鉴定行为应称为行政鉴定,属于过程性行政行为。

(二)吸毒成瘾认定的法律地位

吸毒成瘾认定,是指公安机关或者其委托的戒毒医疗机构通过对吸毒人员进行人体生物样本检测、收集其吸毒证据或者根据生理、心理、精神的症状、体征等情况,判断其是否成瘾以及是否成瘾严重的工作。

吸毒成瘾认定属于行政确认行为。行政确认是行政主体依法对行政相对人的法律地位、法律关系或有关法律事实进行甄别,给予确认、认可、证明(或者否定)并予以宣告的行政行为,吸毒成瘾认定属于行政确认中的行政认定行为,其最终形成的《吸毒成瘾认定报告》,是公安机关对行政相对人是否作出戒毒决定、作出何种戒毒决定的重要依据。

五、吸毒成瘾认定的法律救济

（一）吸毒检测的法律救济

根据《吸毒检测程序规定》，吸毒检测的法律救济途径如下：

（1）被检测人对现场检测结果有异议的，可以在被告知检测结果之日起的3日内，向现场检测的公安机关提出实验室检测申请；

（2）被检测人对实验室检测结果有异议的，可以在被告知检测结果后的3日内，向现场检测的公安机关提出实验室复检申请。

根据以上规定，在被检测人已被告知检测结果异议权利的情况下，而未在3日内行使该权利的，如无合理理由说明自己并非怠于行使该权利的，应认为其认可该检测结果。如被检测人未被及时告知检测结果异议权利，则该次吸毒检测程序发生错误，检测结果应被认定为无效。

（二）吸毒成瘾认定的法律救济

对于吸毒成瘾认定（包括吸毒成瘾严重认定）的法律救济途径，目前并无专门法律法规予以规范。需要注意的是，吸毒成瘾认定的结果，是公安机关对吸毒者最终作出是否应当戒毒或予以何种戒毒措施决定的证据之一，而证据是存在被推翻可能的。在被决定戒毒人员针对戒毒决定提起的复议或诉讼中，其也可以通过提出相反的证据来证明吸毒成瘾认定结果的无效。对于被采取戒毒措施的相对人本身实体利益的可得性而言，就戒毒决定申请复议或者诉讼更为直接有效。

拓展学习

吸毒行为的法律后果

在我国，吸毒行为属于行政违法行为。根据不同情形，产生不同的法律后果。

一、行政处罚方面

行政处罚手段有拘留、罚款两种，具体可以分为单处拘留或罚款，拘留并处罚款。主要法律依据如下。

《治安管理处罚法》第72条规定：吸食、注射毒品的，处十日以上十五日以下拘留,可以并处二千元以下罚款;情节较轻的,处五日以下拘留或者五百元以下罚款。第七十三条规定:教唆、引诱、欺骗他人吸食、注射毒品的,处十日以上十五日以下拘留,并处五百元以上二千元以下罚款。

《禁毒法》第61条规定,容留他人吸食、注射毒品……尚不构成犯罪的,由公安机关处十日以上十五日以下拘留,可以并处三千元以下罚款;情节较轻的,处五日以下拘留或者五百元以下罚款。

二、行政强制措施方面

行政强制措施包括社区戒毒、强制隔离戒毒、社区康复三种。

(一) 社区戒毒

主要法律依据如下。《禁毒法》第33条规定,对吸毒成瘾人员,公安机关可以责令其接受社区戒毒。

(二) 强制隔离戒毒

主要法律依据如下。《禁毒法》第38条规定,吸毒成瘾人员有下列情形之一的,由县级以上人民政府公安机关作出强制隔离戒毒的决定:

(1) 拒绝接受社区戒毒的;

(2) 在社区戒毒期间吸食、注射毒品的;

(3) 严重违反社区戒毒协议的;

(4) 经社区戒毒、强制隔离戒毒后再次吸食、注射毒品的。

对于吸毒成瘾严重,通过社区戒毒难以戒除毒瘾的人员,公安机关可以直接作出强制隔离戒毒的决定。

(三) 社区康复

主要法律依据如下。《禁毒法》第48条规定,对于被解除强制隔离戒毒的人员,强制隔离戒毒的决定机关可以责令其接受不超过三年的社区康复。

三、行政许可方面

行政许可包括申请条件丧失和注销两种情形。

(一) 申请条件丧失

主要法律依据如下。《机动车驾驶证申领和使用规定》(公安部令第162号)第15条规定:三年内有吸食、注射毒品行为的,不得申请机动车驾驶证。

(二) 注销

主要法律依据如下。《机动车驾驶证申领和使用规定》(公安部令第162号)第79条规定,有吸食、注射毒品后驾驶机动车行为的,车辆管理所应当注销其机动车驾驶证。

四、行政处分方面

行政处分包括降级、撤职或开除三种。主要依据如下。

《行政机关公务员处分条例》第 31 条规定，吸食、注射毒品……给予撤职或者开除处分。

《事业单位工作人员处分暂行规定》第 21 条规定：吸食毒品……给予降低岗位等级或者撤职处分。

《公职人员政务处分法》第 40 条规定，吸食、注射毒品……予以撤职或者开除。

根据上述规定，无论是公职人员，还是普通事业单位工作人员，只要吸食毒品的，都至少应当给予撤职或降低岗位等级处分。情节严重的，如多次吸毒、吸毒成瘾的，一般会给予开除公职处分。

对于特殊身份的公职人员有更严格的规定，只要有吸毒行为就直接开除公职。如《公安机关人民警察纪律条令》第 24 条规定，吸食、注射毒品……给予开除处分。

五、刑事处罚方面

刑事处罚包含引诱、教唆、欺骗他人吸毒罪，强迫他人吸毒罪，容留他人吸毒罪。需要注意的是，单纯吸食毒品的行为，是违法行为，但不构成犯罪。

（一）引诱、教唆、欺骗他人吸毒罪

主要法律依据如下。《刑法》第 353 条规定，引诱、教唆、欺骗他人吸食、注射毒品的，处三年以下有期徒刑、拘役或者管制，并处罚金；情节严重的，处三年以上七年以下有期徒刑，并处罚金。

（二）强迫他人吸毒罪

主要法律依据如下。《刑法》第 353 条规定，强迫他人吸食、注射毒品的，处三年以上十年以下有期徒刑，并处罚金。

（三）容留他人吸毒罪

主要法律依据如下。《刑法》第 354 条规定，容留他人吸食、注射毒品的，处三年以下有期徒刑、拘役或者管制，并处罚金。

项目考核

1. 什么叫药物滥用、药物依赖？
2. 如何理解毒品成瘾机制？
3. 毒品成瘾者有哪些行为、心理特点？
4. 我国法律对吸毒成瘾、吸毒成瘾严重是如何认定的？

单元小结

为便于在阅读与学习时，更好地理解、把握知识内容，本单元首先对一些基本概念进行了阐释。了解毒品成瘾的神经生物学机制是正确认识毒品，对毒品成瘾行为进行有效干预的基础和前提。本单元通过分析毒品成瘾的表现、成瘾者的行为、心理特征等，以期建立对吸毒成瘾的科学认知，重点是理解我国对吸毒人员"违法者、病人、受害者"三重身份的定位。

在执法过程中，对吸毒行为的认定是公安机关决定对吸毒人员是否采取戒毒措施，以及采取何种戒毒措施的重要依据，因此，明确吸毒行为的法律后果，把握吸毒成瘾与吸毒成瘾严重之间的逻辑关系和认定标准非常重要。

第三单元 戒毒与康复

学习项目四　戒毒康复基础知识
学习项目五　我国主要戒毒康复措施
学习项目六　司法行政戒毒工作
学习项目七　社会工作与戒毒

学习项目四

戒毒康复基础知识

◆ **学习目标**

1. **知识目标**：理解戒毒康复的基本概念和内涵，明确戒毒康复各阶段的工作目标、工作原则和完成标准；掌握戒毒康复工作流程，熟悉戒毒康复常用干预方法。

2. **能力目标**：学会依照戒毒康复工作流程，开展戒毒人员管理、心理矫治、辅助医学治疗、康复训练、社区康复治疗、戒毒康复机构管理等相关工作。

3. **素质目标**：培养科学、规范、细致、耐心的工作品质，以及尊重、接纳吸毒人员的职业素养。

◆ **重点提示**

本项目学习重点是理解戒毒康复的概念和内涵，了解有关戒毒康复的基本理论；明确戒毒康复各阶段的工作目标、工作原则和完成标准；掌握戒毒康复工作流程，熟悉戒毒康复常用干预方法。

学习任务1　戒毒康复基本理论

一、戒毒康复概念及内涵

（一）戒毒康复概念

戒毒通常指吸毒人员戒除吸食毒品的恶习和毒瘾的活动。康复是指综合协调地应用各种措施，最大限度地恢复和发展疾病、伤残者的身体、心理、社会、职业、娱乐、教育和周围环境相适应方面的潜能。康复需要综合地、协调地应用医学的、教育的、社会的、职业的各种方法，对病患进行诊断、评定和治疗等，促使病患已经丧失的功能尽快地、尽最大可能地得到恢复和重建，使他们在体格、精神、社会及经济能力等方面尽可能得到恢复，使他们重新开始正常的生活、工作，重新走向社会。康复不仅针对疾病，而且着眼于整个人，从生理、心理、社会及经济能力等方面进行全面康复，它包括医学康复（利用医学手段促进康复）、教育康复（通过特殊教育和培训促进康复）、职业康复（恢复就业能力取得就业机会），以及社会康复（在社会层次上采取与社会生活有关的措施，帮助重返社会），其最终目标是提高生活质量，恢复独立生活、学习和工作的能力，使其能在家庭和社会中过上有意义的生活。

戒毒康复是指运用医学、心理学、社会学、教育学等多种手段对戒毒人员因吸毒所造成的毒品依赖以及一切身心功能障碍进行诊断、评定、治疗和训练，实现恢复和改善个体功能、预防复吸和回归社会目标的系统过程。

（二）戒毒康复内涵

吸毒人员的生理、心理和社会功能因毒品而受到损害，因此戒毒康复应包含以下四个方面的内容。

1. 生理脱毒治疗

生理脱毒治疗的主要目的是帮助吸毒人员停止使用毒品，并安全平稳地度过急性戒断期。长期滥用毒品会使吸毒人员机体产生药物依赖性和药物耐受性，如果突然停止或减少用药，机体在反复连续用药状态下所形成的适应性和神经细胞的代偿平衡机制被破坏，吸毒人员会出现难以忍受的戒断综合征。生理脱毒一般指应用有效的药物或其他医疗手段减轻或消除脱毒过程中出现的戒断症状和稽延性戒断症状，帮助吸毒人员安全度过急性脱毒期。

2. 身体康复治疗

身体康复治疗主要是帮助吸毒人员减轻或消除稽延性戒断症状，对症治疗躯体疾病。长期吸毒严重损害人体心脑血管系统、呼吸系统、消化系统和神经系统等，导致各种并发症。脱毒治疗前要对吸毒人员进行全面体检，了解其身体所患疾病和体能状况，确保安全脱毒。脱毒后要开展针对性治疗，使吸毒人员逐渐恢复身体健康，为后期的心理和社会功能康复奠定基础。

3. 心理康复治疗

心理康复治疗主要是帮助吸毒人员克服心瘾。心瘾是心理依赖的通俗说法，指多次使用毒品后所产生的在心理上、精神上对所用毒品的强烈心理渴求或强制性觅药倾向。追求吸食毒品的欣快感和逃避断药后的身心痛苦，是吸毒人员对毒品产生心理依赖的直接原因。心理依赖通常比较顽固，导致吸毒人员难以戒断毒品，并往往在戒断一段时间之后又恢复使用。因此，对吸毒人员进行心理辅导，使其能够识别心瘾，掌握应对心瘾的方法，是戒毒成功的关键。

与此同时，长期吸毒会使吸毒人员原有的生活习惯、价值理念、行为方式、人格特征等发生异常改变，如不加以心理干预，往往导致复吸。因此，对吸毒人员的生活理念、生活方式、行为方式和人格倾向等进行针对性矫治，培养、提升吸毒人员的心理调适能力，使其人格完善，是心理康复的必要举措。

4. 家庭和社会功能康复治疗

吸毒人员滥用毒品，除自身和社会不良影响外，不良的家庭环境、家庭结构、父母教育方式、家庭存在的问题等也有一定的影响。吸毒需要大量的毒资，这无疑加重了家庭经济负担，影响家庭关系；长期吸毒导致吸毒人员心理异化，对家人漠不关心，丧失家庭责任感，恶化了家庭关系。家庭成员间也会因为家中有吸毒者，产生很多矛盾与心理问题，导致家庭功能失调，无法为吸毒人员提供戒毒所需的支持和帮助。许多吸毒人员因此无法离开毒品、脱离"毒友"圈。家庭和社会功能康复治疗主要是帮助吸毒人员及其家庭成员恢复正常的家庭关系，融入正常的社会生活，重新体验到自己的社会价值，实现终极的戒毒康复。

二、戒毒康复目的及原则

（一）戒毒康复目的

世界卫生组织（WHO）药物依赖专家委员会提出了戒毒康复应达到的三个目的：

（1）减轻对毒品的依赖，包含生理依赖与心理依赖；

（2）降低因滥用毒品带来的伤害；

（3）最大可能地增加毒品成瘾者接受戒毒治疗和各种服务的机会，从而达到身体康复、社会活动能力增强，为保持操守、回归社会打下良好的基础。

（二）戒毒康复原则

美国药物滥用研究所（NIDA）经过数十年的治疗实践，提出了药物依赖治疗原则，这些治疗原则对戒毒康复具有普遍的指导作用，具体包括以下内容。

（1）成瘾是一种影响大脑功能与个体行为的复杂疾病，但依然是可以治疗的。

（2）没有一种治疗模式适合所有人。

（3）治疗必须是容易获取、容易应用在生活中的。

（4）有效的治疗必须关注个体的多重需求，而非止步于毒品滥用问题。

（5）能够持续、稳定地接受一段时间的康复治疗极为重要。

（6）行为疗法，包括个体、家庭、团体咨询，是最常用的戒毒康复方法。

（7）在接受心理咨询与行为治疗的同时，必要的药物治疗也很重要。

（8）治疗方案应当是个性化的，且需要持续评估并做必要的调整，以适应吸毒人员在不同时期、不同状态下的需求。

（9）许多吸毒人员除毒瘾外，同时患有其他的心理疾病。

（10）生理脱毒只是戒毒康复的第一阶段，而且仅进行生理脱毒难以改变长期的吸毒行为。

（11）非自愿的戒毒者，依然可以从治疗中受益。

（12）在治疗期间，戒毒人员可能会有偶吸行为，必须持续地监控其行为；

（13）治疗方案应检测戒毒人员是否患有艾滋病、乙型和丙型肝炎、肺结核及其他传染性疾病，同时也要教育吸毒人员降低感染风险，帮助已感染者正确控制其疾病，避免扩散。

三、戒毒康复理论

严格来说,戒毒康复的理论基础是建立在人们对吸毒成瘾的成因和后果的认知基础上的,因此,不同的观念导向不同的戒毒康复理论和策略。

(一)道德模型

道德模型在一些人中具有普遍性,支持道德模型的人将成瘾视为吸毒者个人选择的结果,认为吸毒者道德败坏,主张用惩罚进行干预。尽管道德模型受到许多学者的反对,但它对社会大众的影响依然存在。例如,对吸毒者的"污名化",有可能恶化吸毒者的处境,导致其难以回归正常生活。

(二)疾病模型

疾病模型认为吸毒人员是疾病的受害者,并非道德败坏,强调用治疗进行干预。该观念被世界卫生组织、广大医疗工作者所认同,也影响了我国相关政策法律的制定。例如,《吸毒成瘾认定办法》第2条规定,本办法所称吸毒成瘾,是指吸毒人员因反复使用毒品而导致的慢性复发性脑病。《禁毒法》第31条规定,吸毒成瘾人员应当进行戒毒治疗。

(三)心理学模型

有几种不同的心理学理论解释了人们为何成瘾。比如:强化理论认为成瘾源于正强化和负强化;学习理论认为成瘾是一种后天习得的行为;人格理论假定具有某些人格特征的个体会比其他个体更容易使用毒品。心理学模型使心理康复成为戒毒康复的一个重要环节,为防复吸策略提供了理论基础。认知行为治疗更是成为治疗药物滥用的普遍方法。

(四)生物学模型

生物学模型分为遗传学和神经生物学两个分支。遗传学认为成瘾与基因有一定关系。神经生物学认为毒品引起脑内神经递质发生变化,伴随相应的脑区功能改变、形成顽固的成瘾记忆。因此,引入药物配合心理干预,修复大脑功能,可以逆转这一变化。

（五）家庭模型

家庭模型认为，成瘾是因为整个家庭功能失调，吸毒人员的成瘾行为使其成为家庭中的"替罪羊"。家庭中有一个或多个家庭成员有意无意地强化了吸毒人员的成瘾行为，比如，总是为吸毒人员收拾烂摊子，或是不知道如何与"清醒的"吸毒人员相处。因此对吸毒人员的家庭提供帮助，让家庭成员参与到康复治疗中，提供正向支持，可以发挥监督和激励的作用。

（六）社会文化模型

社会文化模型认为成瘾是一种社会现象，在很大程度上受社会文化体系的影响。从社会化理论角度看，吸毒人员是社会适应不良和未能受到社会约束及控制的失败者，需要的是再社会化干预，帮助其接受社会大众的价值观与行为规范，以适应社会环境。从标签理论的角度，社会大众给吸毒人员贴上"吸毒的"、"改不好的""没救的"标签，这可能会对吸毒人员产生负面影响，使他们自觉不自觉地按标签行事。从亚文化理论来看，吸毒行为实际上是吸毒人员在建构自己小群体的亚文化，同伴压力导致吸毒人员难以戒断。

（七）生物-心理-社会模型

生物-心理-社会模型是目前成瘾研究领域比较流行的理论模型。美国学者大卫·卡普齐和马克·D.斯托弗指出："没有任何一个单一的模型能够充分解释为什么一些人会对某种物质上瘾，另一些人却没有。"[①] 从系统论的观点来看，成瘾受生物、心理、社会三个因素的共同作用，相应的戒毒康复策略也必须是整合性的，包括药物治疗、心理干预、发展就业能力、社交能力、发展社会支持网络以及治疗策略的个别化等。

上述戒毒康复的相关理论给具体的戒毒康复措施、戒毒策略等提供了理论支撑和实践指导。

四、戒毒康复阶段

依据生物-心理-社会模式的治疗策略，实践中通常将戒毒康复划分为急性脱毒、康复、预防复发与回归社会三个阶段。

---

① ［美］大卫·卡普齐、马克·D.斯托弗：《成瘾心理咨询与治疗权威指南》，王斐译，中国人民大学出版社2021年版，第13页。

(一)急性脱毒阶段

急性脱毒是指在有效隔绝成瘾物质的前提下,通过使用药物或其他方法缓解和消除吸毒人员的躯体戒断症状及精神症状,帮助他们停止使用成瘾物质并安全度过急性戒断期的活动。急性脱毒一般需要约1个月时间。

1. 工作目标

脱毒是整个康复过程的第一步,工作重点放在减轻和消除急性戒断症状、缓解和消除稽延性戒断反应及精神症状上,使吸毒人员躯体情况稳定,为进入康复阶段奠定基础。具体来说,第一,尽可能缓解和控制吸毒人员戒断症状;第二,与吸毒人员建立合作、信任治疗关系,为其接受进一步的行为矫正、心理治疗和康复训练创造条件;第三,帮助吸毒人员认识和应对与吸毒有关的高危行为以减少危害,如避免共用注射器、消毒针具,不进行无保护的性行为等。

2. 工作原则

在脱毒治疗工作中,应注意把握以下四条原则。

(1)尽可能控制戒断症状,减轻或消除吸毒人员断药的躯体痛苦。治疗起效能让吸毒人员对戒毒康复抱有一定的信心。

(2)提供个性化的脱毒治疗方案。由于吸毒人员的个体差异、吸食毒品方式和毒品成分复杂,使得单一的脱毒治疗模式、方法和治疗药物,不可能适用于所有吸毒人员,应根据吸毒人员的吸毒史、吸毒剂量、戒断反应轻重、当前身体状况、既往病史等,采取有针对性的脱毒治疗。

(3)明确管理规则。脱毒治疗既是一个医疗过程,也是一个对特殊人群的管理过程,戒毒机构和工作人员要建立严格规范的管理制度,在治疗之初向吸毒人员做好规则宣讲,并对接受治疗的吸毒人员的不良行为进行限制和干预。

(4)建立良好的治疗关系。临床观察和研究结果均表明,相当比例的吸毒人员难以遵从治疗方案完成短期的脱毒治疗。赵敏等专家以海洛因吸食人员为研究对象研究治疗依从性问题,发现37%的研究对象不遵从医师建议、脱离治疗。[1]工作人员如果能有意识地在治疗之初,采用共情、接纳的态度与吸毒人员建立良好的治疗关系,则能有效提高吸毒人员的治疗依从性,为完成脱毒和后期康复奠定基础。

---

[1] 赵敏、陆光华、王秋颖、徐韩、朱敏:《海洛因依赖者脱毒治疗依从性影响因素的分析》,载《中国药物依赖性杂志》2004年第4期。

3. 完成标准

对于阿片类吸毒人员，如果同时符合以下四条可认为脱毒成功：

（1）停止使用控制或缓解戒断症状的药物，包括用于替代递减的阿片类药物和用于控制戒断症状的其他药物；

（2）急性戒断症状完全或基本消除，或仅残留少量轻度的戒断症状；

（3）尿毒品检测阴性；

（4）纳洛酮促瘾试验阴性。

对于甲基苯丙胺、摇头丸、大麻、K粉等毒品，没有明确的躯体戒断症状和特效的拮抗药，通常是对症治疗。一般如果吸毒人员躯体情况稳定，可视为脱毒成功。

（二）康复阶段

康复是指运用康复训练、行为矫正、心理治疗等多种手段，帮助吸毒人员消除生理和心理依赖、恢复和提高身心健康水平、改善家庭及社会功能的系统治疗活动。康复阶段一般需要3～12个月，如果时间过短，则治疗效果得不到保证。

1. 工作目标

康复阶段的短期目标是通过治疗，消除戒毒人员的心理依赖。长期目标是帮助戒毒人员身心功能有所恢复和改善，改善就业能力、增强家庭功能和社会适应能力，为保持长期戒断、回归社会创造条件。

2. 工作原则

（1）个性化的康复方案。工作人员要充分评估戒毒人员的需求、个体功能水平、复吸的风险因素和保护因素等，按循证矫治的理念，结合自己的专业经验，选择那些已经被科学证据证明有效的方法和措施，为戒毒人员提供具有针对性和灵活性的康复方案。

（2）保障足够的治疗时间。康复阶段的重点在于心理行为治疗，对大多数戒毒人员来说至少需要3个月的治疗时间，才能改变旧有的认知行为模式，形成新的认知行为模式。

（3）积极治疗共病精神疾病、躯体障碍。不同于传统毒品，以甲基苯丙胺为代表的新型毒品具有特殊的药理毒理作用，导致戒毒人员产生精神障碍的概率高。由于药物依赖与精神疾病相互影响，患者可能同时存在药物依赖与精神疾病两种疾病，即共病现象。杜江等专家的研究指出，50%～70%的吸毒人员存在某种类型的精神障碍的共病状况，常见如精神分裂症、双相情感障碍等。[①]未得到治疗的精神障碍和躯体障碍，容易诱发戒毒人员的不良情绪和失控冲动行为，会降低康复治疗的依从性，增加戒毒康复的难度和安全风险。

3. 完成标准

康复是一个较为长期的阶段，可从以下几个方面进行综合评估。

（1）身心康复方面：身体相关机能有所改善；体能有所提高；戒毒动机明确，信心增强，掌握防止复吸的方法；未出现严重心理问题或者精神症状；有改善与家庭、社会关系的愿望和行动。

（2）行为表现方面：遵守戒毒机构或工作人员制定的行为规则；积极接受戒毒康复治疗；参加康复劳动；坦白、检举相关违法犯罪活动。

（3）社会环境与适应能力方面：与有关部门签订社会帮教协议或者有明确意向；家属或者所在社区支持配合其戒毒；有主动接受社会监督和援助的意愿；掌握一定的就业谋生技能；有稳定的生活来源或者固定居所；有适合自己的明确清晰、具体的防复吸计划。

（三）预防复发与回归社会阶段

经过康复治疗的戒毒人员回到现实生活环境中后，仍有复发的可能，此阶段的任务是帮助戒毒人员应对回归社会过程中可能碰到的来自个人、家庭和社会等方面的问题和障碍，为他们能顺利回归正常社会生活提供心理咨询、就业指导、帮扶等服务。此阶段一般需要1～3年的时间。

1. 工作目标

帮助戒毒人员保持长期戒断与健康的状态，保持亲社会的态度及价值观，能够稳定合法地谋生，能够处理现实生活中的各种困难，恢复社会功能。

2. 工作原则

（1）发展自助能力。戒毒人员最终是要回到自己的生活中，自己去面对和处理生活中各式各样的问题。工作人员要善于激发戒毒人员戒毒的积极性、主动性，帮助戒毒人员认识自我、激发自身潜力、学会自己解决问题。

[①] 杜江、赵敏、谢斌：《精神障碍与物质滥用的共病》，载《国际精神病学杂志》2006年第2期。

（2）发挥家庭助力。对家庭成员开展戒毒教育，让家庭成员也树立正确的康复观念、掌握帮教的方法。充分发挥家庭监督激励的作用，有效阻断戒毒人员与毒友、毒贩的接触，合理控制经济支出，督促其正常作息、接受尿检、参与社区康复活动等。

（3）善用社会资源。积极向戒毒人员推介生活、求学、就业、医疗和戒毒药物维持治疗等方面的政府资源与社会资源。一直以来，我国政府和有关职能部门从体制、机制、法律政策方面给予了大力支持。例如，国家禁毒办、中央综治办等11部委联合下发了《关于加强社区戒毒社区康复工作的意见》《关于加强戒毒康复人员就业扶持和救助服务工作的意见》等。

3. 完成标准

（1）停止使用毒品：定期不定期尿检呈阴性或是稳定地接受药物维持治疗。

（2）身心方面：躯体健康状况稳定、心理健康状况良好，遭遇不同应激事件能合理应对。

（3）职业功能方面：以戒毒前工作水平为参照，职业功能有改善，能够稳定从事合法工作。

（4）改善家庭及社会功能：包括能够与家人良好沟通、建立无毒的朋友圈，生活作息规律，有健康的兴趣爱好，无违法犯罪行为等。

学习任务2　戒毒康复工作流程

一、成瘾评估和诊断

（一）收集全面信息

1. 实施评估访谈

戒毒人员个人经历、家庭成员、身体健康状况、家族病史、婚史、吸毒史、违法犯罪记录等基本信息，可以通过评估访谈采集。评估访谈可以分为非结构化、半结构化和结构化访谈。非结构化访谈，能够让戒毒人员以自己的思路和角度讲自己的故事，有助于建立初步的融洽关系。半结构化访谈介于结构化访谈和非结构化访谈之间，比结构化访谈更有弹性。矫治工作人员可以依据访谈的关键主题及访谈提纲,在访谈过程中根据关键点灵活发问。结构化访谈是标准化的,方便定量研究。不管采取哪种访谈方式进行评估,都应包含如下内容:之前使用的酒精、烟草、毒品类型和数量;身体健康状况及其对成瘾的影响;情绪、行为、认知、是否存在共病的精神障碍;对自己成瘾问题的认知;吸毒经历和戒毒历程;成长中的重大事件;家庭系统和同伴关系;本人应对毒品技能、谋生技能等。

2. 躯体及精神检查

毒品使用会带来躯体及精神症状,需进行全面的体检以了解戒毒人员是否存在躯体戒断综合征,如检查瞳孔大小、血压、心率、自主神经系统改变等体征。检查有无并发的躯体疾病,对于静脉注射及不安全性行为者还应检查是否有传染性疾病体征。应重点关注是否存在毒品引起的典型体征,如吸食K粉者是否存在泌尿系统损伤等。吸食毒品会导致一些精神症状或综合征,应进行全面系统的精神状态检查,了解戒毒人员意识、认知、情绪、行为异常症状等,重点关注特定成瘾物质所致的精神症状,如吸食甲基苯丙胺的戒毒人员是否存在幻觉、妄想等精神病性症状等。

3. 实验室检查

通过血液、尿液、毛发、口腔分泌物、汗液等的检测,为毒品使用及诊疗监测提供客观依据。需要注意的是,这只能反映戒毒人员近期使用毒品情况,同时还需要进行常规实验室检查及辅助检查,了解戒毒人员躯体状况,进行鉴别诊断,包括三大常规、血生化、腹部B超、胸部X线透视检查、血液及性传播疾病情况等,有认知功能障碍者还要进行头颅CT或者MRI检查。

4. 量表评估

除访谈外,可使用心理量表作为辅助工具进行评估。常用的量表,依据功能可分为六大类:

(1) 心理健康水平测试量表,如心理健康测查表(PHI)、症状自评量表SCL-90等;

(2) 情绪评定量表,如焦虑自评量表(SAS)、抑郁自评量表(SDS)等;

(3) 人格特征测试量表,如艾森克个性测验量表(EPQ)、明尼苏达多相人格测试量表(MMPI)等;

(4) 认知功能评估量表,如韦氏智力量表、瑞文智力测试量表、社会功能缺陷筛选量表等;

（5）毒品依赖相关测试量表，包括戒毒动机、渴求、拒毒能力等相关测试量表，如成瘾严重程度指数（ASI）量表、戒毒人员复吸倾向性量表、戒毒动机量表等。

（6）其他测试量表，依据康复方案需要选择，如多伦多述情障碍量表（TAS-20）、Barratt冲动性量表（BIS-11）、自尊量表（SES）、生活事件量表（LES）等。

要防止量表的滥用和误用。使用量表评估需要注意的是，依据康复目标选择合适的、信效度较高的量表；向受测者解释使用量表的性质和目的，充分尊重其知情权；严格按照指导手册的规定使用量表，使用测量结果作为矫治参考依据时，要充分考虑其局限性和可能的偏差；谨慎解释测量结果，尤其是测量结果与以访谈、观察等其他方式收集的信息有冲突时，应当重新评估。

5. 风险评估

访谈时要注意观察戒毒人员的外表、态度、情绪和语言表达，筛查出可能需要危机干预的对象。比如：有自伤、自残、自杀等危险倾向的；有暴力倾向的；曾经被医疗机构诊断为严重心理疾病或心理行为明显异常的。对于这样的戒毒人员，意味着需要精神科迅速介入，进行更专业的评估和干预。

（二）分析资料、形成诊断

通过上述全面评估、完成临床资料收集后，再通过症状分析、建立诊断假设、鉴别与排除诊断、核对与验证等步骤，形成最终的诊断。我国为健全统一规范的医疗数据标准体系，推行使用《国际疾病分类第十一次修订本》（ICD-11）的诊断标准，实际工作中也可参考《精神障碍诊断与统计手册（第5版）》。

二、戒毒康复方案设计

（一）明确目标

为提高戒毒人员的合作性，工作人员可与戒毒人员共同探讨形成康复目标。康复目标需要分解成具体、明确、现实可行、可测量的多个子目标，便于效果评估。子目标的优先级参考戒毒人员的需要和受困扰程度。同时，工作人员要善于引导和挖掘戒毒人员的发展性需求，在双方认可的基础上将终极目标定为戒毒人员心理成长和人格完善。

（二）制定方案

根据之前的问题和目标，结合评估出的戒毒人员个人资源、治疗机构环境条件以及工作人员自身的知识和技术储备，设计出有效、可行、经济的矫治方案。方案包含明确的矫治目标、步骤，矫治活动的形式、时间安排、次数等。在此阶段，工作人员起着主导作用，但并不意味着将方案强加在戒毒人员身上，而是通过觉察其疑虑，进行详细适宜的解释说明，让戒毒人员接受和配合。

三、戒毒康复方案实施

（一）签订知情同意书

与戒毒人员签订知情同意书。对无行为能力或者限制行为能力的戒毒人员可与其监护人签订知情同意书。知情同意书的内容应当包括康复治疗方法、时间、疗效、医疗风险、个人资料保密、戒毒人员应当遵守的各项规章制度，以及双方的权利、义务等。

（二）落实康复方案

依据康复方案要求，把矫治目标按时间维度分解成若干阶段性目标，编写成任务分解表，并按方案执行。工作人员需要做好每次矫治活动的记录、及时开展过程评估，定期向上级报告康复进展。上级部门也应跟踪和监控康复执行进展，评估活动实施与计划是否存在偏差等，及时发现问题，修正矫治方案。方案的修正一般包括四种情形。一是工作人员的修正。工作人员与戒毒人员是双向选择的，治疗要选择适合该戒毒人员或被该戒毒人员接受的工作人员。二是康复目标的修正。戒毒康复的过程是动态发展的，需要根据具体情况，中止或优化原定目标，制定新目标。三是矫治方法的修正。经过评估发现原先的方法不适用或效果不明显，需要选择其他矫治方法。如果是工作人员技术操作上的缺陷导致矫治无效，那么需要规范技术操作。四是矫治周期的修正。矫治周期过长，影响矫治效率，还易受其他因素干扰，无法完成既定方案。矫治周期过短，可能难以实现矫治目标。在实践中，需遵从科学规律，调整矫治周期，实现目标和周期的匹配。

（三）总结性评价

工作人员需要向戒毒人员就整个戒毒康复过程做一个总结性评价，回顾戒毒人员在整个过程中取得的进步，探讨如何将发展的技能迁移到未来生活中、还需努力的方向等内容，协助制订防复吸计划和社会适应计划，巩固治疗成果。

（四）保持跟踪回访

戒毒康复方案的完成不等于戒毒康复的结束，还需要通过一定时期的追踪和评估，才能最终确认康复目标的实现情况。工作人员通过回访、评估和后续的服务支持，可以更好地巩固康复效果和维持戒毒人员的自我矫治。

四、戒毒康复效果评估

（一）戒毒康复效果评估概念

戒毒康复效果评估就是根据开展戒毒康复工作的目标和要求，参照一定的评估标准，采用一定的评估方法，对经过一定阶段康复治疗的戒毒人员是否达到预期的治疗目标和要求所做的鉴定与判断。

戒毒康复效果评估可以分为过程评估与结果评估两类。过程评估，又叫形成性评估，是对整个戒毒康复实施过程中的每个干预环节的监测评估。简单来说，就是通过对戒毒康复实施过程及形式的评估，了解干预活动是否实现了预期目标，工作人员提供的服务是否专业、规范、有效，康复实施方式对目标完成是否具有效能与效率，从而发现戒毒康复实施过程中的优点和缺点，以便制定解决问题的策略，帮助工作人员实施方案或修订方案。基于此，过程评估着重评价从制订计划开始到方案实施和完结的整个矫治过程。结果评估是在戒毒康复的最终阶段进行的评估，检验方案实施的结果，以及结果实现的程度和影响。结果评估可以是事后一次性的，也可以是多次和全程性的。

（二）戒毒康复效果评估的方法

戒毒康复效果评估的常用方法有访谈法、测量法和跟踪调查法，可根据实际情况，灵活选择评估方法。

1. 访谈法

访谈法是工作人员与戒毒人员以口头信息沟通的方式，直接了解戒毒人员情况的评估方法。在开展效果评估访谈前，工作人员应收集整理戒毒人员整个戒毒康复过程中的治疗资料，明确访谈的目的和提纲。访谈的主题为从第一次康复治疗至今心理与行为的变化与发展，包括但不限于对毒品的认知、戒毒动机、不良行为矫正情况、问题解决能力、社会支持系统、未来计划等。

2. 测量法

测量法是工作人员使用工具，对戒毒人员的身心状态予以量化，依据量化的结果进行分析评价的评估方法。

1）生理指标的测量

开展康复结束前的身体功能检查，一般包括基本指标（如身高、体重、血压、呼吸、脉搏等）、组织器官的功能情况（如血、尿、粪三大常规检查、心电图等）、器官的结构情况（如胸腹部、胃肠道 X 线和 B 超等检查）、身体的素质指标（如跑步、立定跳远、俯卧撑、体前屈等项目）等方面。有条件的话，还可以通过脑电、肌电等指标了解戒毒人员心理渴求水平、脑功能的康复情况。

2）心理指标的测量

一般将在评估诊断、康复过程中使用过的心理量表再次施测，通过心理测量的前后对比来了解心理康复效果。通常包括心理健康水平、情绪、戒毒动机、复吸风险等项目。

3. 跟踪调查法

该方法主要针对康复阶段结束的戒毒人员，对他们进行定期的跟踪回访，以面谈、电话调查、网络调查等方式收集戒毒人员的表现、身心健康状况、生活状况、家庭状况、是否复吸等信息，评估戒毒康复质量。

（三）戒毒康复效果评估的内容

由于戒毒康复包含生理脱毒、身体康复、心理康复、家庭和社会功能康复等多个方面，是一个长期的、综合的、系统的治疗过程，效果评估并不能仅凭戒毒人员是否使用毒品来判断，戒毒人员在整个康复过程中的任何改善和进步都是治疗的效果。一般而言，戒毒康复的效果评估内容包括以下七个方面。

1. 躯体健康状况

治疗之初，需开展常规体格检查项目和传染性疾病如艾滋病、肝炎、结核病和性传播疾病等方面的检测。健康状况的改善和传染性疾病发生率降低，均可认为是治疗的效果。在苯丙胺类人工合成毒品和第三代精神活性物质不断增加的形势下，正确认识和预防高危性行为也是指标的一个部分。

2. 认知行为改变

评估戒毒人员对毒品和治疗康复的认知和态度，对情绪问题和诱发吸毒高危情境的识别、避免和应对能力。吸毒人员认识毒品危害、积极接受治疗，应对心理依赖和高危情境，拒绝毒品、调适情绪能力的提高，是康复效果评价的重要指标。

3. 成瘾物质使用情况

主要包括各类毒品使用的量与频度和处方药使用的量与频度。毒品使用的量和频度降低意味着对毒品的需求降低，处方药减少意味着戒毒人员的相关共病症状得到了改善，均能说明治疗的有效性。

4. 法律相关问题

主要包括治疗后戒毒人员违法犯罪行为的次数和因刑事案件被拘捕的情况等。这类事件和案件的发生率降低，意味着戒毒人员对社会的危害减少，治疗效果稳定，维护了社会的安定和谐。

5. 职业功能

主要包括获得工作的机会、工作时间、工作能力、工作收入等情况。戒毒人员能够稳定从事合法工作，是回归社会的重要标志。

6. 家庭功能

主要包括与家人的感情功能、教育功能、经济功能和家庭责任的恢复情况等。这些功能的部分或全部恢复，对于戒毒人员保持操守、家庭和谐有着积极的作用。

7. 社会功能

主要包括戒毒人员亲社会功能和人际交往能力改善与否或改善的程度。戒毒人员能够积极参与社会活动和社会交往，具有良好的社会责任，是适应无毒生活、回归社会正轨的重要指标，也是戒毒康复效果的最终评价指标。

（四）戒毒康复效果评估的步骤

1. 设置评估指标体系

根据康复目标建立具体的评估指标体系，以便在实施评估时有具体的可操作的依据。评估指标是将戒毒康复目标分解成具体的、可测量的、行为化和操作化的一系列子目标。评估指标体系，是将评估指标按照戒毒康复方案的逻辑框架形成的系统化的集合。设置评估指标体系，可以从参与主体、矫治目标、矫治过程、矫治结果四个方面入手。

2. 收集评估资料

依据建立的评估指标体系，通过戒毒人员自评、访谈主管人员与家属、工作人员评价、体检、心理测量等多种方式来收集形成评估资料。

3. 分析处理评估资料

将收集到的各类资料进行分类整理，查漏补缺，然后进行定量与定性分析。定量分析，通常是对心理测验结果得分、生理指标等，运用统计学方法进行分析。定性分析，则是考察戒毒人员生活、学习、工作等行为表现的变化。一般是通过比对的方法，比较戒毒人员康复前、康复中、康复后的变化。

4. 总结评估

根据所得的各项数据与文字资料，对该戒毒康复的效果、可信性、可操作性、可推广性等方面作出总体评估，撰写报告，对存在的问题与不足、未来改进的方向进行总结。

学习任务3　戒毒康复常用干预方法

一、急性脱毒阶段常用干预方法

（一）药物脱毒法

药物脱毒法是指利用各种药物，以替代、递减的方式，逐渐消除吸毒人员戒断症状的一种治疗方法。此法主要针对阿片类药物依赖的脱毒治疗，苯丙胺类、氯胺酮、可卡因等药物依赖尚没有特异的治疗药物。

常用药物脱毒治疗的方法和药物如下。

1. 替代性药物治疗

替代性药物治疗是指采用与致依赖的药物化学结构同源并且药性作用相近的药物进行替代递减治疗。所采用药物替代患者原使用的阿片类物质后，在一定时间内逐渐减少并停止使用，可以比较理想地控制和缓解戒断症状，使戒毒人员的痛苦减至最低水平。常用的阿片类替代治疗药物有美沙酮、盐酸丁丙诺啡舌下含片等。需要注意的是，替代性治疗药物同样可能带来成瘾，必须严格遵守递减停药治疗原则。

2. 非替代性药物治疗

非替代性药物治疗是指使用与致依赖物质完全不同化学性质的其他药物进行脱毒治疗，其实质上是一种综合性联用药对症治疗。所采用药物与致依赖性药物非化学同源，在体内作用上存在较大差异，所以对戒断症状的控制和缓解作用不如替代性药物，一般多用于轻中度药物依赖患者脱毒治疗。常用的阿片类非替代性药物有可乐宁、洛非西定。

3. 拮抗性药物治疗

拮抗性药物治疗是指使用成瘾药物的拮抗剂阻抑成瘾药物作用的治疗。原理是拮抗剂与相应受体结合后，会产生与激动剂完全相反的生物学效应，加快阿片类物质与受体解离，达到脱毒目的。常用的阿片类拮抗剂有纳洛酮、纳曲酮。

（二）物理脱毒法

物理脱毒法是利用针灸、理疗等各种物理手段减轻吸毒人员戒断症状的一种方法。其特点是通过辅助手段和心理暗示的方法减轻吸毒者戒断症状痛苦，以达到脱毒目的。不足之处是治疗所需时间长，效果巩固不彻底。

（三）自然脱毒法

自然脱毒法，又名冷火鸡法或干戒法，是指强制中断吸毒人员的毒品供给，保证充足的睡眠营养，给予照护，让戒断症状自行消失的一种方法。此方法的特点是简单、时间短、节省开支，不足之处是吸毒人员比较痛苦，适用于身体素质较好或戒断症状较轻的戒毒人员。

二、康复阶段常用干预方法

（一）动机强化治疗

戒毒动机是产生戒毒行为的重要推动力和改变复吸行为的重要影响因素，是促使戒毒人员在一定时间内维持戒毒行为的重要影响因素。戒毒人员如果内在戒毒动机不高，会影响康复治疗效果，因此治疗关键是激发和增强戒毒人员的戒毒动机，动机强化应贯穿戒毒康复治疗的全过程。

动机强化治疗以人本主义理论为基础，认为每个人都有自我实现的内部动力，强调改变是戒毒人员自己的责任，激发戒毒人员的内在潜能。动机晤谈（MI）是动机强化治疗的主要技术，遵循四个基本原则，即表达共情、呈现差异、化解阻抗和激发自我效能感，运用开放式问题、回应性倾听、引发关注点、支持肯定、总结等基本技术解决戒毒人员的矛盾心理，促使戒毒人员产生改变的意愿。动机晤谈的最大优势是化解阻抗，因此特别适合青少年和非自愿戒毒者。

（二）认知行为治疗

认知行为治疗是以认知治疗和行为治疗原理为基础发展而来的，它遵循两个基本假设，即认知影响个体情绪和行为，个体的行动会影响思维方式和情绪。人的问题源自认知、行为和情绪三者之间的互动影响。认知行为治疗是最主要的戒毒康复方法，通过识别和改变戒毒人员的不合理认知，发展问题解决技能，来减少或消除不良的情绪或吸毒行为。

1. 厌恶疗法

厌恶疗法的原理是经典条件反射，把令人厌恶的刺激与被试的不良行为相结合，形成一种新的条件反射，以对抗原有的不良行为，进而消除这种不良行为。厌恶刺激可采用疼痛刺激（常见如弹橡皮圈痛刺激和电刺激）、催吐剂和令人难以忍受的气味或声响刺激等，也可以采取食物剥夺或社会交往剥夺措施等，还可以通过想象使人在头脑中出现极端厌恶或无法接受的场面，从而达到厌恶刺激强化的目的。

2. 系统脱敏疗法

系统脱敏疗法的治疗原理是对抗条件反射，其治疗方式是使用诱发刺激，通过有步骤的反复暴露取得适应，来消除戒毒人员因渴求毒品产生的焦虑情绪。

系统脱敏疗法主要包括三个程序，即放松训练、建立焦虑的等级层次、系统脱敏练习。等级层次从低到高可分为四级：一级为弱吸毒焦虑等级，展示毒品、吸毒工具、吸毒环境和吸毒人员吸毒时的照片；二级为中吸毒焦虑等级，展示实物毒品模具，考验毒品对戒毒人员的心理影响；三级为强吸毒焦虑等级，展示精致的毒品模具和吸毒工具，模拟吸毒人员的吸毒环境；四级为巩固与提高等级，展示毒品危害和吸毒造成家破人亡惨境的图片和视频。当戒毒人员面前出现刺激时，指导其通过放松训练来自我调适，从而使戒毒人员逐渐消除焦虑，不再对毒品相关刺激产生敏感，从而消退原有的病理性反应。

3. 生物反馈结合线索暴露治疗

生物反馈治疗，是指利用仪器将人们通常难以察觉的生理心理变化信号予以放大，并转变为直观且容易理解的视觉、听觉形式。戒毒人员在工作人员的指导下，面对呈现的毒品线索反复进行放松练习，依据生物反馈仪信号判断练习效果，最终实现不需仪器也能自我调控身心状态。研究表明，"生物反馈结合线索暴露治疗"能降低成瘾者的渴求及环境诱发状态下的生理心理反应。生物反馈仪测量到的数据指标的改善，是对戒毒人员的即时反馈，能让其直观感受到治疗效果是一种即时的反馈，能让戒毒者直观感受到训练的效果，增强信心。[1]

治疗的程序包括：工作人员向戒毒人员解释治疗的目的、原理和方法，认识反馈仪信号的变化，并学习相应的放松技巧。治疗前对戒毒人员进行基线诱发实验，了解初始值并记录基线指标。结合情景模拟法，渐次呈现与毒品相关的刺激，如锡纸、注射器、毒品模拟物等，诱发渴求状态。工作人员要对戒毒人员的身心状态进行实时监控，依据个体差异调整训练次数、频率、时间等。

4. 列联管理

列联管理的原理来自操作性条件反射，用奖励进行正强化使个体维持或增加某些行为，用惩罚进行负强化使个体减少或消除某些行为。列联管理运用奖惩结合的方法，促使戒毒人员保持操守、积极治疗。

---

[1] 范成路、赵敏、杜江等：《生物反馈结合线索暴露治疗降低海洛因依赖者药物线索反应》，载《中国心理卫生杂志》2009年第12期。

列联管理的两个基本要素是目标行为与强化物的设定，一般需遵循以下几个基本原则：目标行为的标准明确；戒毒人员完成目标行为后及时给予强化物；若戒毒人员未达到目标行为，则取消奖励或进行惩罚；结合其他技术将外部动机逐渐转化为戒毒人员的内部动机。

代币法是列联管理中的一项经典技术。首先根据治疗目标制定完整的奖惩激励系统，当戒毒人员作出符合要求的行为时奖励代币，戒毒人员利用积累的代币可换取相应的物品或服务。使用代币作为中介物可避免戒毒人员去购买毒品。

金鱼缸抽签法是在戒毒人员达到目标行为时给予抽奖机会，每次抽奖可能得到不同程度的奖励，如物品、服务、精神激励等。戒毒人员连续达到目标行为的次数越多，抽奖机会累计增加；如果违反，则会将奖励机会清零。这种方法引入精神激励，相较代币法降低了治疗成本。

5. 预防复发治疗

预防复发治疗是戒毒康复治疗中最常用的认知行为干预手段，目的是帮助戒毒人员识别复发的高危情景，保持对复发的警惕性，加强自我控制及学习应对各种复发高危情景的技巧，以预防复发。

1) 经典的认知行为干预

通过改变戒毒人员的歪曲认知和非理性信念，引领戒毒人员分析、识别自己复吸的可能高危情景，学习应对高危情景的各种技巧和建立替代毒品的全新生活方式，达到预防复吸、保持长期戒断的目标。

训练内容主要包括：治疗关系建立与目标设置，增强戒毒信心与动机，确认和检测高危情景，应对技能训练，应对渴求和借口，识别貌似无关决定，正确对待偶吸，获得拒绝毒品技巧，发展问题解决技能，制订通用应对计划，情绪与压力管理，时间与金钱管理等。

2) 复发预防模型

复发预防（RP）模型包括社会学习理论的各个方面。复发预防模型认为复吸是一个渐进性过程，帮助戒毒人员识别复吸的早期指标有助于避免复发。康复的每个阶段都可能出现偶吸和复吸行为，戒毒人员要学会区分偶吸和复吸，吸取预防复发的学习经验。

复发预防模型描述了影响个体保持戒断或复吸的因素，这些因素可分为两类：内部因素和人际因素。内部因素包括自我效能感、结果预期、渴求、动机水平、应对能力和情绪状态。人际因素包括社会支持或个人在治疗中获得的情感支持。复发预防以认知疗法和身心放松技术为主要工具，针对个体的影响因素开展工作。具体干预措施包括帮助戒毒人员识别自己的高风险情况、提高应对风险的技能、练习自我照顾、拒绝毒品和毒友、正确认识和应对偶吸、培育健康的替代习惯、修复家庭关系和人际关系、养成平衡健康的生活方式、定期进行自我评估等。

3) 正念防复吸干预

"正念"这个概念最初源于佛教禅修，是一种自我调节的方法。卡巴金将其定义为一种精神训练的方法。在这种精神训练中，强调的是有意识地觉察，将注意力集中于当下，以及对当下的一切观念都不作评判。以此为基础，美国华盛顿大学成瘾行为研究中心的团队发展出一套标准化行为干预方法——以正念为基础的复发预防治疗方法（MBRP）。这一方法包含八周的训练，一至三周练习正念觉察及将正念练习融入日常生活，四至六周学习接纳当下体验及运用正念练习预防复吸，七至八周学习自我照顾、支持网络及生活平衡。正念防复吸干预帮助戒毒人员接纳自己的负性情绪与不舒服状况，更好地管理自我情绪与行为，从而达到降低渴求、预防复吸的目的。

6. 合理情绪疗法

合理情绪疗法是一种以改变病患认知为主的治疗方式，它主张以理性的思维和观念代替不合理的思维方式，以减少不合理信念给个体的情绪带来的不良影响。

ABC 理论是合理情绪疗法的核心理论。A（Activating events）代表诱发事件；B（Beliefs）代表个体对这一事件的看法、解释及评价，即信念；C（Consequences）代表事件诱发的个体情绪反应和行为结果。合理情绪疗法认为，A 不是引起 C 的直接原因，个体的信念 B 才是引起情绪和行为反应的直接原因。不合理信念可以分为对自己、他人和周围环境及事物三类，特征为绝对化的要求、以偏概全和糟糕至极。在此基础上进一步发展出 ABCDEF 治疗模型。D（Disputing）代表驳斥，即用合理的信念驳斥、对抗不合理信念，借以改变原有信念。驳斥成功，便能产生有效的治疗效果 E（Effect），个体也会出现积极愉悦的新感觉 F（Feeling）。当个体具备合理的信念，对所发生的事情认识比较积极正面，就会产生恰当和适度的情绪反应，导向良好的行为结果。

研究显示，戒毒人员往往存在歪曲的成瘾思维[①]，导致其对信息作消极解读，产生负面情绪，导向消极的行为结果。例如，将别人的一句无心之语定义

[①] 司法部戒毒管理局：《司法行政强制隔离戒毒心理矫治实务》，法律出版社 2021 年版，第 68—69 页。

为对自己的指责，觉得要求尿检是对自己的不信任和歧视，等等。合理情绪疗法通过心理诊断、领悟沟通、再学习教育三个阶段，采用苏格拉底辩论法、假设最坏可能、角色扮演分析、认知家庭作业和合理的情绪想象等技术，帮助戒毒人员识别自己存在的自动化思维过程中哪些是不合理的信念，学会以合理的思维方式看待问题，分析问题，从而解决目前存在的问题以及以后可能发生的问题。

（三）动机-技能-脱敏-心理能量（MSDE）干预模式

该疗法由国内学者王增珍建立，并在强制隔离戒毒场所开展了多年的实践应用。经研究证实，该疗法能有效降低甲基苯丙胺和海洛因成瘾患者对毒品相关线索的敏感、渴求及其成瘾记忆强度，提升了戒毒人员的戒毒动机和自我效能感。

该干预模式建立在跨理论模型的基础上，针对懵懂期、思考期、准备期、行动期、维持期不同阶段的生理心理特点，整合了积极心理学及幸福观、表达性艺术治疗、动机晤谈、戒毒技能训练、脱敏训练、家庭治疗等方法技术，针对导致个体复吸的危险因素开展工作。[①] 治疗包括以下几个方面：一是以动机晤谈技术提升戒毒人员的戒毒动机和信心；二是以认知行为疗法提升戒毒人员拒毒和自我管理技能；三是以快速眼动技术帮助戒毒人员处理成瘾记忆和早期创伤，实现对毒品相关刺激的脱敏；四是以多种技术从个体和家庭层面增强戒毒人员的心理能量。

（四）团体咨询

团体咨询是在团体情景中提供心理帮助与指导的一种心理咨询的形式。它是一种通过团体内人际交互作用，促使个体在交往中通过观察、学习、体验、认识自我、探讨自我、接纳自我、调整改善与他人的关系，学习新的态度与行为方式，以发展良好适应的助人过程。

团体咨询在戒毒康复中具有以下优势。一是易被戒毒人员接受。戒毒人员戒备心理强，采用团体咨询技术，丰富的活动形式容易令他们产生兴趣，团体的形式可以让他们自己决定参与的时机和程度，更容易获得认同感和安全感。二是提高治疗效率。在治疗资源有限的情况下，团体咨询可以让一名心理咨询师同时指导多名戒毒人员，节省咨询的时间与人力，符合经济的原则，比开展

[①] 王增珍、肖杨、彭月华等：《预防海洛因依赖者戒毒后复吸的以问题导向的动机-技能-脱敏-心理能量干预模式和操作流程简介》，载《中国药物依赖性杂志》2013年第5期。

个体咨询效率更高。三是巩固戒治效果。戒毒人员存在共同的问题和需求，在团体咨询中容易产生共鸣，可以相互学习、相互反馈，彼此的经验交流能消减孤独感、无力感，这份归属感甚至能延续到咨询结束后，增强个体对保持操守的承诺。四是对人际关系改善有特效。戒毒人员因为长期吸食毒品，影响了人际关系，沟通技巧较差。他们在团体中通过互动、学习，可以改善和矫正人际关系的适应问题。

团体咨询包括以下几个步骤：咨询前明确参与者的心理需求；对团体成员进行筛选；设定团体咨询目标；设计团体咨询方案；统筹活动地点、次数、内容、道具等相关设置；实施方案和评估等。

（五）美沙酮替代维持治疗（MMT）

国内外研究证明，美沙酮维持治疗（MMT）是目前针对阿片类物质依赖应用最广泛、最有效的干预措施。美沙酮维持治疗（MMT）不同于脱毒阶段的美沙酮使用，其原则是长期服用，并以足够适当的剂量为基础。

（六）纳曲酮防复吸治疗

纳曲酮是阿片类受体纯拮抗剂，在脱毒阶段用于缓解戒断症状，在康复阶段用于预防复吸的辅助治疗。使用纳曲酮治疗需注意，未经过脱毒治疗的吸毒人员服用纳曲酮会引起严重的戒断综合征。因此在使用前，应保证：阿片类药物依赖者停止使用阿片类药物7~10天，如使用美沙酮则停药时间应延长至2周以上。为防止阿片类药物生理脱毒未尽，除尿吗啡检测结果应为阴性外，纳洛酮激发试验也应为阴性。工作人员需告诫吸毒人员，服用纳曲酮期间若滥用阿片类药物，小剂量不会产生欣快感，大剂量则会出现严重中毒症状，甚至昏迷、死亡。

三、预防复发与回归社会干预阶段

（一）家庭治疗

家庭治疗是以戒毒人员的家庭为治疗单位，可包括对核心家庭成员、戒毒人员配偶（婚姻治疗）、兄弟姐妹等所有家庭成员及主要社会支持人员，家庭治疗的目标是帮助解决戒毒人员家庭存在的问题，以及利用家庭资源帮助戒毒人员康复。家庭治疗方法包括结构式家庭治疗、萨提亚家庭治疗、系统式家庭治疗等[1]。

1. 结构式家庭治疗

结构式家庭治疗以系统理论为基础,把家庭看作一个整体的治疗单位,通过分析家庭的结构和组织,去除阻碍家庭功能发挥的结构,重建健全的家庭结构,发挥健全的家庭功能,从而改善个体症状。

结构式家庭治疗的核心概念是家庭系统和次系统、家庭结构、边界。家庭是一个相对稳定的系统,每个家庭成员都具有一定功能,也会相互影响。在家庭系统之下还进一步产生次系统,如夫妻系统、父母系统、同胞系统等。家庭结构是家庭成员实际交往过程中的一种隐性规则,包括彼此在家庭中的角色、责任、分工和权利等。家庭关系中,边界是指将个体成员、次系统或家庭系统同外部环境分开的情感屏障和距离。健康的边界应当是清晰坚固的,同时又具备足够的弹性,可以作出适当的变化。

戒毒人员的吸毒问题的实质是家庭结构出了问题,常见的家庭病态结构主要有纠缠与疏离、联合对抗、三角缠和倒三角等。因此,需要关注家庭如何维持戒毒人员的吸毒行为,通过改变原先不合理的家庭结构,建立有界且富有弹性的次系统,发挥健全的家庭功能,来帮助戒毒人员改变。

2. 萨提亚家庭治疗

萨提亚家庭治疗,又叫联合家庭治疗,是以人本主义理论为基础的健康治疗模式。它认为戒毒人员不是有问题的人,是因为戒毒人员所处的家庭、社会系统出现偏差导致戒毒人员背负了成瘾问题。该模式相信每一个人都具有内在驱动力和内在资源,能够使自己变得更加完善。

萨提亚家庭治疗的目标是帮助家庭中的每个人挖掘与发现自我价值,提高沟通技能,处理与他人的关系,提升自尊和自信。该模式的主要技术为"家庭重塑",采用雕塑技巧将家庭成员的沟通模式用身体语言外化,重现家庭中发生过的情景,让戒毒人员意识到与家庭成员之间的应对模式,引导他们积极地寻求改变。

3. 系统式家庭治疗

系统式家庭治疗更多的是对治疗者的一种要求,需要治疗者将家庭作为整

---

[1] 张文霞、朱冬亮:《家庭社会工作》,社会科学文献出版社2005年版,第130页、第151页、第166页。

体，以系统、动态的视角看待家庭成员的心理问题，关注家庭成员间的关系模式，通过改变家庭成员的沟通、交流和互动，达到治疗症状的目的。

系统式家庭治疗认为，戒毒人员的成瘾问题、家属的抑郁焦虑等不是简单的因果关系，而是家庭中原有的问题导致戒毒人员用成瘾来应对，而成瘾问题又加重了家庭的问题症状。单纯处理成瘾问题并不能最终解决问题，可能会诱发新的症状。治疗者需要扰动家庭的互动模式，令家庭关系发生变化。当家庭互动良性时，成瘾问题自然就消失了。系统式家庭治疗采用的技术主要有循环提问、差异提问、积极赋义、家庭雕塑等。

（二）自助与互助干预

除了专业机构和人员提供的戒毒康复服务外，戒毒康复的自助与互助干预对戒毒人员构建自己的社会支持网络和保持操守也发挥了重要的作用。常见的自助与互助干预形式有同伴教育、匿名戒毒会等。

1. 同伴教育

同伴教育是指曾有吸毒经历但已成功戒毒的人，以自己的康复经验鼓励、引导其他戒毒人员摆脱毒品、回归社会的教育活动。

目前我国的同伴教育实践，主要是先选树典型作为同伴辅导员，再由同伴辅导员对其他戒毒人员开展同伴教育，最终以滚雪球的方式带动更多戒毒人员保持操守。以上海戒毒同伴教育为例，它形成了"重构生命意义为导向、政社企互动支持为保障"的教育模式，即以小组工作为核心，通过沙龙、工作坊、社区宣传、公益服务等，遵循需求评估、同伴遴选、计划设定、服务实施、成效评估过程等，实现"自助—互助—助社会、重建生命意义"的目标。[1] 在整个教育过程中，政府主导提供制度支持，高校专家、社工等提供专业指导，戒毒人员家庭、社区、戒毒所、企业等多方联动共同参与，从而形成强大合力，有效改善戒毒人员的社会功能。

2. 匿名戒毒会

匿名戒毒会是由戒毒人员出于自愿分享彼此的经历、力量和希望，帮助解决彼此的问题，帮助其他戒毒人员康复的共同目标而组成的团体。匿名戒毒会的活动形式是封闭或开放式会议。封闭式会议是戒毒人员参与，开放式会议则

---

[1] 费梅苹：《本土化视野下社区戒毒康复社会工作服务研究——以上海同伴教育为例》，载《华东理工大学学报（社会科学版）》2017年第1期。

欢迎任何希望加入匿名戒毒会的人。成员在会议上自由分享和倾听保持操守的成员的成长经历。

匿名戒毒会的理论核心包括以下12个步骤。

（1）我们承认自己已经无力克服毒瘾，而且我们无法管理自己的生活。

（2）我们开始相信有一个"比我们更大的力量"能够使我们恢复正常。

（3）我们决定将我们的意志和生活托付给这位（按照各自所理解的）"上苍"来看顾我们。

（4）我们做了彻底和无所畏惧的自我品格省察。

（5）我们对"上苍"、对自己、对他人承认自己犯错失的本质。

（6）我们已经完全准备好让"上苍"除去我们所有品格上的缺陷。

（7）我们谦卑地祈求"上苍"移除我们的缺陷。

（8）我们列出我们曾经伤害的人，并愿意去弥补他们。

（9）我们在可能的状况下去弥补这些人，除非如此做会造成对他们或别人的伤害。

（10）我们不断自我检讨，若有错失，立即承认。

（11）我们借着祷告和默想，使我们更自觉地去触摸到这位（按照各自所理解的）"上苍"，唯求认识他对我们的旨意，并祈求有力量奉行。

（12）透过这些步骤，我们获得心灵上的觉醒，同时向其他成瘾者传送这些经验，并在一切日常事务中实践这些原则。

无论是同伴教育还是匿名戒毒会，相较于专业康复服务具有如下优势：

（1）经验传授和教育开展比专业人员更容易得到戒毒人员的认同；

（2）团体之间形成相互支持网络，操守时间长的成员起到了激励其他成员的榜样作用，而操守时间短和没有戒断的成员对榜样的信任和依赖又起到了反哺作用；

（3）过往的成瘾经历被转化为个体资源且能够帮助他人，有助于戒毒人员发现自我价值、建立自信。

（三）治疗社区

治疗社区（TC）是一种特殊的居住治疗康复模式，让戒毒人员在高度组织化类似社区的治疗环境下，接受生理治疗、心理辅导、体力劳动、行为矫正、技能学习等综合治疗，完成康复和再社会化。

治疗社区的主要特点包括：第一，所有成员居住于同一无毒的生活环境之中；第二，所有成员需遵守一定的行为规则；第三，推行自我管理，每名成员承担一定的工作角色，奖罚分明；第四，实行严格的等级制，升级的标准不仅在于工作效果，还要综合考察成员的行为、思想及情感的成熟程度。其优势在于，为戒毒人员提供了一个接近真实社区同时又安全的治疗环境，通过严格的等级晋升和自我管理给戒毒人员提供了成就感，同伴压力和榜样激励给予戒毒人员改变和成长的动力。

我国治疗社区康复模式的本土实践，比如，云南戴托普治疗社区、北京向日葵戒毒治疗社区的效果得到了证实，但治疗社区也存在接纳戒毒人员有限、设置费用较为昂贵等缺陷。治疗社区的理念与优势，更多的是被融入我国戒毒工作中，如开展社区戒毒、社区康复工作，开办戒毒康复场所，在司法行政戒毒场所建立回归指导区等。深圳推出"互助型治疗社区"试点，提出由政府支持，社工主导，连接社会资源，从生理脱毒、心理脱毒、社会功能恢复、回归社会等角度，搭建由戒毒所、美沙酮医院、康复院、中途岛、社区等组成的跨界合作及一站式平台[①]，是中国特色治疗社区的有益探索。

四、戒毒康复干预方法发展的新方向

（一）营养治疗

营养治疗是根据个体机体营养状况及生理特点，制定各种不同的膳食营养配方，通过调节与人体健康息息相关的脂肪、蛋白质、糖类、维生素、矿物质、水等六大营养素，并选择合理的膳食结构，来达到调节人体健康状况的一种治疗方法。

近年来，有关营养与脑关系的研究得到了迅速发展，特别是在膳食成分和营养素调节脑功能的神经生化机制方面取得了很多研究成果。例如，缺乏维生素C的人通常会感到疲劳或抑郁，服用维生素C可以提升情绪。维生素B1和维生素B12参与大脑乙酰胆碱的合成，维生素B6和叶酸则可影响脑中5-羟色胺的合成效率。维生素B6还参与谷氨酸及其受体激活的调节。维生素B5和胆碱配合使用能显著增强记忆和改善精神行为，缺乏它们不仅会记忆力衰退，还有增加抑郁的风险。

对于吸毒人员来说，阿片类和苯丙胺类毒品对神经作用机制虽有差异，但均会导致食欲下降，消化能力减弱，且长期滥用毒品会导致生活起居无规律，从而造成营养不良和营养代谢紊乱。何立等人研究发现，男性强制隔离戒毒人

---

① 李晓凤：《社会复归视角下中国戒毒互助型治疗社区的理念与干预路径探究——以深圳社区戒毒社会工作为例》，载《浙江工商大学学报》2020年第2期。

员存在以超重、血脂和血糖的异常及微量元素缺乏为主要特征的营养不良，经过合理配餐干预后，戒毒人员人体成分、糖脂和体内营养指标都有不同程度改善。①

我国台湾地区学者通过有关营养对犯罪预防和矫正的双盲实验研究，指出对罪犯给予充足的维生素、矿物质、必需脂肪酸等营养素，能有效降低罪犯在监狱内的违规和暴力行为。② 另外，已经有大量研究证实，吸毒人员长期吸食毒品后，大脑神经细胞出现损伤，导致认知、情绪、人格、行为、人际关系等一系列失调，重度的可能出现致幻、妄想等精神病症状。因此，通过营养治疗，可帮助戒毒人员增强身体素质和免疫力，改善不良情绪，提高戒毒效果，从而增强戒毒的信心和治疗的依从性，也能降低场所安全管理风险。

《毒品戒断人员营养治疗专家共识》③指出，对戒断期的戒毒人员应开展三级营养诊断，确诊为营养不良的戒毒人员，需进行规范化的营养支持治疗。毒品戒断期间，应保证戒毒人员充足的能量摄入，减少含糖饮料的摄入，保障微量营养素和肠道菌群平衡，增加食物多样性等。实践中，戒毒场所可以聘请营养专家协助规划有助于恢复神经心理功能的半月或月循环营养菜单，将营养补充品纳入经费预算，在场所内外开展营养健康教育，让戒毒人员及家属了解营养治疗对戒毒的作用及如何改善自己的营养摄入。戒毒场所还应考虑增加营养师岗位，负责为场所规划营养计划，为戒毒人员制定个性化营养处方，落实营养治疗。

（二）经颅磁刺激治疗

经颅磁刺激（TMS），是一种通过电磁感应原理诱发脉冲磁场，刺激大脑中枢神经系统的非侵入性脑刺激技术。通过调整刺激模式、磁刺激线圈类型、刺激频率、强度、部位和治疗时长等的组合，可以对神经系统疾病进行干预和调控。目前，经颅磁刺激已经在医院和保健领域得到了广泛应用，用于临床治疗抑郁症、脑卒中或脑卒中引起的各类功能障碍、强迫症。④

---

① 何立、占进芳等：《男性戒毒人员营养治疗后对身心状况的影响：营养治疗对脱毒康复的作用》，载《中国药物依赖性杂志》2021年第5期。
② 林明杰、谢明哲：《营养对犯罪预防与矫正的实务应用》，载《刑事政策与犯罪研究论文集》2015年。
③ 徐玉、张尊月、王华伟等：《毒品戒断人员营养治疗专家共识》，载《肿瘤代谢与营养电子杂志》2021年第8期。
④ 唐莺莹、吴毅、王继军：《重复经颅磁刺激的临床应用与操作规范上海专家共识》，载《上海医学》2022年第2期。

由于经颅磁刺激能较为安全简便地改变大脑皮层的局部生物电活动，诱导神经可塑性，逐渐也被用于成瘾治疗领域，并取得了一系列进展。国内外多项研究表明，在对背外侧前额叶（DLPFC，在调控大脑奖赏环路、执行控制、情绪加工过程中具有重要作用）进行重复经颅磁刺激治疗后，物质依赖戒毒人员的物质渴求、认知功能及情绪状态均得到改善。[①] 2021年，一项应用重复经颅磁刺激治疗戒烟的方案获得美国FDA许可。袁逖飞等研究发现，经颅磁刺激对于以海洛因为代表的传统毒品成瘾和以甲基苯丙胺为代表的新型毒品成瘾同样有效。结合人体电生理记录等手段，皮层可塑性变化可以作为成瘾脑功能生理改变的客观测量指标，并预测成瘾康复的效果。[②]

戒毒场所可以由有资质的专业人员使用经颅磁刺激开展戒毒康复训练和戒毒效果评估工作。对于经过评估、排除了禁忌证或可能存在安全风险的戒毒人员，脱毒期可使用经颅磁刺激快速减轻戒断症状、改善睡眠；康复期可用于降低对毒品的渴求、提高认知功能、稳定情绪和降低冲动行为。经颅磁刺激结合脑电等指标，可以精准、客观地诊断戒毒人员脑功能改变程度和评估康复的效果。

（三）虚拟现实技术

虚拟现实（VR）技术以计算机技术为核心，生成视、听、触觉一体化的人造环境，为用户体验和创造虚拟世界提供有力支持。用户可借助传感头盔、数据手套等设备产生与真实世界相同的感受，并同虚拟世界中的物体进行自然交互，从环境的观察者转变为环境的体验者。

虚拟现实技术已被运用于临床评估和治疗恐惧症、焦虑症、进食障碍、创伤后应激障碍等心理问题。[③] 在戒毒康复治疗领域，虚拟现实技术结合厌恶疗法、脱敏疗法已经在部分戒毒场所投入使用。传统的厌恶疗法和脱敏疗法多依靠实景刺激和想象刺激，这两种疗法实施起来对治疗者专业技能要求高，且各有缺陷。实景刺激难以保障治疗对象的安全，刺激物难以百分百还原（戒毒所很难做到使用真实的毒品进行刺激）；而想象刺激要求治疗对象能想象出某个情境，对治疗对象的想象能力要求很高。虚拟现实技术可以创造出一个近似真实

[①] 史天舒、何赟、王豆豆等：《重复经颅磁刺激在物质依赖治疗中的应用》，载《中国药物滥用防治杂志》2020年第4期。

[②] 袁逖飞：《药物成瘾：脑可塑性机制与靶向干预》，载《中山大学学报（医学科学版）》2020年第5期。

[③] 姚玲玉、李晶：《虚拟现实技术及其在临床心理学的应用》，载《心理技术与应用》2016年第4期。

的、有高度沉浸感的虚拟环境，既可以控制暴露的进程、时间、强度、频率，又能在治疗室内兼顾暴露对象的真实体验。较高的生态效应使得戒毒人员能将学到的技能自然迁移到现实情境中。通过虚拟现实技术构建毒品吸食线索模型，让戒毒人员观看互动的同时采集相关生理数据，可客观评价戒毒人员渴求水平，提高康复效果评估的精确度。除此之外，规范化、程序化的评估与治疗模式，降低了对治疗者的能力要求，加强了干预目标的精准性，节约了时间和人力成本，提高了戒毒康复工作效率和疗效。

（四）运动戒毒

对于常人来说，有规律的体育运动在生理上有利于增强体质、改善神经系统的调节功能、提高抗病能力、延缓衰老；在心理上能缓解负面情绪、改善睡眠、增强意志力和自信心等。因此，运动作为一种辅助手段，自20世纪70年代起被运用到戒毒康复中。国内外相关研究也证实，运动干预能让戒毒人员心理、社会以及体能方面都得到显著提高。其原理是运动可以激活大脑中的奖赏回路带来类似使用毒品的快感，同时增加某些神经递质（如内啡肽、肾上腺素、去甲肾上腺素、血清素、多巴胺等）的浓度和唤醒海马神经，从而减少个体不良情绪、提高应对压力的能力和自我效能感。[1]

参考药物处方的概念，运动医学研究者们提出了运动处方的概念，即用处方的形式规定病患和健身运动参加者的锻炼内容、运动量和运动强度。2016年，中国运动处方库建设课题组对运动处方做了如下定义：运动处方是由运动处方师依据运动处方需求者的健康信息、医学检查、运动风险筛查、体质测试结果，依规定的运动频率、强度、时间、方式、总运动量以及进阶，形成目的明确、系统化、个体化健康促进及疾病防治的运动指导方案。[2] 2018年，司法部提出"以运动戒毒为引领，构建中国的戒毒体系"，我国的运动戒毒实践与理论工作进入快速发展阶段，国内相关研究专家推出了《戒毒人员运动处方专家共识》。[3]

《戒毒人员运动处方专家共识》指出，应遵循个体化、系统性、循序渐进、医务监督以及安全防护的原则为戒毒人员开具运动处方，处方核心内容按照FITT-VP原则制定，包括频率（Frequency）、强度（Intensity）、时间（Time）、方式（Type）、总量（Volume）及进度（Progression）。运动方式采取综合应用

---

[1] 陈宗平：《运动干预药物成瘾的研究进展》，载《体育风尚》2021年第4期。
[2] 祝莉、王正珍、朱为模：《健康中国视域中的运动处方库构建》，载《体育科学》2020年第1期。
[3] 李彦林、宋恩：《戒毒人员运动处方专家共识》，载《中国运动医学杂志》2020年第11期。

有氧运动、力量训练、柔韧性训练以及平衡性训练,辅以游戏类运动及传统体育项目。对戒毒人员完成健康筛查、体质测试以及评估后,按照戒毒康复阶段的目标制定运动处方。脱毒阶段目标定位是缓解或消除戒断带来的身心不适、增强免疫力、逐步恢复身体机能,并培养良好的运动习惯,以适应性运动、轻量运动为主要运动形式,开展体能消耗较少、运动强度较低的体能康复训练。康复阶段目标定位是改善体质、增强大脑功能、磨炼意志力,改善情绪状态,开展针对性强、体能消耗大、运动强度中等的体能康复训练。预防复发与回归社会阶段目标定位是培养良好的体能康复训练习惯、巩固体能康复训练效果、提高沟通协作能力,根据个体情况增加运动训练的强度,开展自主性运动和群体性运动等体能消耗较大、运动强度中等的体能康复训练。值得注意的是,运动戒毒未来发展还需要进一步融合心理干预,激发戒毒人员内驱力,培养终身运动的良好习惯,让运动成为戒毒人员健康生活方式的一部分。

(五)内观疗法

内观疗法是一种在与外界刺激隔离的环境中,有指向地就过往人际关系进行系统回顾与反省,通过矫正行为模式获得心理成长的一种心理治疗方法。内观疗法包括四个部分:一是自我发现,通过回顾和反省自己历来在人际关系中的所作所为,以纠正个人在人际交往中的不良态度;二是爱的发现,回忆别人为我做的事,来认识到自己被爱的事实;三是罪恶的意识与接纳,指个体要能察觉自己得到过他人太多的恩惠,却被自己的自私、傲慢等蒙蔽双眼,未能看清此事实,认识到自己不但没有感恩图报,反而带给别人太多的麻烦;四是同理心与共同意识的建立,理解他人并意识到自己的存在是与他人或世界相联系的,从而激发个体人生态度的积极转变。内观疗法不是针对个体的病理症状,而是发现个体内心本有的健康部分,通过培育发展这一部分来治愈病理部分。

国内学者研究发现,内观治疗能够改善戒毒人员认知,增强自控力,重构其依恋模式和社会支持系统,提高生活质量,从而在一定程度上降低复吸率。比如,江苏省太湖戒毒所将内观疗法应用于戒毒康复实践,并发展出了一套规范化的操作流程,包括筛选治疗对象、内观前评估、生命线访谈及绘制家谱图、召开内观说明会、集中内观及分享、内观后评估等。

(六)表达性艺术治疗

表达性艺术治疗是在一种支持性的环境中运用各种艺术形式——沙盘游戏、绘画、音乐、舞蹈、身体雕塑、书写、心理剧等来促进个体心灵成长和治愈的治疗方法。它是一种整合的治疗方法,一方面是技术的整合,比如在治疗中可以采用绘画和音乐相结合、音乐和舞蹈相结合的形式;另一方面是过程和结果的整合,创作的过程具有疗愈性,创作最后获得的作品也有治疗意义。

表达性艺术治疗依据使用的媒材不同,可分为五大类:一是绘画类,比较典型的有绘画、拼贴画、曼陀罗、协作画;二是音乐舞蹈类,主要包括音乐和舞蹈;三是手工制作类,常见的有玩偶(木偶)制作、雕塑、沙盘游戏等;四是书写类,主要包括日记、即兴写作、诗歌和生命地图;五是戏剧摄影类,主要包括心理剧和摄影。

表达性艺术治疗可以治疗焦虑、抑郁和创伤后应激障碍,还可以宣泄情绪、缓解压力,提高自我觉察、自尊、自我赋能等。① 这些治疗效果在戒毒康复领域也同样得到了研究证实。② 通常情况下,戒毒人员大多文化程度有限,难以觉察自己的情绪和用言语表达情绪,或者因为顾虑不敢轻易直接表达自己对毒品的想法或表达自己内心的真实情感。表达性艺术治疗可以减少治疗时的阻抗,让戒毒人员较为自由地表达自我。

需要注意的是,开展表达性艺术治疗时,要让戒毒人员明白,表达性艺术治疗并不在意作品的好坏。设计治疗方案可以参考戒毒人员的兴趣爱好、文化特征等,激发参与的积极性。例如,有戒毒场所开展了融合书法、五行音乐等传统文化的表达性艺术治疗,取得了一定的成效。在分享环节,工作人员要多运用开放式问题,鼓励戒毒人员的自我解释。治疗过程中,要多加注意治疗方案中存在的危险因素,及时加以控制预防。例如,在戒毒场所中为了降低管理风险,尽量避免使用剪刀、线绳等媒材。如果有必要使用,治疗结束后应及时回收。

 拓展学习

物质成瘾的常用诊断标准

一、《精神障碍诊断与统计手册(第5版)》关于物质成瘾的诊断标准

《精神障碍诊断与统计手册(第5版)》界定物质使用障碍的特征为:一系列认知、行为和生理症状表明,尽管存在明显的物质相关问题,但个体仍在继续使用该物质。其中包括:

---

① 刘星:《表达性艺术治疗临床应用研究进展》,载《全科护理》2021年第3期。
② 司法部戒毒管理局组编:《司法行政戒毒系统心理矫治实务》,法律出版社2021年版,第301—302页。

(1) 超过规定期限使用某种物质；

(2) 表达了控制或减少使用的持续愿望，或试图这样做；

(3) 为获得、使用或从使用中恢复而花费大量的时间和精力；

(4) 有使用该物质的强烈愿望；

(5) 经常性使用可能会妨碍履行主要职责义务；

(6) 由于使用物质或受使用物质的影响，引起或加剧了持续或反复出现的社会问题或人际关系问题；

(7) 因使用物质而减少或取消社交、职业或娱乐活动；

(8) 在身体有危险的情况下使用物质；

(9) 明知会对身体或心理造成持续不断的负面影响，仍继续使用；

(10) 耐受性（定义为需要增加使用量来达到预期的效果，或在使用与先前相同用量的物质时感到影响减少）；

(11) 戒断反应（出现不适应行为，伴随着生理和认知表现，由于使用量减少，导致明显的痛苦，或持续使用某种物质以避免/减轻自身的痛苦）。

这些症状分为病理人（标准1—4）、社交障碍（标准5—7）、危险使用（标准8—9）和药理学（标准10—11）几种类型。物质使用障碍可以根据符合标准的数量，诊断为轻微到严重的不同级别。一般来说，表现出上述两到三项标准的戒毒人员很可能患有轻度物质使用障碍。符合四到五项标准的人有中度的物质使用障碍。若一个人符合六基或更多的标准，则具有严重的物质使用障碍。此外，临床医生必须确定戒毒人员是否符合耐受性或戒断反应标准。

二、《国际疾病分类（第十一次修订本）》（ICD-11）关于物质成瘾的诊断标准

ICD-11中物质成瘾的诊断标准包括3条核心症状，并要求在过去1年中反复出现，或者既往1个月中持续出现下述核心症状中的至少2条即可以诊断为物质成瘾：

(1) 对物质使用行为难以控制，通常伴有主观强烈的渴求感；对使用某种物质的控制能力受损，指开始或停止使用该物质，以及使用该物质的量及使用环境等各方面的控制力都受到损害，通常（但非必须）还伴有对该物质的渴求。

(2) 物质使用在日常生活中处于优先地位，超过其他兴趣爱好、日常活动、自身责任、健康以及自我照顾等。即使已经有不良后果出现，依旧坚持使用成瘾物质。

（3）生理特征的出现（神经适应性的产生）：① 主要表现为耐受性；② 停止或减少使用后出现戒断症状；③ 再次使用原来物质（或者药理作用相似的物质）可以避免或减轻戒断症状。必须是该成瘾物质所致的戒断症状，而不仅仅是宿醉效应。

 项目考核

1. 戒毒康复包括哪几个方面的内容？每个阶段的工作目标、工作原则、完成标准是什么？

2. 戒毒康复主要有哪些工作流程？

3. 如何开展戒毒康复效果评估？

4. 戒毒康复有哪些常用干预方法？

学习项目五

我国主要戒毒康复措施

◆ 学习目标

1. **知识目标**：熟悉我国以政府为领导、社区为基础、家庭为依托、多种戒毒措施并举，戒毒治疗、康复指导、救助服务兼备的戒毒康复工作体系；掌握我国主要戒毒康复措施的法律规定。

2. **能力目标**：学会依据法律规定，结合不同的戒毒康复措施，开展相应的戒毒康复工作。

3. **素质目标**：深化对戒毒工作以人为本、科学戒毒、综合矫治、关怀救助原则的理解，培养科学戒毒、规范管理、依法戒治的职业素养。

◆ 重点提示

本项目学习重点是熟悉我国主要的戒毒康复措施，理解并掌握自愿戒毒、社区戒毒、社区康复、强制隔离戒毒等措施的主要特点及其适用情形、相关法律规定；了解、熟悉我国药物维持治疗的有关规定。

学习任务 1　自愿戒毒

一、自愿戒毒的含义

自愿戒毒是指吸毒人员主动采取措施戒除毒瘾。通常意义上，自愿戒毒可以在家庭等场所进行，也可以在专业医疗机构进行。《禁毒法》《戒毒条例》规定，吸毒人员可以自行到戒毒医疗机构接受戒毒治疗。因此，我国法律规定的自愿戒毒，主要指的是在具有戒毒治疗资质的医疗机构进行的戒毒治疗。

（一）自愿戒毒的含义

根据《禁毒法》《戒毒条例》的有关规定，自愿戒毒是指吸毒人员自行到具有戒毒治疗资质的医疗机构接受戒毒治疗，通过与戒毒医疗机构签订自愿戒毒协议，依照约定和国家有关规定戒除毒瘾。

（二）自愿戒毒的特点

1. 自愿性与国家鼓励性相统一

《禁毒法》第 36 条规定，吸毒人员可以自行到具有戒毒治疗资质的医疗机构接受戒毒治疗。因此，吸毒人员是基于自主意志，自愿选择是否接受戒毒治疗。《戒毒条例》第 9 条规定，国家鼓励吸毒成瘾人员自行戒除毒瘾。……对自愿接受戒毒治疗的吸毒人员，公安机关对其原吸毒行为不予处罚。这表明，国家通过免除行政处罚的方式，鼓励吸毒人员主动戒除毒瘾，这既有利于吸毒人员进行自我拯救，同时也有利于调动一切积极因素，帮助吸毒人员摆脱毒瘾。

2. 自愿戒毒主要是一种医疗行为

在我国，吸毒人员具有"违法者、病人、受害者"三重属性，把戒毒者当成反复发作的脑病病人来对待，自愿戒毒是吸毒人员本人自愿或在其家属的督促下到政府有关部门设立的戒毒机构接受戒毒治疗。针对吸毒是一种慢性复发的脑疾病的定位，《禁毒法》《戒毒条例》规定的自愿戒毒，是在有戒毒治疗资质的医疗机构进行的戒毒治疗，主要是从医疗角度来规范自愿戒毒。

3. 自愿戒毒具有矫治性

自愿戒毒虽然是一种戒毒治疗,但不同于一般意义上的患病治疗,除了进行脱毒治疗外,还包括心理康复、行为矫治等多种治疗措施,并开展出院后的随访工作,目的是帮助吸毒人员恢复正常的人体生理、心理状态,恢复社会功能,达到摆脱毒品、戒除毒瘾、回归正常生活的目的。

二、自愿戒毒协议

自愿戒毒协议,是戒毒医疗机构与自愿戒毒人员或其监护人签订的有关戒毒事项的协议。《戒毒条例》明确规定,自愿戒毒必须签订自愿戒毒协议。通过签订自愿戒毒协议,能够促使自愿戒毒人员及其监护人积极配合治疗,从而保障戒毒效果。

(一)协议主体

自愿戒毒协议主体一方为戒毒医疗机构,另一方为自愿戒毒人员或其监护人。

(二)协议内容

自愿戒毒协议,一般包括戒毒方法、戒毒期限、戒毒人员的个人信息保密、戒毒人员应当遵守的规章制度、终止戒毒治疗的情形等方面内容,还应当包括戒毒疗效、戒毒治疗风险等。

(三)协议客体

自愿戒毒协议的客体是自愿戒毒治疗服务,具体是指经省级卫生健康行政部门批准从事戒毒治疗的医疗机构,对吸毒人员采取相应的医疗、护理、康复等医学措施,帮助其减轻毒品依赖、促进身心康复的医学活动。

与此同时,戒毒医疗机构还有义务对吸毒人员开展艾滋病等传染性疾病的预防、咨询、健康教育、报告、转诊等工作,因为吸毒人员大多存在共用吸毒用具和多性伴侣等情形,属于艾滋病等传染性疾病的高风险患病人群。

三、戒毒医疗机构

根据《戒毒治疗管理办法》的规定,戒毒医疗机构须满足如下条件。

（一）资质认定与登记程序

（1）医疗机构申请开展戒毒治疗，必须同时具备下列条件：

① 具有独立承担民事责任的能力；

② 符合戒毒医院基本标准或医疗机构戒毒治疗科基本标准的规定。戒毒医院基本标准和医疗机构戒毒治疗科基本标准由国务院卫生健康行政部门另行制定。

（2）申请设置戒毒医疗机构或医疗机构从事戒毒治疗业务的，应当按照《医疗机构管理条例》《医疗机构管理条例实施细则》《戒毒治疗管理办法》的有关规定报省级卫生健康行政部门批准，并报同级公安机关备案。

（3）省级卫生健康行政部门应当根据本地区戒毒医疗机构设置规划、《戒毒治疗管理办法》及有关规定进行审查，自受理申请之日起15个工作日内，作出批准或不予批准的决定，并书面告知申请者。15个工作日内不能作出决定的，经本行政机关负责人批准，可以延长10个工作日，并应当将延长期限的理由告知申请者。

（4）批准开展戒毒治疗的卫生健康行政部门，应当在《医疗机构执业许可证》副本备注栏中进行"戒毒治疗"项目登记。

医疗机构取得戒毒治疗资质后方可开展戒毒治疗。

（二）执业人员资格认定

（1）医疗机构开展戒毒治疗应当按照戒毒医院基本标准和医疗机构戒毒治疗科基本标准的规定，根据治疗需要配备相应数量的医师、护士、临床药学、医技、心理卫生等专业技术人员，并为戒毒治疗正常开展提供必要的安保和工勤保障。

（2）从事戒毒治疗的医师应当具有执业医师资格并经注册取得《医师执业证书》，执业范围为精神卫生专业。

使用麻醉药品和第一类精神药品治疗的医师应当取得麻醉药品和第一类精神药品处方权。

（3）从事戒毒治疗的护士应当符合下列条件：

① 经执业注册取得《护士执业证书》。

② 经过三级精神病专科医院或者开设有戒毒治疗科的三级综合医院脱产培训戒毒治疗相关业务3个月以上。

（4）医疗机构开展戒毒治疗至少应当有1名药学人员具有主管药师以上专业技术职务任职资格，并经过三级精神病专科医院或者开设有戒毒治疗科的三级综合医院培训戒毒治疗相关业务。

医疗机构开展戒毒治疗至少应当有1名药学人员取得麻醉药品和第一类精神药品的调剂权。

医疗机构开展戒毒治疗应当有专职的麻醉药品和第一类精神药品管理人员。

（三）执业规则

（1）医务人员应当在具有戒毒治疗资质的医疗机构开展戒毒治疗。

（2）医疗机构及其医务人员开展戒毒治疗应当遵循与戒毒有关的法律、法规、规章、诊疗指南或技术操作规范。

（3）设有戒毒治疗科的医疗机构应当将戒毒治疗纳入医院统一管理，包括财务管理、医疗质量管理、药品管理等。

（4）医疗机构开展戒毒治疗应当根据业务特点制定管理规章制度，加强对医务人员的管理，不断提高诊疗水平，保证医疗质量和医疗安全，维护医患双方的合法权益。

（5）医疗机构开展戒毒治疗应当采用安全性、有效性确切的诊疗技术和方法，并符合国务院卫生健康行政部门医疗技术临床应用的有关规定。

（6）用于戒毒治疗的药物和医疗器械应当取得药品监督管理部门的批准文号。购买和使用麻醉药品及第一类精神药品应当按规定获得"麻醉药品和第一类精神药品购用印鉴卡"，并在指定地点购买，不得从非法渠道购买戒毒用麻醉药品和第一类精神药品。医疗机构开展戒毒治疗需要使用医院制剂的，应当符合《药品管理法》和《麻醉药品和精神药品管理条例》等有关规定。

（7）医疗机构开展戒毒治疗应当加强药品管理，严防麻醉药品和精神药品流入非法渠道。

（8）医疗机构开展戒毒治疗应当采取有效措施，严防戒毒人员或者其他人员携带毒品与违禁物品进入医疗场所。

（9）医疗机构可以根据戒毒治疗的需要，对戒毒人员进行身体和携带物品的检查。对检查发现的疑似毒品及吸食、注射用具和管制器具等，应按照有关规定交由公安机关处理。在戒毒治疗期间，发现戒毒人员有人身危险的，可以采取必要的临时保护性约束措施。开展戒毒治疗的医疗机构及其医务人员应当对采取临时保护性约束措施的戒毒人员加强护理观察。

（10）开展戒毒治疗的医疗机构应当与戒毒人员签订知情同意书。对属于无民事行为能力或者限制民事行为能力人的戒毒人员，医疗机构可与其监护人签订知情同意书。知情同意书的内容应当包括戒毒医疗的适应证、方法、时间、疗效、医疗风险、个人资料保密、戒毒人员应当遵守的各项规章制度，以及双方的权利、义务等。

（11）开展戒毒治疗的医疗机构应当按照规定建立戒毒人员医疗档案，并按规定报送戒毒人员相关治疗信息。开展戒毒治疗的医疗机构应当要求戒毒人员提供真实信息。

（12）开展戒毒治疗的医疗机构应当对戒毒人员进行必要的身体检查和艾滋病等传染病的检测，按照有关规定开展艾滋病等传染病的预防、咨询、健康教育、报告、转诊等工作。

（13）戒毒人员治疗期间，医疗机构应当不定期对其进行吸毒检测。发现吸食、注射毒品的，应当及时向当地公安机关报告。

（14）开展戒毒治疗的医疗机构应当为戒毒人员提供心理康复、行为矫正、社会功能恢复等，并开展出院后的随访工作。

（15）戒毒人员在接受戒毒治疗期间有下列情形之一的，医疗机构可以对其终止戒毒治疗：

① 不遵守医疗机构的管理制度，严重影响医疗机构正常工作和诊疗秩序的；
② 无正当理由不接受规范治疗或者不服从医务人员合理的戒毒治疗安排的；
③ 发现存在严重并发症或者其他疾病不适宜继续接受戒毒治疗的。

（16）开展戒毒治疗的医疗机构及其医务人员应当依法保护戒毒人员的隐私，不得侮辱、歧视戒毒人员。

（17）戒毒人员与开展戒毒治疗的医疗机构及其医务人员发生医疗纠纷的，按照有关规定处理。

（18）开展戒毒治疗的医疗机构应当定期对医务人员进行艾滋病等传染病的职业暴露防护培训，并采取有效防护措施。

（19）开展戒毒治疗的医疗机构应当根据卫生健康行政部门的安排，对社区戒毒和康复工作提供技术指导或者协助。

四、自愿戒毒评价

实践中，由于自愿戒毒机构为医疗机构，缺乏强制手段，对操守不良、恶习严重的吸毒人员难以做到严格管理。而吸毒人员通常自我控制、自我约束能力差，虽然抱着较强的戒毒愿望和决心来参加自愿戒毒，但随着戒毒治疗的深入，由于不能忍受戒断反应带来的痛苦，或积习难改等原因，自愿戒毒能否正常推进，取得预期的效果，对于吸毒人员和戒毒医疗机构，都面临较大的挑战。有效的戒毒治疗应包含生理脱毒、心理脱毒、社会功能恢复等环节。只有通过完整的戒毒治疗过程，才能达到彻底戒除毒瘾的目的。在自愿戒毒方面，普遍存在侧重脱毒治疗，忽视后续的康复措施，戒毒效果大打折扣。同时，由于自愿戒毒费用较高，大多数吸毒人员无法承受高昂的戒毒费用，这也是影响自愿戒毒效果的一个重要因素。

学习任务 2　社区戒毒与社区康复

一、社区戒毒

（一）含义与特点

根据《禁毒法》《戒毒条例》的规定，对吸毒成瘾人员，县级、设区的市级人民政府公安机关可以责令其接受社区戒毒，并出具社区戒毒决定书。社区戒毒由户籍所在地或现居住地乡（镇）人民政府、城市街道办事处执行，社区戒毒工作小组具体负责开展戒毒康复、帮扶救助、教育和管理。

1. 社区戒毒让吸毒人员在其生活的社区戒除毒瘾，由有关基层组织进行戒毒管理的一种戒毒模式

社区戒毒以"教育、挽救"吸毒人员为目的，帮助吸毒人员戒除毒瘾，恢复正常生活。社区戒毒是公安机关对吸毒成瘾者作出强制隔离戒毒决定时必须考虑的一般前提，只有当吸毒成瘾者出现拒绝接受社区戒毒、在社区戒毒期间吸食注射毒品、严重违反社区戒毒协议、经社区戒毒或强制隔离戒毒后再次吸食注射毒品等情形之后，公安机关才对其采取强制隔离戒毒措施。

2. 社区戒毒须签订戒毒协议

乡（镇）人民政府、城市街道办事处，应当在社区戒毒人员报到后及时与其签订社区戒毒协议，明确社区戒毒的具体措施、社区戒毒人员应当遵守的规定以及违反社区戒毒协议应承担的后果。

3. 社区戒毒措施具有一定的强制性

社区戒毒以公安机关作出的社区戒毒决定书为前提，但不得限制戒毒人员的人身自由；在社区戒毒期间，对出现戒断症状的人员可以采取临时约束性措施，但只能由警察或医务工作者采取此类措施。

（二）社区戒毒决定机关

《戒毒条例》第13条规定，对吸毒成瘾人员，县级、设区的市级人民政府公安机关可以责令其接受社区戒毒，并出具责令社区戒毒决定书，送达本人及其家属，通知本人户籍所在地或者现居住地乡（镇）人民政府、城市街道办事处。因此，社区戒毒的决定机关是公安机关，社区戒毒以公安机关作出的社区戒毒决定书为前提。

（三）社区戒毒适用对象

根据《禁毒法》的规定，接受社区戒毒的人员是吸毒成瘾者。实践中，社区戒毒主要适用以下几类人员。

（1）吸毒成瘾人员具备下列情况之一的，公安机关在执行行政处罚后可以责令其接受社区戒毒：

① 因吸毒被公安机关初次查获，有固定住所和稳定的生活来源，具备家庭监护条件的；

② 因其他违法犯罪行为被查获且不符合强制隔离戒毒条件的；

③ 不满十六周岁、七十周岁以上、怀孕或正在哺乳自己不满一周岁婴儿、因患有严重疾病或者残疾生活不能自理以及法律法规规定的其他不适宜强制隔离戒毒的。

（2）强制隔离戒毒人员患严重疾病，健康状况不适宜在戒毒所执行强制隔离戒毒的，公安机关可以变更戒毒措施，责令其接受社区戒毒。

（四）社区戒毒的执行

（1）乡（镇）人民政府、城市街道办事处负责社区戒毒工作。戒毒人员户籍所在地或者现居住地乡（镇）人民政府、城市街道办事处，在收到公安机关作出的社区戒毒决定书后，应当根据工作需要成立社区戒毒工作领导小组，配备社区戒毒专职工作人员，制订社区戒毒工作计划，落实社区戒毒措施。

城市街道办事处、乡（镇）人民政府也可以指定有关基层组织，根据戒毒人员本人和家庭情况，与戒毒人员签订社区戒毒协议，开展有针对性的社区戒毒措施。实践中，社区戒毒的实际执行主体通常为街道办事处、乡镇人民政府指定的基层组织。

（2）社区戒毒人员应当自收到责令社区戒毒决定书之日起十五日内到社区戒毒执行地乡（镇）人民政府、城市街道办事处报到，无正当理由逾期不报到的，视为拒绝接受社区戒毒。

社区戒毒的期限为三年，自报到之日起计算。

（3）乡（镇）人民政府、城市街道办事处，应当在社区戒毒人员报到后及时与其签订社区戒毒协议，明确社区戒毒的具体措施、社区戒毒人员应当遵守的规定以及违反社区戒毒协议应承担的责任。

（4）社区戒毒专职工作人员、社区民警、社区医务人员、社区戒毒人员的家庭成员以及禁毒志愿者共同组成社区戒毒工作小组具体实施社区戒毒。

（5）乡（镇）人民政府、城市街道办事处和社区戒毒工作小组应当采取下列措施管理、帮助社区戒毒人员：

① 戒毒知识辅导；

② 教育、劝诫；

③ 职业技能培训，职业指导，就学、就业、就医援助；

④ 帮助戒毒人员戒除毒瘾的其他措施。

（6）社区戒毒人员应当遵守下列规定：

① 履行社区戒毒协议；

② 根据公安机关的要求，定期接受检测；

③ 离开社区戒毒执行地所在县（市、区）3日以上的，须书面报告。

（7）社区戒毒人员在社区戒毒期间，逃避或者拒绝接受检测三次以上，擅自离开社区戒毒执行地所在县（市、区）三次以上或者累计超过三十日的，属于《禁毒法》规定的"严重违反社区戒毒协议"。

（8）社区戒毒人员拒绝接受社区戒毒，在社区戒毒期间又吸食、注射毒品，以及严重违反社区戒毒协议的，社区戒毒专职工作人员应当及时向当地公安机关报告。

（9）社区戒毒人员的户籍所在地或者现居住地发生变化，需要变更社区戒毒执行地的，社区戒毒执行地乡（镇）人民政府、城市街道办事处应当将有关材料转送至变更后的乡（镇）人民政府、城市街道办事处。

社区戒毒人员应当自社区戒毒执行地变更之日起十五日内前往变更后的乡（镇）人民政府、城市街道办事处报到，社区戒毒时间自报到之日起连续计算。

变更后的乡（镇）人民政府、城市街道办事处，应当按照《戒毒条例》第16条的规定，与社区戒毒人员签订新的社区戒毒协议，继续执行社区戒毒。

（10）社区戒毒自期满之日起解除。社区戒毒执行地公安机关应当出具解除社区戒毒通知书送达社区戒毒人员本人及其家属，并在七日内通知社区戒毒执行地乡（镇）人民政府、城市街道办事处。

（11）社区戒毒人员被依法收监执行刑罚、采取强制性教育措施的，社区戒毒终止。社区戒毒人员被依法拘留、逮捕的，社区戒毒中止，由羁押场所给予必要的戒毒治疗，释放后继续接受社区戒毒。

二、社区康复

（一）含义

社区康复最早是针对残障人士设计的一种治疗护理模式，后来引入到戒毒工作，在我国是一种戒毒康复措施。具体而言，社区康复是指以社区为基地对吸毒成瘾人员开展康复训练，有效利用家庭、社区、公安以及卫生、民政等多种力量和资源，帮助其实现社会功能的回归。乡（镇）人民政府、城市街道办事处负责社区康复工作。

（二）社区康复的适用对象

《戒毒条例》第37条规定，对解除强制隔离戒毒的人员，强制隔离戒毒的决定机关可以责令其接受不超过3年的社区康复。

（三）社区康复的执行

《禁毒法》规定社区康复参照社区戒毒实施，《戒毒条例》对社区康复的执行进一步明确：

（1）社区康复由户籍所在地或者现居住地的乡（镇）人民政府、城市街道办事处执行，经本人同意也可以在戒毒康复场所中执行。

（2）被责令接受社区康复的人员，应当自收到责令社区康复决定书之日起十五日内到户籍所在地或者现居住地乡（镇）人民政府、城市街道办事处报到，签订社区康复协议。

被责令接受社区康复的人员拒绝接受社区康复或者严重违反社区康复协议，并再次吸食、注射毒品被决定强制隔离戒毒的，强制隔离戒毒不得提前解除。

（3）负责社区康复工作的人员应当为社区康复人员提供必要的心理治疗和辅导、职业技能培训、职业指导以及就学、就业、就医援助。

（4）社区康复自期满之日起解除。社区康复执行地公安机关出具解除社区康复通知书送达社区康复人员本人及其家属，并在七日内通知社区康复执行地乡（镇）人民政府、城市街道办事处。

（5）社区康复人员可以自愿与戒毒康复场所签订协议，到戒毒康复场所戒毒康复、生活和劳动。

戒毒康复场所应当配备必要的管理人员和医务人员，为戒毒人员提供戒毒康复、职业技能培训和生产劳动条件。

（6）戒毒康复场所应当加强管理，严禁毒品流入，并建立戒毒康复人员自我管理、自我教育、自我服务的机制。

戒毒康复场所组织戒毒人员参加生产劳动，应当参照国家劳动用工制度的规定支付劳动报酬。

学习任务 3　强制隔离戒毒

一、强制隔离戒毒概述

（一）含义与性质

强制隔离戒毒是 2008 年 6 月 1 日起施行的《禁毒法》所规定的戒毒措施。《禁毒法》在总结我国戒毒工作经验的基础上，对戒毒工作体系进行了整体重构，设立了强制隔离戒毒制度，并取代此前由公安机关负责的强制戒毒和司法行政机关负责的劳动教养戒毒。强制隔离戒毒和自愿戒毒、社区戒毒、社区康复等共同构成现阶段我国戒毒措施的基本体系。

《禁毒法》的颁布实施，标志着我国新的戒毒体系的确立，其核心是针对原有戒毒制度的缺陷，建立起集生理脱毒、身心康复、重返社会于一体的戒毒康复"三位一体"新模式，改变强制戒毒和劳动教养戒毒"重惩罚、轻戒治"的做法，以及离开隔离环境复吸率高等弊端，有利于提高戒治效果。

1. 含义

强制隔离戒毒是对吸毒成瘾人员采取的一种强制性戒毒措施，是我国目前非常重要的一种戒毒措施。

强制隔离戒毒是指对吸毒成瘾严重人员，由县级以上公安机关决定，送公安或司法行政部门设立的强制隔离戒毒场所执行为期二年的，集生理脱毒、心理康复和社会回归为一体的一项行政强制戒毒措施。强制隔离戒毒场所对戒毒人员采取有针对性的生理脱毒、心理治疗和身体康复、社会适应性训练，同时参加必要的生产劳动,接受职业技能培训,学习法律知识、禁毒知识、防复吸训练和不良行为矫治。

强制隔离戒毒在一段时间内限制吸毒成瘾人员的人身自由,在封闭无毒的环境中,对其进行强制性戒毒,帮助戒除毒瘾、健康回归社会。所谓强制,是指国家对吸毒成瘾人员采取的强制戒毒和管束措施,不仅意味着国家运用行政权力限制其人身自由,而且表明吸毒人员进入强制隔离戒毒场所后应承担的配合戒毒治疗的义务;所谓隔离,是指国家运用强制力阻断戒毒人员与毒品的接触,让戒毒人员处于无毒的环境中,包括戒毒人员与社会、外界的隔离、与毒品的隔离;所谓戒毒,是吸毒成瘾人员在强制隔离戒毒场所的中心任务,要进行生理脱毒、心理矫治,减少或消除心瘾,逐步回归社会。

2. 性质

强制隔离戒毒是一种行政强制措施。行政强制措施是国家行政机关根据法律所赋予的职权,为了预防或制止违法行为的发生或继续而采取的一种强制措施。公安机关对吸毒成瘾人员作出强制隔离戒毒决定,就是为了预防或制止成瘾人员继续吸毒,消除毒品对个人、家庭和社会的危害。从公安机关作出强制隔离戒毒决定到帮助吸毒成瘾人员戒除毒瘾、解除强制隔离戒毒措施,是一个完整的行政行为。强制隔离戒毒的强制性一方面表现为吸毒成瘾人员的人身自由在一定时期受到限制,另一方面表现为对吸毒成瘾人员进行强制性戒毒。在强制隔离戒毒期限内,强制隔离戒毒场所有权采取一系列强制措施来阻止吸毒成瘾人员接触毒品;对可能发生自伤、自残等情形的戒毒人员,可以采取相应的保护性约束措施。

(二)强制隔离戒毒与其他戒毒措施比较

1. 强制隔离戒毒与社区戒毒

强制隔离戒毒与社区戒毒,这两种戒毒措施都由公安机关作出决定,针对的对象是吸毒成瘾者,但二者存在明显的区别。

(1)执行主体不同。强制隔离戒毒是在特定的戒毒场所执行;社区戒毒通过乡(镇)人民政府、城市街道办事处成立的社区戒毒工作领导小组,来落实戒毒措施,一般在居住地执行。

(2)强制性不同。强制隔离戒毒限制戒毒人员人身自由,具有较强的强制性;社区戒毒不限制人身自由,社区根据社区戒毒协议进行监督、管理。

(3)适用后果不同。二者虽然都适用于吸毒成瘾人员,但是产生的后果有所不同。对于不接受社区戒毒或严重违反社区戒毒协议的人员，一般会采取强制隔离戒毒措施。而对于执行强制隔离戒毒的人员，根据其个人表现、戒治情况，经诊断评估可以提前解除或延长强制隔离戒毒期限。

2. 强制隔离戒毒与社区康复

社区康复目前主要是指对解除强制隔离戒毒的人员进行的后续巩固治疗模式，期限不超过三年。社区康复的主要目的是避免戒毒人员在强制隔离戒毒结束后再次吸食毒品。二者的区别较为明显。一是执行主体、场所不同。强制隔离戒毒是在强制隔离戒毒场所执行，由公安机关和司法行政机关分段执行；社区康复主要依托社区进行，执行主体、地点以及强制性都不同。二是侧重点不同。强制隔离戒毒主要是强制性戒除毒瘾；社区康复以巩固戒毒成果、后续照管、防止复吸为主要目的。

3. 强制隔离戒毒与自愿戒毒

强制隔离戒毒与自愿戒毒虽然都是为了戒除毒瘾而采取的措施，但二者是完全不同的戒毒模式。自愿戒毒通过与医疗机构签订自愿戒毒协议，吸毒人员出于自主自愿接受戒毒治疗，不具有强制性。国家鼓励吸毒成瘾人员自行戒除毒瘾，对于自愿戒毒人员，公安机关对其原吸毒行为不予处罚。强制隔离戒毒是国家强制力介入的戒毒措施，具有严格的适用条件和规范的程序要求。

二、强制隔离戒毒适用对象

根据《禁毒法》《戒毒条例》的相关规定，强制隔离戒毒的适用对象主要为：

（1）吸毒成瘾人员。吸毒成瘾人员有下列情形之一的，由县级、设区的市级人民政府公安机关作出强制隔离戒毒的决定：

① 拒绝接受社区戒毒的；

② 在社区戒毒期间吸食、注射毒品的；

③ 严重违反社区戒毒协议的；

④ 经社区戒毒、强制隔离戒毒后再次吸食、注射毒品的。

（2）对于吸毒成瘾严重，通过社区戒毒难以戒除毒瘾的人员，县级、设区的市级人民政府公安机关可以直接作出强制隔离戒毒的决定。

（3）吸毒成瘾人员自愿接受强制隔离戒毒的，经强制隔离戒毒场所所在地县级、设区的市级人民政府公安机关同意，可以进入强制隔离戒毒场所戒毒。

强制隔离戒毒场所应当与其就戒毒治疗期限、戒毒治疗措施等作出约定。

上述有关吸毒成瘾的确定标准按照《吸毒成瘾认定办法》执行。

（4）强制隔离戒毒适用的例外。《禁毒法》规定，怀孕或者正在哺乳自己不满一周岁婴儿的妇女吸毒成瘾的，不适用强制隔离戒毒。不满十六周岁的未成年人吸毒成瘾的，可以不适用强制隔离戒毒。

强制隔离戒毒是一种限制人身自由期限较长的强制性戒毒措施，妇女在怀孕期及哺乳期需要特殊的保护，因此《禁毒法》规定不适用强制隔离戒毒。对不满十六周岁的未成年人吸毒成瘾的，作出的是"可以"不适用强制隔离戒毒措施的规定，表明对于不满十六周岁的未成年人是否适用强制隔离戒毒措施，不能一概而论。在通常情况下不适用强制隔离戒毒措施，但是，对于那些因父母和其他监护人无力监管、帮助其戒毒，通过社区戒毒难以戒除毒瘾的未成年人，可以对其适用强制隔离戒毒措施。

三、强制隔离戒毒程序

（一）强制隔离戒毒的决定

强制隔离戒毒的决定由公安机关以书面形式作出，并且在规定时间内送达。《禁毒法》第38条规定，强制隔离戒毒的决定由县级以上人民政府的公安机关作出。第40条规定，公安机关对吸毒成瘾人员决定予以强制隔离戒毒的，应当制作强制隔离戒毒决定书，在执行强制隔离戒毒前送达被决定人，并在送达后二十四小时以内通知被决定人的家属、所在单位和户籍所在地公安派出所；被决定人不讲真实姓名、住址，身份不明的，公安机关应当自查清其身份后通知。

（二）强制隔离戒毒的执行

1. 执行主体

《禁毒法》第41条规定，对被决定予以强制隔离戒毒的人员，由作出决定的公安机关送强制隔离戒毒场所执行。因此，强制隔离戒毒的执行主体是强制隔离戒毒场所（主要指强制隔离戒毒所，下同）。

根据《戒毒条例》，被强制隔离戒毒的人员在公安机关的强制隔离戒毒场所执行强制隔离戒毒三个月至六个月后，转至司法行政部门的强制隔离戒毒场所继续执行强制隔离戒毒。因此，公安机关和司法行政机关分别承担了强制隔离戒毒场所的管理责任。暂不具备转送条件的省、自治区、直辖市，由公安机关和司法行政部门共同提出意见报省、自治区、直辖市人民政府决定具体执行方案，可以对转送的期限作出缩短或者延长的调整，但在公安机关的强制隔离戒毒场所执行强制隔离戒毒的时间不得超过十二个月。实践中，比如，重庆市政府2015年出台了《关于强制隔离戒毒有关问题的会议纪要》，明确公安机关依法对吸毒人员作出强制隔离戒毒决定后，直接将其交由司法行政戒毒机关执行强制隔离戒毒措施。此外，湖南、山东等地也采取了强制隔离戒毒决定权与执行权分离的模式。①

2. 接收

1）核对身份

强制隔离戒毒场所接收戒毒人员时，应当核对戒毒人员身份，进行必要的健康检查，填写强制隔离戒毒人员入所健康状况检查表。

戒毒人员身体有伤的，强制隔离戒毒所应当予以记录，由移送的公安机关工作人员和戒毒人员本人签字确认。

对女性戒毒人员应当进行妊娠检测。对怀孕或者正在哺乳自己不满一周岁婴儿的妇女，不予接收。

2）入所检查

强制隔离戒毒所应当对接收的戒毒人员的身体和携带物品进行检查，依法处理违禁品，对生活必需品以外的其他物品进行登记并由戒毒人员本人签字，由其指定的近亲属领回或者由强制隔离戒毒所代为保管。检查时应当有两名以上人民警察在场。女性戒毒人员的身体检查，应当由女性人民警察进行。

强制隔离戒毒所接收戒毒人员，应当填写强制隔离戒毒人员入所登记表。司法行政部门的强制隔离戒毒场所，还需查收戒毒人员在公安机关强制隔离戒毒期间的相关材料。

3. 管理

强制隔离戒毒所应当根据性别、年龄、患病等情况，对戒毒人员实行分别管理；根据戒毒治疗情况，对戒毒人员实行分期管理；根据戒毒人员表现，实行逐步适应社会的分级管理。

强制隔离戒毒所应当配备必要的管理人员，强制隔离戒毒所的管理者享有执法权，对强制隔离戒毒人员管理的过程，也是执法的过程。强制隔离戒毒所

---

① 参见《国际禁毒蓝皮书：国际禁毒研究报告（2021）》，社会科学文献出版社2021年12月版，第186—191页。

人民警察对戒毒人员实行直接管理，严禁由其他人员代行管理职权。女性戒毒人员由女性人民警察直接管理。强制隔离戒毒所管理人员不得体罚、虐待或者侮辱戒毒人员。强制隔离戒毒所对有严重残疾或者疾病的戒毒人员，应当给予必要的看护和治疗；对患有传染病的戒毒人员，应当依法采取必要的隔离、治疗措施；对可能发生自伤、自残等情形的戒毒人员，可以采取相应的保护性约束措施。对被采取保护性约束措施的戒毒人员，人民警察和医护人员应当密切观察；可能发生自伤、自残等情形消除后，应当及时解除保护性约束措施。

戒毒人员在所期间提出检举、揭发、控告，以及提起行政复议或者行政诉讼的，强制隔离戒毒所应当登记后及时将有关材料转送有关部门。

强制隔离戒毒所应当保障戒毒人员通信自由和通信秘密。对强制隔离戒毒所以外的人员交给戒毒人员的物品和邮件，强制隔离戒毒所应当进行检查。检查时，应当有两名以上工作人员同时在场。

经强制隔离戒毒所批准，戒毒人员可以用指定的固定电话与其亲友、监护人或者所在单位、就读学校通话。

强制隔离戒毒所建立探访探视制度，允许戒毒人员亲属、所在单位或者就读学校的工作人员探访。戒毒人员具有以下情形之一的，强制隔离戒毒所可以批准其请假出所：

① 配偶、直系亲属病危或者有其他正当理由需离所探视的；
② 配偶、直系亲属死亡需要处理相应事务的；
③ 办理婚姻登记等必须由本人实施的民事法律行为的。

强制隔离戒毒人员患严重疾病，不出所治疗可能危及生命的，经强制隔离戒毒所主管机关批准，并报强制隔离戒毒决定机关备案，强制隔离戒毒所可以允许其所外就医。

强制隔离戒毒期间，律师可以持律师执业证、律师事务所介绍信和委托书，在强制隔离戒毒所内指定地点会见戒毒人员。

4. 治疗康复

在强制隔离戒毒所内，依据法律规定设立戒毒医疗机构，配备必要的医务人员，其管理和操作规程要严格按照国家有关规定执行。同时，卫生部门应当加强对强制隔离戒毒所执业医师的业务指导和监督管理。强制隔离戒毒所可以与社会医疗机构开展医疗合作，提高戒毒治疗水平和医疗质量。

强制隔离戒毒所应当根据戒毒人员吸食、注射毒品的种类、成瘾程度和戒断症状等进行有针对性的生理治疗、心理治疗和身体康复训练。对公安机关强制隔离戒毒所移送的戒毒人员，应当做好戒毒治疗的衔接工作。

对戒毒人员进行戒毒治疗，应当采用科学、规范的诊疗技术和方法，使用符合国家有关规定的药物、医疗器械。戒毒治疗使用的麻醉药品和精神药品应当按照规定申请购买并严格管理，使用时须由具有麻醉药品、精神药品处方权的医师按照有关技术规范开具处方。

强制隔离戒毒所应当建立戒毒人员心理健康档案，开展心理健康教育，提供心理咨询，对戒毒人员进行心理治疗；对心理状态严重异常或者有行凶、自伤、自残等危险倾向的戒毒人员应当实施心理危机干预。

强制隔离戒毒所应当通过组织体育锻炼、娱乐活动、生活技能培训等方式对戒毒人员进行身体康复训练，帮助戒毒人员恢复身体机能、增强体能。根据戒毒的需要，可以组织有劳动能力的戒毒人员参加必要的生产劳动。组织戒毒人员参加生产劳动的，应当支付劳动报酬。

5. 教育矫治与回归社会辅导

强制隔离戒毒所采取多种形式对戒毒人员进行法律法规、道德规范、卫生医疗、形势政策、戒毒人员权利义务等方面的教育，以及行为、心理矫治，通过与当地有关部门和单位签订帮教协议、来所开展帮教等形式，通过邀请有关专家、学者、社会工作者、志愿人员以及戒毒成功人员协助开展教育工作，提高教育矫治效果。

强制隔离戒毒所应当协调人力资源社会保障部门，对戒毒人员进行职业技能培训和职业技能鉴定；职业技能鉴定合格的，颁发相应的职业资格证书，帮助其提高适应社会的能力。强制隔离戒毒所应当在戒毒人员出所前进行必要的回归社会教育。强制隔离戒毒所可以安排戒毒人员到戒毒康复场所及戒毒药物维持治疗场所参观、体验，开展戒毒康复、戒毒药物维持治疗相关知识的宣传教育，为解除强制隔离戒毒后自愿进入戒毒康复场所康复或者参加戒毒药物维持治疗的戒毒人员提供便利。

（三）强制隔离戒毒的期限与解除

强制隔离戒毒的期限为二年，自作出强制隔离戒毒决定之日起计算。二年的期限，是在总结和借鉴国内外戒毒治疗方面比较成熟的经验基础上作出的。完整、全面的戒毒包括急性脱毒阶段、心理康复治疗阶段和回归社会阶段，需要一个漫长的时间过程。急性脱毒阶段所需时间很短，一般在一个月以内，但身体稽延性症状会持续更长时间。心理康复治疗阶段需要的时间很长，而且有较大的个体差异，甚至伴随一个人的终身。回归社会也是一个比较困难的问题，这既有社会的因素，也有吸毒者个体的因素。结合我国原有强制戒毒、劳教戒毒的实践，对于吸毒成瘾严重的吸毒人员，戒除毒瘾、身心得到较好康复、心理较为稳定通常需要二年左右的时间，这样戒断后巩固率会有所提高，复吸率得以有效降低。因此，我国法律规定了二年的强制隔离戒毒期限。

同时，强制隔离戒毒的时间也不宜过长。强制隔离戒毒涉及对吸毒人员人身自由的限制，具有较强的强制性。强制戒毒措施的时间与限制人身自由的力度，不能、也不应当超过刑法对于轻罪的刑罚规定。同时也要考虑，长期脱离社会会增加戒毒人员回归社会的难度。

强制隔离戒毒期间经诊断评估可以提前一年或延长一年期限。《禁毒法》第47条规定，执行强制隔离戒毒一年后，经诊断评估，对于戒毒情况良好的戒毒人员，强制隔离戒毒场所可以提出提前解除强制隔离戒毒的意见，报强制隔离戒毒的决定机关批准。强制隔离戒毒期满前，经诊断评估，对于需要延长戒毒期限的戒毒人员，由强制隔离戒毒场所提出延长戒毒期限的意见，报强制隔离戒毒的决定机关批准。强制隔离戒毒的期限最长可以延长一年。

强制隔离戒毒决定机关应当自收到意见之日起七日内，作出是否批准的决定。对提前解除强制隔离戒毒或者延长强制隔离戒毒期限的，批准机关应当出具提前解除强制隔离戒毒决定书或者延长强制隔离戒毒期限决定书，送达被决定人，并在送达后二十四小时以内通知被决定人的家属、所在单位以及其户籍所在地或者现居住地公安派出所。

对于被解除强制隔离戒毒的人员，强制隔离戒毒的决定机关可以责令其接受不超过三年的社区康复。

解除强制隔离戒毒的，强制隔离戒毒场所应当在解除强制隔离戒毒三日前通知强制隔离戒毒决定机关，出具解除强制隔离戒毒证明书送达戒毒人员本人，并通知其家属、所在单位、户籍所在地或者现居住地公安派出所将其领回。

强制隔离戒毒人员经批准所外就医的，所外就医期间，强制隔离戒毒期限连续计算。对于健康状况不再适宜回所执行强制隔离戒毒的，强制隔离戒毒场所应当向强制隔离戒毒决定机关提出变更为社区戒毒的建议，强制隔离戒毒决定机关应当自收到建议之日起七日内，作出是否批准的决定。经批准变更为社区戒毒的，已执行的强制隔离戒毒期限折抵社区戒毒期限。

强制隔离戒毒人员脱逃的，强制隔离戒毒场所应当立即通知所在地县级人民政府公安机关，并配合公安机关追回脱逃人员。被追回的强制隔离戒毒人员应当继续执行强制隔离戒毒，脱逃期间不计入强制隔离戒毒期限。被追回的强制隔离戒毒人员不得提前解除强制隔离戒毒。

强制隔离戒毒人员被依法收监执行刑罚、采取强制性教育措施或者被依法拘留、逮捕的，由监管场所、羁押场所给予必要的戒毒治疗，强制隔离戒毒的时间连续计算；刑罚执行完毕时、解除强制性教育措施时或者释放时强制隔离戒毒尚未期满的，继续执行强制隔离戒毒。

（四）强制隔离戒毒的救济

强制隔离戒毒在一段时间内限制了戒毒人员的人身自由，在决定和执行的过程中，对于可能存在的侵犯戒毒人员合法权利的事项，需要有必要的救济途径来保护戒毒人员的合法权利。

1. 对强制隔离戒毒决定的救济

《禁毒法》第40条规定，被决定人对公安机关作出的强制隔离戒毒决定不服的，可以依法申请行政复议或者提起行政诉讼。这一规定表明，被决定强制隔离戒毒的人享有的救济途径是行政复议和行政诉讼，既可以向同级人民政府或者上级主管部门申请行政复议，也可以直接提起行政诉讼。

（1）自知道或应当知道该具体行政行为之日起六十日内，可以向同级人民政府或者上级主管部门申请行政复议。

（2）自知道或应当知道该具体行政行为之日起六个月内，可向具有管辖权的人民法院提起行政诉讼。

（3）可以先申请行政复议，经复议后，仍对复议机关作出的决定不服的，可以自收到复议书决定之日起十五日内向具有管辖权的人民法院提起行政诉讼。

2. 强制隔离戒毒执行过程中，戒毒人员合法权益被侵害的救济

对这类救济，相关法律法规的规定还不太完善，目前主要体现为戒毒人员在强制隔离戒毒期间非正常死亡，死亡戒毒人员的家属有权对死亡鉴定提出异议和申请国家赔偿的权利，等等。除此之外，强制隔离戒毒执行过程中，戒毒人员其他合法权益被侵害，比如，针对强制隔离戒毒的治疗、管理行为、成瘾性的认定、诊断评估等，救济途径还需进一步完善。

四、我国强制隔离戒毒工作二元管理体制

强制隔离戒毒是我国目前较为有效的一种戒毒措施，以吸毒人员"违法者、病人、受害者"三重身份属性为基础，采用综合戒治措施，注重保障戒毒人员的权利和人性化的管理，相较于过去的强制戒毒和劳动教养而言更具科学性。我国目前强制隔离戒毒执行权分设，由公安机关和司法机关分段执行。这种二元管理体制虽有其历史原因，但从现代行政管理的角度，容易出现职能重叠、

多头管理、场所重复建设、执法标准不一等问题。

1990年全国人大常委会颁布的《关于禁毒的决定》（以下简称《决定》）第8条规定：吸食、注射毒品成瘾的，除依照前款规定处罚外（前款规定是指，吸食、注射毒品的，由公安机关处十五日以下拘留，可以单处或者并处二千元以下罚款，并没收毒品和吸食、注射器具），予以强制戒除，进行治疗、教育。强制戒除后又吸食、注射毒品的，可以实行劳动教养，并在劳动教养中强制戒除。《决定》初步构建了我国当时强制戒毒的基本体系，即公安机关主管强制戒毒、司法部门负责劳教戒毒的二元体制。

为使强制戒毒工作进一步制度化、规范化，国务院于1995年颁布了《强制戒毒办法》。此办法规定，强制戒毒是一种由公安机关主管的，对吸食、注射毒品成瘾人员，在一定时期内通过行政措施对其强制进行药物治疗、心理治疗和法制教育、道德教育、使其戒除毒瘾的强制性戒毒措施。2003年，司法部颁布了《劳动教养戒毒工作规定》。根据此规定，劳动教养戒毒是一种由司法行政部门实施和管理的，对因吸食、注射毒品被决定劳动教养的人员，以及因其他罪错被决定劳动教养但兼有吸毒行为尚未戒除毒瘾的劳动教养人员，通过劳动教养来戒除毒瘾的强制性戒毒措施。依据上述规范性文件，我国出现了公安机关的强制戒毒和司法行政机关的劳动教养戒毒并存的情况。

2008年施行的《禁毒法》将公安机关的强制戒毒与司法行政机关的劳动教养戒毒统一规定为"强制隔离戒毒"。2011年国务院颁布的《戒毒条例》规定，被强制隔离戒毒的人员在公安机关的强制隔离戒毒场所执行强制隔离戒毒三个月至六个月后，转至司法行政部门的强制隔离戒毒场所继续执行强制隔离戒毒。因此，强制隔离戒毒制度基本沿袭了之前的强制戒毒和劳动教养戒毒二元管理体制，即由公安机关作出强制隔离戒毒的决定之后，公安机关主管的强制隔离戒毒场所和司法行政部门管理的强制隔离戒毒场所分段执行。2014年国家住房城乡建设部、国家发展改革委批准发布了《强制隔离戒毒所建设标准》，但这并没有改变两个不同主管部门的戒毒场所在执行强制隔离戒毒方面的差异。公安部门和司法行政部门，根据各自工作需要制定了相关的工作规范。比如，2011年9月28日施行的《公安机关强制隔离戒毒所管理办法》和2013年6月1日施行的《司法行政机关强制隔离戒毒工作规定》，分别作为公安机关和司法行政机关强制隔离戒毒工作的实际操作依据。为进一步规范强制隔离戒毒诊断评估工作，切实保障戒毒人员合法权益，2013年9月，公安部、司法部、国家卫生计生委共同制定了《强制隔离戒毒诊断评估办法》。根据此办法，强制隔离戒毒诊断评估结果是强制隔离戒毒所对戒毒人员按期解除强制隔离戒毒、提出提前解除强制隔离戒毒或者延长强制隔离戒毒期限意见，以及责令社区康复建议的直接依据。《强制隔离戒毒诊断评估办法》第 5 条规定，县级以上人民政府公安机关、司法行政部门、卫生计生行政部门应当在各自职责范围内对强制隔离戒毒诊断评估工作进行监督和指导。公安机关和司法行政部门应当分别设立强制隔离戒毒诊断评估工作指导委员会，负责指导、监督所辖强制隔离戒毒所的诊断评估工作。卫生计生行政部门应当对诊断评估中的生理脱毒、身心康复评估工作进行指导，必要时可以指派专业医师参与诊断评估工作。

综上所述，公安机关和司法行政部门在强制隔离戒毒工作方面职能重叠，容易导致多头管理、多头审批、场所重复建设、执法标准不统一等问题，制约了强制隔离戒毒工作的规范进行。公安机关既是强制隔离戒毒的决定机关，又是强制隔离戒毒场所的主管机关，集决定权与执行权于一身，不符合法律制度设计的一般规律。同时，公安机关还掌握着强制隔离戒毒期限减少、延长的审批权，权力过于集中。加之强制隔离戒毒场所封闭，如果缺乏有效的监督与制衡机制，会导致侵害戒毒人员合法权益、权力滥用等情况出现。

2018 年 5 月，司法部正式下发了《关于建立全国统一的司法行政戒毒工作基本模式的意见》，标志着司法部在全国司法行政戒毒系统作出重大战略部署，即建立以分区分期为基础、以专业中心为支撑、以科学戒治为核心、以衔接帮扶为延伸的统一模式。到 2020 年 12 月底，各地期区设置、物理隔离、差异化管理全部完成，戒毒人员在期区之间的流转衔接已实现常态化运行，专业中心设备、人员、运作的实体化已基本实现。戒毒工作链条进一步完整，期区间流转衔接、中心间协调联动、各项工作同频共振的机制基本建立，部门协同一体化、戒治手段一体化、运行流转一体化的工作格局逐步形成，衔接帮扶、后续照管工作的积极开展，为服务基层社会治理、建设"平安中国"提供了有力支持。

司法行政戒毒工作统一模式（以下简称统一模式）系统集成、资源整合、辐射带动作用得到了充分体现。在统一模式的整体带动下，教育戒治、场所管理、智慧戒毒、基础保障、队伍建设等各项工作协调推进、统筹发展，戒毒工作整体水平显著提升。

2020 年 10 月，司法部在全面调研了解各地统一模式建设情况之后，经过科学研究论证、广泛征求意见，出台了统一模式考核验收标准并组织全系统开展自查自评。截至 2020 年 12 月底，全国 287 个收治戒毒人员的场所全部通过考核验收，这标志着司法行政戒毒工作不仅实现了从转型到定型的重大跨越，也站在了新时期高质量发展的崭新起点上。

作为新时代戒毒工作的重大战略部署，统一模式的全面建成是戒毒工作的一次历史性变革、系统性重塑、整体性架构，是戒毒工作形成统一标准、流程、体系的守正创新,是教育戒治从传统经验型向科学专业精准转变的重要标志,是戒毒工作规范化建设向高质量发展的关键节点,也是中国特色司法行政戒毒制度日趋成熟完善的集中体现。①

统一模式的建立成为司法行政戒毒工作由转型走向定型的重要标志。目前,将公安机关行使强制隔离戒毒的执行职能转至司法行政部门统一实施的时机已经成熟,这将更有利于整合戒毒资源,避免戒毒场所的重复建设,从根本上解决强制隔离戒毒二元管理体制存在的诸多问题。

将强制隔离戒毒的决定权与执行权适当分离,即公安机关行使强制隔离戒毒的决定权,司法行政部门行使强制隔离戒毒的执行权,有利于整合有效资源,提高戒毒工作的规范化、系统化、科学化水平。同时,建立强制隔离戒毒的法律监督制度,有利于保障戒毒人员的合法权益,有利于确保强制隔离戒毒工作的合法、公正和廉洁。②

学习任务4　戒毒药物维持治疗

一、戒毒药物维持治疗概述

戒毒药物维持治疗是指对吸毒成瘾者选用适当的药物,以替代、递减的方法,减缓吸毒者的戒断症状,减轻吸毒者对毒品的依赖,促进身体康复的戒毒医疗活动。对吸毒人员采用戒毒药物维持治疗,可以防止因注射吸毒引起的艾滋病病毒感染和扩散,减少毒品成瘾引起的疾病、死亡,以及因吸毒引发的违法犯罪活动。

我国法律明确规定吸毒成瘾人员可以参加药物维持治疗。《禁毒法》第51条规定,省、自治区、直辖市人民政府卫生行政部门会同公安机关、药品监督管理部门依照国家有关规定,根据巩固戒毒成果的需要和本行政区域艾滋病流行情况,可以组织开展戒毒药物维持治疗工作。《戒毒条例》第12条规定,符合参加戒毒药物维持治疗条件的戒毒人员,由本人申请,并经登记,可以参加戒毒药物维持治疗。登记参加戒毒药物维持治疗的戒毒人员的信息应当及时报公

---

① 司法部:《全国统一的司法行政戒毒工作基本模式全面建成》,司法部官网2021-06-25。

② 刘仁文、王栋:《强制隔离戒毒工作存在的问题及改进建议》,《人民法院报》2014-07-30(6)。

安机关备案。戒毒药物维持治疗，我国目前主要是针对阿片类物质成瘾者，通过选用适当的药物对其进行长期维持治疗，以减轻其对阿片类物质的依赖，促进身体康复。

为减少因滥用阿片类物质造成的艾滋病等疾病传播和违法犯罪行为，巩固戒毒成效，规范戒毒药物维持治疗工作，2014年12月31日，国家卫生和计划生育委员会、公安部、国家食品药品监管总局印发了《戒毒药物维持治疗工作管理办法》，并于2015年2月1日起施行。其中第2条对"戒毒药物维持治疗"进行了定义，根据该办法，戒毒药物维持治疗是指在符合条件的医疗机构，选用适宜的药品对阿片类物质成瘾者进行长期维持治疗，以减轻他们对阿片类物质的依赖，促进身体康复的戒毒医疗活动。戒毒药物维持治疗机构（以下简称维持治疗机构），是指经省级卫生计生行政部门批准，从事戒毒药物维持治疗工作的医疗机构。

在我国，药物维持治疗工作是防治艾滋病与禁毒工作的重要组成部分，要坚持公益性原则，不得以营利为目的。国家卫生和计划生育委员会（现为国家卫生健康委员会）会同公安部、国家食品药品监管总局组织协调、监测评估与监督管理全国的维持治疗工作。另外，开展戒毒药物维持治疗必须依照《禁毒法》和《艾滋病防治条例》等法律、法规，根据巩固戒毒成果的需要和本行政区域艾滋病流行的原因、范围、严重程度等实际情况组织进行。

二、美沙酮维持治疗

（一）美沙酮基本知识

盐酸美沙酮（简称美沙酮）是一种人工合成的麻醉药品，属于国家严格管制的麻醉药品之一。第二次世界大战期间，美沙酮在德国作为阿片类镇痛药被研制合成，当时主要用于代替吗啡镇痛。美沙酮化学结构与吗啡相差很远，但药理作用与吗啡非常相似。美沙酮的盐酸盐为无色或白色结晶粉末，无臭、味苦，溶于水，常见形式有片剂，临床上用于镇痛，成瘾性较吗啡小。

20世纪60年代，美国科学家首先用美沙酮进行临床实验，并逐步将美沙酮药物维持治疗确立为一项戒毒基本措施，继而在加拿大、法国等国家和地区推广、使用，成为鸦片类毒品依赖的主要脱瘾治疗和维持治疗方法。20世纪70年代初，我国香港地区实施美沙酮治疗计划，取得了满意的效果，被世界卫生组织（WHO）认为是亚洲地区较好的戒毒模式。

美沙酮本身并不是戒毒的治疗性药物,而只是一种缓解毒瘾发作时的痛苦的替代性药物,能有效缓解海洛因及鸦片的戒断症状。美沙酮口服方便、安全有效,副作用小,1次服用的作用时间长达24～36个小时;服药后患者可正常生活、学习、工作,能够保持正常的生理和心理功能;欣快感弱,能降低对海洛因的渴求感;耐药性相对稳定,且价格低廉。因而,美沙酮成为目前世界范围内阿片类物质依赖维持疗法中应用较为广泛的药物之一。

(二) 美沙酮维持治疗

美沙酮维持治疗是以心理-社会-医学模式为基础,运用医疗上合法的、使用方便的、作用安全和有效的药物代替毒品,并通过治疗改变病人的高危险行为及恢复病人的机体和社会功能的一种综合性治疗方法。参加美沙酮维持治疗的吸毒者每天在工作人员的监督下服用美沙酮口服液,不仅能够防止疾病的传播,还能够有效降低因滥用毒品造成的违法犯罪行为,使病人回到正常生活轨道上来。

国际经验表明,美沙酮维持治疗是控制海洛因成瘾者毒品滥用和艾滋病经吸毒传播较有效的干预措施之一。美沙酮维持治疗利用交叉依赖性原理,采用依赖性程度较轻的美沙酮替代成瘾性较强的海洛因等阿片类物质,使海洛因成瘾者减少或消除对该毒品的渴求,并减少由此带来的社会问题。因此,美沙酮维持治疗实际上是一种结合替代法和递减法的综合脱毒治疗方法,即在戒毒者进行脱毒治疗、消除戒断症状后,定期给戒毒者以限量的美沙酮进行维持,防止和减轻对毒品的强烈觅求。美沙酮维持治疗的优点是戒毒者的戒断症状平缓,不痛苦;缺点是周期较长。

参加美沙酮维持治疗的患者每天服用一次美沙酮,可避免其在36小时内出现戒断症状,降低患者对毒品的"渴求感",减少与使用毒品相关的违法犯罪行为,减少注射吸毒针具的共用,预防艾滋病、梅毒和乙型及丙型肝炎等可经血液传播的疾病,有助于恢复病人的职业功能、家庭功能及社会功能,使病人能长期保留在系统的治疗程序中,接受心理上、行为上的综合干预与治疗。在家庭及社区的帮助下,逐步回归社会,成为一个生活、工作等方面都正常的人。美沙酮维持治疗,有严格的禁忌,比如,服用美沙酮期间饮酒、吸食毒品可导致生命危险。

我国从2001年开始筹划,2004年正式启动美沙酮维持治疗试点工作。经国家有关行政部门批准的从事戒毒药物维持治疗工作的医疗机构,采用盐酸美沙酮口服液作为治疗药物,对阿片类物质(海洛因、鸦片等)成瘾者进行长期维持治疗,以减轻他们对阿片类物质的依赖,促进身体康复,恢复社会家庭功能。

2004年，国家批准云南等5个省、自治区8个点开展美沙酮维持治疗，并出台了《社区药物维持治疗试点工作方案》。2014年12月31日，国家卫生和计划生育委员会（现为卫生健康委员会）、公安部、国家食品药品监督管理总局共同制定了《戒毒药物维持治疗工作管理办法》，并于2015年2月1日施行，进一步规范了我国的戒毒药物维持治疗工作。

（三）关于美沙酮维持治疗的争议

美沙酮维持治疗就其本质而言属替代治疗，与糖尿病、高血压等慢性疾病的治疗一样，长期或终身用药是其主要特征。由于美沙酮属麻醉药品，本身也具有一定的成瘾性，加之历史形成的对海洛因成瘾的各种看法，所以对海洛因成瘾者采取美沙酮维持治疗一直存在争议。

赞成者认为美沙酮维持治疗有以下好处：

(1) 治疗依从性较其他方法好；
(2) 可降低渴求感，减少觅药和用药行为；
(3) 减少非法药物的用量和用药频度；
(4) 减少注射使用毒品和经血液传播疾病（特别是艾滋病）的机会；
(5) 降低非法药物交易，减少犯罪；
(6) 为心理和行为等综合治疗提供机会；
(7) 改善健康状况，减少医疗开支；
(8) 恢复和改善个人功能、家庭功能和社会功能。

反对者则认为美沙酮维持治疗的问题在于：

(1) 治标而非治本，不是根治方法；
(2) 淡化了吸毒的违法性，有可能助长吸毒恶习；
(3) 美沙酮可能会流入黑市而成为毒品。

相比较而言，美沙酮维持治疗作为一种戒毒医疗活动，目前应该说还是利大于弊。阿片类物质成瘾是一种慢性高复发性疾病，对于大多数成瘾者来说，彻底不使用治疗药物是非常困难的。基于此，美沙酮维持治疗仍是目前世界各国治疗海洛因成瘾的主要方法。

三、戒毒药物维持治疗的实施

根据《禁毒法》《戒毒条例》《戒毒药物维持治疗工作管理办法》等规定，药物维持治疗（以下简称维持治疗）的实施，必须满足以下条件。

(一)开展药物维持治疗工作的机构及人员条件

(1) 申请开展药物维持治疗工作的机构应当具备以下条件:

① 具有《医疗机构执业许可证》;

② 取得麻醉药品和第一类精神药品购用印鉴卡(以下简称印鉴卡);

③ 具有与开展维持治疗工作相适应的执业医师、护士等专业技术人员和安保人员;

④ 符合维持治疗有关技术规范的相关规定。

具有戒毒医疗服务资质的医疗机构申请开展维持治疗工作的,应当按照《戒毒药物维持治疗工作管理办法》第10条的规定办理。

(2) 从事维持治疗工作的医师应当符合以下条件:

① 具有执业医师资格并经注册取得《医师执业证书》;

② 按规定参加维持治疗相关培训;

③ 使用麻醉药品和第一类精神药品的医师应当取得麻醉药品和第一类精神药品处方权;

④ 省级卫生计生行政部门规定的其他条件。

(3) 从事维持治疗工作的护士应当符合以下条件:

① 具有护士执业资格并经注册取得《护士执业证书》;

② 按规定参加维持治疗工作相关培训;

③ 省级卫生计生行政部门规定的其他条件。

(4) 从事维持治疗工作的药师应当符合以下条件:

① 具有药学初级以上专业技术资格;

② 按规定参加维持治疗工作相关培训;

③ 省级卫生计生行政部门规定的其他条件。

(二)药品管理

(1) 维持治疗使用的药品为盐酸美沙酮口服溶液(规格:1mg/ml,5000ml/瓶)。

配制盐酸美沙酮口服溶液的原料药实行计划供应,由维持治疗药品配制单位根据实际情况提出需用计划,经国家食品药品监管总局核准后执行。

(2) 经确定的维持治疗药品配制单位应当按照国家药品标准配制盐酸美沙酮口服溶液,并配送至维持治疗机构。

(3) 维持治疗机构应当凭印鉴卡从本省(区、市)确定的维持治疗药品配制单位购进盐酸美沙酮口服溶液。跨省购进的,需报相关省级食品药品监管部门备案。

维持治疗机构调配和拆零药品所使用的容器和工具应当定期消毒或者更换，防止污染药品。

（4）维持治疗药品的运输、使用及储存管理等必须严格执行《中华人民共和国药品管理法》和《麻醉药品和精神药品管理条例》的相关规定。

（三）维持治疗

（1）年龄在18周岁以上、有完全民事行为能力的阿片类物质成瘾者，可以按照自愿的原则申请参加维持治疗。18周岁以下的阿片类物质成瘾者，采取其他戒毒措施无效且经其监护人书面同意，可以申请参加维持治疗。

有治疗禁忌证的，暂不宜接受维持治疗。禁忌证治愈后，可以申请参加维持治疗。

（2）申请参加维持治疗的人员应当向维持治疗机构提供以下资料：

① 个人身份证复印件；

② 吸毒经历书面材料；

③ 相关医学检查报告。

维持治疗机构接到申请人提交的合格资料后5个工作日内，书面告知申请人是否可以参加治疗，并将审核结果报维持治疗机构所在地公安机关备案。

（3）申请参加治疗的人员应当承诺治疗期间严格遵守维持治疗机构的各项规章制度，接受维持治疗机构开展的传染病定期检查以及毒品检测，并签订自愿治疗协议书。

（4）维持治疗机构应当为治疗人员建立病历档案，并按规定将治疗人员信息及时报维持治疗机构所在地公安机关登记备案。

（5）符合维持治疗条件的社区戒毒、社区康复人员，经乡（镇）、街道社区戒毒、社区康复工作机构同意，可以向维持治疗机构申请参加维持治疗。

（6）维持治疗机构除为治疗人员提供维持治疗外，还需开展以下工作：

① 开展禁毒和防治艾滋病法律法规宣传；

② 开展艾滋病、丙型肝炎、梅毒等传染病防治和禁毒知识宣传；

③ 提供心理咨询、心理康复及行为矫治等工作；

④ 开展艾滋病、丙型肝炎、梅毒和毒品检测；

⑤ 协助相关部门对艾滋病病毒抗体阳性治疗人员进行随访、治疗和转介；

⑥ 协助食品药品监管部门开展治疗人员药物滥用的监测工作。

（7）维持治疗机构应当与当地社区戒毒、社区康复工作机构及戒毒康复场所建立衔接机制，加强信息的沟通与交流。

社区戒毒、社区康复工作机构、强制隔离戒毒所和戒毒康复场所应当对正在执行戒毒治疗和康复措施的人员开展维持治疗相关政策和知识的宣传教育，对有意愿参加维持治疗的人员，应当帮助他们与维持治疗机构做好信息沟通。

（8）维持治疗机构发现治疗人员脱失的，应当及时报告当地公安机关；发现正在执行社区戒毒、社区康复治疗人员脱失的，应当同时通报相关社区戒毒、社区康复工作机构。

（9）因户籍所在地或者现居住地发生变化，不能在原维持治疗机构接受治疗的，治疗人员应当及时向原维持治疗机构报告，由原维持治疗机构负责治疗人员的转介工作，以继续在异地接受维持治疗服务。

正在执行社区戒毒、社区康复措施的，应当会同社区戒毒、社会康复工作机构一并办理相关手续。

（10）治疗人员在参加维持治疗期间出现违反治疗规定、复吸毒品、严重影响维持治疗机构正常工作秩序或者因违法犯罪行为被羁押而不能继续接受治疗等情形的，维持治疗机构应当终止其治疗，及时报告当地公安机关。

被终止治疗者申请再次参加维持治疗的，维持治疗机构应当进行严格审核，重新开展医学评估，并根据审核和评估结果确定是否接受申请人重新进入维持治疗。维持治疗机构应当将审核结果及时报所在地公安机关备案。

拓展学习

境外毒品成瘾矫治模式[①]

毒品是一个全球性的社会问题，吸毒引发的犯罪、艾滋病传播等已经成为影响经济社会发展、公共卫生健康和安全稳定秩序的严重问题。世界各国除了减少毒品非法供应、大力开展禁毒宣传教育外，还结合本国国情，通过各种手段加强对吸毒者的惩罚和救治。下面简要介绍主要国家及地区有关毒品成瘾矫治工作模式和运行机制的情况。

一、强制型矫治模式

（一）日本

日本将吸毒者视为违法犯罪者，警察和麻醉品监控官员可以根据相关法律逮捕吸毒者，这是单一强制矫治模式的重要特征。日本被认为是发达国家中药

[①] 参见贾东明：《毒品：成瘾与康复》，浙江大学出版社2013年版，第113页、第114页、第116页。

物依赖和药物滥用管理与防治较成功的国家,其对吸毒人员的矫治情况概括如下。

1. 治疗

药物依赖的治疗重点是针对长期滥用苯丙胺后引起的苯丙胺性精神病的治疗。由于在日本,海洛因滥用和依赖极为少见,因此日本没有美沙酮维持治疗,即使提供治疗也只是短期的替代递减治疗,而且治疗后大都移送司法部门继续服刑。

2. 康复

日本康复治疗多在监狱中开展。日本医生普遍认为,针对滥用者的康复工作非常薄弱,尽管在监狱中配有专职的心理咨询人员,但是康复治疗并不充分。况且,滥用者不仅没有得到真正意义上的康复,反而与其他刑事犯或滥用者建立了不健康的联系。

3. 预防

无论是从事治疗的专业医生还是从事管理工作的人员,都将日本吸毒比例在发达国家中处于较低水平的原因,归功于预防措施的成功和严厉的法律条款。目前日本预防教育的方针已经作了重大的调整,即从过去药物滥用者的宣传教育转向健康人群的预防,预防的重点人群是青少年。

(二)新加坡

新加坡对毒品成瘾矫治执行模式与日本相似,采取公众教育、严刑峻法及加强执法行动来对付毒品问题,确保滥用毒品情况受到控制。

1. 制订综合性治疗计划

在新加坡,如果通过尿检发现滥用毒品人员,在征得中央毒品对策局局长同意之后,可将其收容到治疗中心进行治疗。根据吸毒人员的滥用程度,分别让他们接受为期六个月的禁毒学习,直到能进行各种正常的工作为止。在接受这种禁毒教育时,不让他们接触社会。

2. 戒毒出院后的定期检查和监督

戒毒人员出院后二年内,必须接受政府的检查和监督,定期到就近的警察署接受尿检,接受各种禁毒机构的教育。复吸者须重新送去戒毒,逃避者将被逮捕。

3. 开展各种教育活动,防止滥用

新加坡有全国防止嗜毒理事会,负责向政府建议肃毒政策,指导中央肃毒局和以青少年为对象制订毒品防范计划,将与毒品有关的资料编入学校的课程。教育部门还在政府的监督下,以各种形式和手段组织民间机构对市民开展各种反毒禁毒的宣传教育工作。

二、自愿型矫治模式

(一) 德国

德国对毒品问题是以预防和宣传教育为主,利用各种大众媒介,广泛开展打击毒品的警示教育,通过典型案例,使人们充分认识到毒品的危害性,自觉对毒品交易进行抵制,使吸毒者逐步降低对毒品的需求和依赖性。

1. 建立戒毒中心,为吸毒人员提供免费的戒毒治疗

德国联邦政府在全国各地设有咨询站,为帮助吸食大麻成瘾者研究制定方案,吸毒者有得到援助的法律权利。戒毒机构的费用主要来源于政府而非被戒毒者本人,负责提供社会保障的机构(如医疗保险基金、养老保险、负责社会救助的机构、市政当局)有义务为这些社会援助对象提供资金保障。医院、康复中心的治疗费用由社会养老保险和社会医疗保险支付,但吸毒人员进入医院、康复中心治疗必须经保险公司批准。

2. 发展高质量和个性化的戒毒治疗援助体系

该体系包括各种救助方式,如门诊咨询和治疗方案、标准保守疗法、对患者住院及随后调整阶段的戒毒治疗(如未成功,患者还需接受循环治疗)、对住院患者的后期综合护理(比如,门诊患者的复原、特殊的家庭护理、再就业项目、职业复原计划、继续性的护理和自助组织)。对于鸦片上瘾者,还有一套以药物辅助的门诊治疗体系,作为上述疗法的补充。涉及急性药物的时候,非指定医疗机构的医生与戒毒体系之间的合作是被提倡的。戒毒所使用合格保守疗法,换言之,患者的动机和社会心理护理、继续治疗的引入、保守疗法及后期保守、康复服务等一系列治疗手法都是统一的。

3. 戒毒治疗

德国的戒毒治疗可以划分为以下几个阶段:接触和激励,戒毒康复,继续治疗和后续照顾。

(1) 接触和激励:在咨询中心、戒毒中心或戒毒医院,由多种专业人员组成的团队对处于停止服药阶段的治疗者进行接触和开展激励工作。根据病例的具体情况,时间持续两到六周不等。

(2) 戒毒与康复:从长远来看,戒毒后进行一段时间的康复,能够使接受治疗者控制、稳定和克服毒瘾。因此,无论是门诊患者还是住院患者均可以参加康复。对吸毒者来说,康复期平均需要六个月,随后还需要一个长达四个月的调整阶段。住院患者的康复通常在专门诊所、治疗组织、精神病治疗医院的专门部门进行。

(3) 继续治疗和后续照顾:德国重视通过工作和有偿雇佣来帮助那些有物质依赖的人融入社会。继续治疗和后续照顾通常始于调整阶段之后,主要是让

患者走出医疗机构，融入到工作和社会当中去。就业部门的专家和养老项目的提供者会支持他们。

从1995年开始，德国实施了戒毒个案管理方案，这是由联邦卫生部资助的社会工作合作项目。该项目的成果和工具已经被用于实施评估海洛因试行项目。个案管理方案以患者为导向，对门诊患者实施护理，和那些因长期饮酒和吸毒而变得难以接近的人保持联系；它的目标是与患者共同制定综合的个性化治疗方案，并且通过可利用的服务，协调各种医疗和社会援助。该项目的目的也在于加强地区合作和服务的网络化。动机访谈是成功个案管理的一个重要措施，有利于提高患者治疗的依从性。

（二）荷兰

荷兰毒品法律政策被冠以"荷兰模式"，着眼于"维护公共健康、减少伤害"。

1. 毒品买卖"合法化"

在毒品供应问题上，荷兰一方面坚决打击种植、制造、贩卖毒品犯罪，遵守国际义务，配合联合国、欧盟等国际组织和其他国家打击毒品走私贸易，对毒品犯罪最高处以16年的监禁；另一方面，又采取变通的做法，主张市场分隔，允许设立咖啡馆销售大麻，只要咖啡馆能够严格按照规定仅向每人销售5克，并且不向未成年人销售，不做广告宣传等，就不会遭到起诉。

荷兰法律规定，冰毒、摇头丸、可卡因、海洛因等属于硬毒品；大麻、麻醉药品等属于软毒品。官方控毒指南规定哪些情况是不予起诉的、不予惩罚的，也因此给外界造成毒品合法化的错觉。政府认为能够通过政策渠道买到大麻，就减少了接触到硬毒品所形成的亚文化环境的机会，也降低了尝试硬毒品的概率，且软毒品的使用者不至于被边缘化。荷兰对毒品采取的宽容、务实的政策。体现了荷兰人的经济意识、务实精神和现实主义态度。但是，世界上许多国家都与荷兰的毒品政策保持着相当的距离。

2. 实行登记管理制度

登记在册的瘾君子被移送给照管人员或戒毒中心，并有机会被纳入由警察、志愿者组织和市立健康服务局联合管理的特殊计划之下，目的是为吸毒者提供监控点，如建立老龄之家，给他们一份合法的收入，以便他们购买食品等。而另一个目的是确保吸毒者能有一个安全和干净的地方落脚。

3. 推行海洛因分发计划

荷兰政府认为，在医疗人员监督下分发海洛因，搭配使用美沙酮，是最可能改善长期吸毒的方法。荷兰政府在1997年的一项类似的实验性活动获得正面效果后，开始推广全国性计划。卫生部表示，这项计划的服务目标为较难用其他方式恢复健康的老年吸毒者。

（三）瑞士

1. 在禁戒毒问题上的差异化

在对待毒品问题上，瑞士各州之间的分歧很大。有的州主张采取强硬的反毒品政策，强迫吸毒者戒毒，但绝大多数州则采取了宽容的毒品政策，允许吸毒者在"监控"的条件下到有关部门免费领取毒品。瑞士的毒品政策由各州自行掌握。瑞士法语区总的来说主张预防与压力并举，使吸毒者"无所作为"，以此减少毒品对社会的危害。德语区大多数州对毒品采取比较宽容的政策，认为吸毒是个人嗜好，只要不对别人构成危害，吸毒者应当有吸毒的权利。双方各持己见，无法说服对方。随着艾滋病、性病和其他传染病在吸毒者中的传播，各州为防止吸毒者交叉感染，开始设立多处专门的注射器交换站，吸毒者将使用过的注射器送到交换站，就可免费领取新的注射器。然而，这种对吸毒者的怀柔政策不仅没有减少毒品泛滥，反而吸引了来自瑞士其他州甚至国外的"瘾君子"。

2. OASE

OASE属于瑞士第一级戒毒组织，隶属于联邦政府卫生部。意在预防吸毒，促进健康；加强性格培养，使吸毒者对坏事坏影响以及恶习具有分辨和抵抗的能力。1996年，吸毒成灾现象引起瑞士社会和政府的关注，一些长期做"瘾君子"工作的社会工作者提出了成立OASE的建设性方案。随着时间的推移，它的规模逐渐发展起来。

三、复合型矫治模式

（一）英国

1. 拘留变更执行令

英国制定和实施《吸毒治疗与测试令》，根据这项法律规定，当法庭确信一名16岁（或16岁以上）少年在违法滥用药物，就会对他判决治疗。《吸毒治疗与测试令》强制违法者进行为期六个月或三年的戒毒治疗。如果违法者拒绝接受或不遵守《吸毒治疗与测试令》，将会受到其他形式的判决，其结果将是被关押。

根据《吸毒治疗与测试令》，吸毒者可以选择拘留的变更执行方法，即到戒毒机构接受治疗。政府并没有强迫吸毒者接受治疗，但大多数吸毒者还是会选择到戒毒机构接受治疗，从被拘禁到接受治疗，《拘留变更执行令》为吸毒者架起一座回归社会的桥梁，政府希望能有更多的吸毒者选择到戒毒机构接受治疗。

2. "以毒品奖励戒毒者"的戒毒措施

凡参加政府资助戒毒计划的海洛因和可卡因上瘾者,只要保持一段时间不沾染海洛因和可卡因这类毒品,就可获得毒品替代品的奖励。这也说明了戒毒没有绝对最好的方法,但英国医疗管理局对现行戒毒措施的调查结果证明,实际戒毒效果令人不满。有人认为:"以毒品奖励戒毒者'骇人听闻'。美沙酮的使用必须严格控制,即使小剂量的美沙酮也可致人上瘾,并逐渐陷入吸毒的泥潭。"

3. 物质奖励戒毒措施

2007年7月28日,英国全国卫生与临床学会宣布,英国政府将给予戒毒者"物质奖励",以帮助他们戒除毒瘾。该措施涉及3.6万名16岁以上的英国吸毒者,戒毒成功者可获得70~150英镑不等的"奖励",但其生活起居将一直受到监控,以确保他们不复吸。如果接种疫苗,吸毒者还可能得到购物券或其他"奖励"。据统计,英国近30%的毒品注射者是乙肝病毒携带者。英国全国卫生与临床学会认为,每防止一个人成为乙肝病毒携带者,就能为国家医疗服务系统节约4500英镑。

4. 社区矫治戒毒

社区矫治戒毒,是指将符合社区矫正条件的戒毒人员置于社区内,由专门的国家机关在相关社会和民间组织以及社会志愿者的协助下,在判决、裁定或决定确定的期限内,矫正其犯罪心理和行为恶习,并促进其顺利回归社会的执行方式。这种刑罚方式主要针对罪行轻微、主观恶习不大的吸毒人员,通常包括义务劳动、社区管束、心理治疗、戒毒、戒酒及参加有针对性的矫正项目等内容,每个人在社区服刑的内容会根据具体犯罪行为的不同而有所不同。

(二) 美国

美国的药物依赖问题历史比较久,经过几十年的不断摸索,目前已经形成了比较成熟的戒毒防治模式。从20世纪70年代至今,美国已开发了多种戒毒模式,其中有4种模式影响最大,分别是:门诊美沙酮维持治疗;长期居住式治疗;门诊心理社会治疗;短期住院治疗。

在美国,成瘾被认为是一种慢性复发性脑疾病,对药物依赖的预防与治疗主要采用医疗防治模式,由司法、专业机构、社区、学校等多系统共同参与,进行综合治理。美国对吸毒者的治疗主要采用医疗康复模式,吸毒者的医疗费用大多数由医保、社会福利和政府专项基金提供。戒毒治疗机构有公立和私立两种性质,这些机构的吸毒者除少部分是自愿就诊外,大部分由社区、毒品法院、监狱或其他改造场所转诊介绍而来,戒毒治疗机构一般都有联络员负责与上述机构联系,以保证合适的患者来接受治疗。治疗形式包括脱毒治疗、院内咨询、门诊咨询、半住院治疗、住院治疗、治疗社区,以及自助集体、后续服务、监狱和其他改造场所内戒毒治疗等。戒毒者来到戒毒治疗机构后，由医师、心理学家、社会工作者、护士等一起讨论分析吸毒者的情况，制订个体化的治疗计划，对吸毒及与吸毒相关的医学、心理、社会、职业和法律问题进行综合干预。治疗是多维度和多方面的，涉及医学、心理学、社会学等，治疗过程中定期评估患者的进展并根据情况调整干预方案。

1. 以心理行为治疗为重点

在美国，心理咨询、心理治疗和其他行为治疗是药物依赖治疗中的一个重要环节，目前比较流行的戒毒心理治疗模式有集体心理治疗、认知行为治疗、预防复吸、家庭治疗、奖惩性处置、动机强化治疗、心理分析治疗等。戒毒治疗机构有专门的心理学家对吸毒者进行各种心理行为治疗，其目的是加强治疗动机，学习拒绝毒品的技能，发展其他建设性替代吸毒的活动和兴趣爱好、提高解决问题的能力，学习保持稳定的情绪状态和应付外在压力的方法等，大多数住院戒毒治疗采用等级记分管理来矫正吸毒者的行为问题。除了心理治疗和心理咨询，有的吸毒者还需要接受药物治疗，如海洛因依赖者的脱毒治疗，吸毒者的抑郁等精神疾病的治疗以及躯体疾病的治疗等。

2. 美沙酮维持治疗

在美国许多州开设了美沙酮门诊，吸毒者凭登记卡每天可到美沙酮门诊免费领取一日剂量的美沙酮口服液。美沙酮门诊还提供心理咨询和心理辅导服务，进行家庭、职业辅导和危机干预，开展艾滋病预防教育等。许多研究显示，美沙酮维持治疗可降低犯罪率，改善家庭和社会功能，降低艾滋病和其他传染疾病的传播，保持吸毒者的正常工作能力等。

3. 治疗社区

治疗社区（TC）为一种居住性治疗环境，主要通过吸毒者自助和互助来矫正自己的人格问题，改善人际关系，树立对自己行为负责任的观念。居住者在TC中住半年到二年的时间，在此期间，他们将接受各种辅导（如心理辅导、教育辅导和职业辅导等），学习各种知识，接受技能训练，在TC中实现重新社会化。研究显示，完成TC治疗程序者70%可脱离毒品。

4. 在监狱等改造场所对药物滥用的治疗

美国监狱或其他改造场所60%以上存在药物滥用相关问题，大部分监狱都有专门的心理学家，对犯人进行筛查和评估，并在专业机构的协助下，在监狱内对药物依赖问题进行相应的心理行为干预。情况特殊者，可把犯人转到专业机构接受治疗。

5. 社区的戒毒自治组织

美国大部分社区都成立了戒毒自治组织，这是一个主要由吸毒者参与的非政府组织，为戒毒康复的一个重要形式。吸毒者在戒毒治疗后定期集体应用宗教理念，分享戒毒体验，通过互相帮助、互相鼓励达到长期戒断的目标。其中匿名戒毒会（NA）是一个具有国际影响的戒毒者自治的治疗集体组织，其成员是一些有志于彻底摆脱毒品或正在康复的吸毒者。NA的成员人人平等，相互之间并无等级差别。NA康复程序的核心是一系列按照所谓的"十二步戒毒法"进行的活动，这些活动包括承认问题的存在、产生求助的要求和愿望、对自己给予公正客观的评价、自我开放、对已经给他人造成的伤害给以补救、帮助其他吸毒者、通过助人达到自助目的等。NA在美国和加拿大具有很高的知名度，有些人称其为"药物依赖者的救星""戒毒史上的大奇迹"。

6. DAYTOP（戴托普）

DAYTOP（戴托普）于1963年由美国国立精神卫生研究所拨款创建，它是美国成立最早和最大的非政府药物依赖社区治疗机构。1965年，DAYTOP（戴托普）倡导成立滥用者"父母协会"，让家庭在治疗康复过程中发挥作用。此举不仅使很多父母增长了有关药物滥用的知识，获得帮助，而且大大促进了滥用者的康复。1967年，DAYTOP（戴托普）在纽约州首先创建运动康复中心，主要接纳老年滥用者。DAYTOP（戴托普）现在全美国共建有近30个中心，并在世界40余个国家和地区建立了分支机构，且规模日益壮大。我国云南省药物依赖防治研究所也与该机构合作探索适合中国国情的社区治疗模式。

四、综合治理型矫治模式

综合治理型矫治模式的主要代表为我国香港、澳门、台湾地区。

（一）中国香港地区

香港特区政府采取强制与自愿相结合、矫正与康复相结合以及特区政府主导与非政府参与相结合的多元化服务方式，对解决药物滥用问题起着重要的作用。尤其值得借鉴的是香港地区的戒毒服务通常都与治疗者重返社会、回归正常生活相联系。为此，他们往往动员家庭等力量参与治疗，并为一些治疗对象提供文化教育和职业培训与经历方面的服务。特别是所谓的中途宿舍，更是为成功接受戒毒服务者与正常社会生活架起了桥梁，对于从根本上实现治疗目标起着重要作用。

香港特区政府推行的治疗和康复服务根据其对象、目标以及实施者的不同，主要有强迫戒毒计划、自愿住院治疗和康复计划以及美沙酮计划等形式。

1. 惩教署推行的强迫戒毒计划

对象是曾犯轻微罪行而经法庭裁定适合接受这种治疗的药物依赖者，但他们所犯的罪行不一定与毒品有关。计划的目的是协助犯人彻底戒除毒瘾，重新投入社会。犯人的羁留时间为2个月至12个月不等，视戒毒的进展而定。犯人在康复后必须接受强制监管，如在监管期间被发现服用违禁药物，可被召回戒毒所再次接受治疗。这项深度的戒毒计划，包括详细的体格检验和治疗、工作治疗、个别和小组辅导，以及获释后的就业住宿安排，旨在协助犯人彻底康复。

2. 卫生署提供的美沙酮自愿门诊诊疗计划

1972年底，香港地区首次以门诊方式为吸食鸦片类药物者提供美沙酮门诊治疗。这是为那些有意戒除海洛因或其他鸦片类药物毒瘾，但又不愿意或无法住院接受治疗的药物滥用者而设。现在，美沙酮门诊计划已成为香港地区最庞大的戒毒治疗计划。卫生署辖下的门诊诊疗所为大多数的求诊者提供替代疗法，但求诊者也可选择戒毒治疗。服用美沙酮一向受到严格管制，所有戒毒者必须在配药人员面前服用，不得将美沙酮带走。

3. 香港明爱、香港戒毒会、香港基督教服务处和其他非政府机构，包括多间福音戒毒机构推行的自愿住院戒毒治疗计划

该计划旨在满足自愿住院戒毒、康复和重返社会的药物依赖者的需要。由于药物依赖者背景不同，需求各异，这些机构发展了一系列使用不同治疗模式的戒毒和康复计划。香港医院管理局开办的物质误用诊所，诊治由滥用精神药物者辅导中心、志愿机构和其他健康护理机构转介的人士，以及直接向他们求诊的患者共同进行。服务包括戒毒治疗、辅导和在有需要时提供心理治疗。

（二）中国澳门地区

澳门地区的戒毒工作主要是在福音戒毒部门进行，管理者是教友。澳门地区的戒毒工作始于20世纪60年代，这里没有强制戒毒机构，只是在监狱内设有为吸毒犯人治疗的自愿康复小组。防治药物依赖厅的戒毒康复处设有门诊戒毒中心及日间康复中心，为药物依赖者提供自愿性的戒毒康复服务，主要采用门诊及社区治疗模式，工作小组由医生、护士、社工和心理专家组成，安排个案及家人接受治疗和辅导计划，以助其脱离毒海，重返社会。民间戒毒机构规模很小，多采用宗教治疗方式，不使用药物。对女性戒毒服务开展得很少。

澳门地区承担戒毒治疗及康复工作的主要部门为社会工作局防治药物依赖厅辖下的戒毒康复处，其他可提供戒毒康复的政府部门包括卫生局精神科和澳门监狱的康复小组，以及民间戒毒团体。澳门地区的戒毒治疗措施侧重于自愿戒毒的模式，政府专门处理自愿求助的门诊个案，而长期住宿形式的戒毒治疗康复服务，主要交托民间戒毒院舍经营。为保障本地区有足够和有效的戒毒服务，政府很重视推动和协助民间戒毒社团的工作和发展。澳门地区还以官办民营方式，成立了配合社会重返的中途宿舍。因此，透过加强与所有官民戒毒单体的沟通和合作，合作共同努力提升戒毒工作效果，以及拓展更多元的治疗服务，是澳门地区戒毒工作发展的方针和目标。

（三）中国台湾地区

在台湾地区，吸毒者是违法者，法庭判其入狱。在狱中具有患者的待遇，可获得精神科医师的辅导或其他医疗照顾。台湾地区当局认为，吸毒者要戒断毒瘾非常困难，如果只是单纯给吸毒者一些药品，就放他们出狱，吸毒者在出狱后很难自行进行戒毒行动，因此其是以司法方式来强迫吸毒者戒毒。

台湾地区制定了"吸毒者除刑不除罪"的政策性规定，并在《毒品危害防制条例》中提出，要对烟毒犯有条件地"除刑化"，即第一次涉案经判定无毒瘾即可免刑；有瘾者经勒戒治疗，无瘾后不予处罚；有瘾者自动到指定医院勒戒治疗，不论吸食苯丙胺类或吗啡，医师皆不负举发责任；再犯者直接送戒毒村，如戒毒情况不错，再无吸毒倾向且情况稳定者，可以免刑，否则仍须服刑。

勒戒所完全与外界隔离，但对患者的自由空间予以保护。勒戒所提供脱毒、戒毒与康复三个阶段的服务。第一阶段是利用药物治疗，以减轻患者戒断症状，促进身体代谢机能，加速毒性的排解；第二阶段针对患者对毒品的心理依赖，安排工作时间、宗教辅导与心理咨询等；第三阶段为社区康复阶段，帮助患者在离开勒戒所后，重新面对社会，拒绝引诱，以便正常工作。

由于毒品吸食者共用针头，从而导致染上艾滋病的人数激增。为此，台湾地区卫生主管部门提出自首换代疗的方案：染上毒瘾者，若自首可加入替代疗法行列，且可被暂缓起诉。此外，考虑到毒瘾者经济能力有限，台湾地区"疾管局"规划补助办法规定，对于毒瘾染艾滋病者，加入替代疗法只需负担挂号费。

💡 项目考核

1. 如何理解自愿戒毒的含义及特征？
2. 什么是社区戒毒？适用对象有哪些？如何执行？
3. 社区康复的适用对象有哪些？如何执行？
4. 强制隔离戒毒的适用对象有哪些？如何执行？
5. 什么叫美沙酮维持治疗？

学习项目六

司法行政戒毒工作

◆ **学习目标**

1. **知识目标**：了解司法行政戒毒工作的发展历程，明确其地位和作用；掌握统一戒毒模式的核心内涵；理解建立科学、统一、规范的戒毒模式对提高戒毒工作科学化、专业化水平的重要意义。

2. **能力目标**：学会在统一的司法行政戒毒工作基本模式下，开展"四区五中心"工作。

3. **素质目标**：深化对司法行政戒毒工作规范化执法、人文化管理、专业化戒毒、社会化矫治的工作理念的认识；树立以科学戒治为核心做好新时代戒毒工作的理念。

◆ **重点提示**

本项目学习重点是了解我国司法行政戒毒工作的发展历程、组织机构以及运行机制；熟悉司法行政戒毒工作的主要职能，掌握统一的司法行政戒毒工作基本模式的内涵及其运行框架、意义和发展方向。

学习任务 1　司法行政戒毒工作历史沿革

司法行政戒毒工作历史沿革，与其曾经承担的劳动教养管理职能有着密切的联系。可以说，司法行政戒毒工作，因劳动教养职能而起，也因劳动教养制度的废止而全面转型，大致可以分为两个发展时期。

一、劳动教养戒毒时期

1957 年，国务院《关于劳动教养问题的决定》公布施行，初衷是为了管理"游手好闲、违反法纪、不务正业的有劳动力的人"。当时劳动教养的对象主要是"不够逮捕判刑而政治上又不适合继续留用，放到社会上又会增加失业的"人员。1990 年 12 月 28 日，第七届全国人民代表大会常务委员会第十七次会议通过了《关于禁毒的决定》，该决定第 8 条规定：吸食、注射毒品成瘾的，除依照前款规定处罚外，予以强制戒除、进行治疗、教育。强制戒除后又吸食、注射毒品的，可以实行劳动教养，并在劳动教养中强制戒除。首次在立法上明确了采取劳动教养进行强制戒毒的方式，这是司法行政系统开始从事戒毒工作的法律依据。根据这一规定，劳动教养的对象中增加了吸毒成瘾者，这类人在执行劳动教养的同时，也要对其进行强制戒毒。

2003 年 5 月 20 日，司法部制定了《劳动教养戒毒工作规定》，对劳动教养戒毒工作专门进行规范。根据该规定，劳动教养戒毒是指经过公安机关强制戒毒程序后又吸食、注射毒品的吸毒者，由公安机关决定将这些吸毒者送交劳动教养机关，由劳动教养机关通过劳动教养等手段达到戒毒的目的。因此，劳动教养戒毒是在劳动教养过程中戒除毒瘾，包括生理和心理上的治疗，以及身体上的康复训练。劳动教养戒毒期限与劳动教养的期限相同，为 1 至 3 年。

在劳动教养背景下开展的司法行政戒毒工作，吸毒人员被定性为违法者。由于劳动教养对被执行劳动教养的人进行收容、教育改造的特性，劳动教养戒毒往往带有"重惩罚、轻戒治"的倾向，戒毒流于形式，戒治效果并不理想。

2006 年 6 月，国家决定依托劳动教养戒毒场所建立戒毒康复中心，接收劳动教养戒毒解教后和社会上其他自愿接受戒毒康复的人员，目的是通过有效的治疗和职业技能培训，为戒毒人员回归社会提供过渡性安置。2006 年 12 月

1日，司法部发布了《关于依托劳教场所建立戒毒康复中心试点的意见》（以下简称《戒毒康复中心试点意见》），明确了戒毒康复中心的接收对象与办理程序、组织形式与管理方式以及保障措施等，为开展司法行政戒毒康复工作提供了工作规范。

根据《戒毒康复中心试点意见》，依托劳动教养场所建立戒毒康复中心一般采用两种形式：一种形式为利用劳动教养所现有的设施、条件，在劳动教养所内开辟相对独立的区域，建立戒毒康复中心；另一种形式为利用劳动教养所现有的场地，争取地方政府投资，建立戒毒康复中心。戒毒康复中心应该具备戒毒康复、心理矫治、职业培训与就业指导等功能，为有就业能力的戒毒人员回归社会提供过渡性安置。

根据《戒毒康复中心试点意见》，司法行政系统当时在全国范围选取了具备条件、基础较好的8个劳动教养场所先行试点。8个试点劳教所分别是北京市天堂河劳教所、上海市戒毒劳教所、湖南省白泥湖劳教所、广东省三水劳教所、广西壮族自治区第二戒毒劳教所、贵州省贵阳市三江劳教所、重庆市戒毒劳教所、云南省戒毒劳教所。8个试点劳教所在没有先例可循的情况下，积极探索，主动作为，为戒毒康复工作积累了宝贵的经验。各试点省（区、市）根据各自实际，形成了各具特色的工作模式，如三水模式、北海模式、重庆模式以及白泥湖模式等，取得了良好的效果，产生了积极影响。

二、强制隔离戒毒时期

2008年6月1日施行的《禁毒法》对我国戒毒工作体系进行了整体重构，设立了强制隔离戒毒制度，取代运行多年的公安机关管理的强制戒毒和司法行政机关管理的劳动教养戒毒，这是我国戒毒工作体系的重大变化。随后，司法行政戒毒工作也进入强制隔离戒毒时期。

《禁毒法》规定，对吸毒成瘾者实施社区戒毒、强制隔离戒毒和社区康复等戒毒矫治措施，建立起集生理脱毒、身心康复、重返社会于一体的戒毒康复"三位一体"新模式，克服强制戒毒和劳动教养戒毒"重惩罚、轻戒治"的做法，以及离开隔离环境后复吸率高等方面的弊端，促进戒治效果的提高。

随着《禁毒法》的实施，司法行政系统的戒毒劳教场所逐步转型为强制隔离戒毒所。2008年，国务院明确了司法部监督管理司法行政系统强制隔离戒毒的执行和戒毒康复工作的职责。同年10月，经中央批准，司法部劳动教养局加挂了"戒毒管理局"牌子。而后，各地的劳动教养所也加挂了强制隔离戒毒所牌子。在劳动教养制度废止以前，司法行政系统的劳动教养场所和强制隔离戒毒场所都由司法行政部门管理，在很多地方，劳动教养所和强制隔离戒毒所是一套机构、两块牌子在运行。随着戒毒工作的深入开展，司法行政系统开展的戒毒工作职能由初始阶段的兼职性质逐步转变成专职性质的工作。2011年6月26日，国务院颁布《戒毒条例》。2013年4月3日，司法部颁布《司法行政机关强制隔离戒毒工作规定》。为司法行政强制隔离戒毒工作的开展进一步提供了工作规范。

2013年12月28日，第十二届全国人大常委会第六次会议通过了《全国人大常委会关于废止有关劳动教养法律规定的决定》，劳动教养制度被依法废止。其后，司法行政戒毒工作彻底转型为强制隔离戒毒工作。司法行政系统多地举行了"二次挂牌"仪式，悬挂"强制隔离戒毒所"的牌子。为了适应新形势下的强制隔离戒毒工作，除了在组织机构、场所设施等方面进行改造外，司法行政系统还大规模地开展戒毒矫治业务培训，改善司法行政戒毒队伍的专业结构，提升队伍的整体水平，并且逐步形成了具有司法行政强制隔离戒毒工作特点的戒毒工作模式。

学习任务2　司法行政戒毒工作的组织与运行

一、司法行政戒毒工作组织机构

（一）组织构架

司法行政戒毒工作根据职权管辖范围，实行三级管理体制。中央一级：司法行政戒毒工作的主管机关即司法部，司法部下设戒毒管理局，具体负责管理全国司法行政系统的强制隔离戒毒和戒毒康复工作，并对社区戒毒、社区康复工作提供指导和支持。省、自治区、直辖市一级：省、自治区、直辖市司法厅（局）设置戒毒管理局（处），在当地司法厅（局）领导下，负责管理本省（自治区、直辖市）的强制隔离戒毒工作和戒毒康复工作，对当地社区戒毒、社区康复工作提供指导和支持。市（地区、盟、自治州）一级：市（地区、盟、自治州）司法局设置强制隔离戒毒所，管理本地区的司法行政戒毒工作。

各省（自治区、直辖市）戒毒管理局接受司法部戒毒管理局和本省（自治区、直辖市）司法厅的双重领导；市（地区、盟、自治州）强制隔离戒毒所接受省（自治区，直辖市）戒毒管理局和市（地区、盟、自治州）司法局的双重领导。

从业务指导上讲，司法部戒毒管理局对省（自治区、直辖市）戒毒管理局进行业务指导，省（自治区、直辖市）戒毒管理局对市（地区、盟、自治州）强制隔离戒毒所进行业务指导。省（自治区、直辖市）戒毒管理局负责对省（自治区、直辖市）直属强制隔离戒毒所进行直接管理。

（二）管理机构设置与职责

1. 中央一级司法行政戒毒工作管理机关

司法部内设戒毒管理局，负责监督检查本系统执行戒毒相关法律法规和政策的情况。指导、监督本系统强制隔离戒毒措施的执行和戒毒康复工作。对社区戒毒和社区康复工作提供指导、支持和协助。

2. 省一级司法行政戒毒工作管理机关

除港澳台地区外，全国31个省（自治区、直辖市）和新疆生产建设兵团设置戒毒管理局，受省、自治区、直辖市司法厅的领导，管理本省、自治区、直辖市的司法行政戒毒工作。内设机构一般包括办公室、政治部、所政管理处、教育矫治处、生活卫生处、习艺劳动处、计划财务处、监察审计处等。主要职能为：

（1）贯彻执行中央和省（自治区、直辖市）有关强制隔离戒毒、戒毒康复和社区戒毒工作的方针政策和法律法规，起草有关地方性法规、规章草案，拟订有关中长期规划和年度计划并组织实施。

（2）提出本系统强制隔离戒毒单位、戒毒康复单位的设置、布局方案并协调落实。

（3）指导、监督本系统强制隔离戒毒人员的收治和调配。

（4）指导、监督本系统戒毒单位的执法、所政管理、警戒、教育矫治、生产劳动、生活卫生、医疗康复、防疫、科技进步和信息化建设等工作，维护戒毒单位的安全、秩序和稳定。

（5）指导、监督本系统戒毒康复工作，对社区戒毒、社区康复工作提供指导和支持。

（6）指导、监督本系统队伍建设和思想政治工作，指导、监督、依法负责本系统警务管理，负责警务督察工作。

（7）承办上级部门交办的其他事项。

3. 大中城市一级司法行政戒毒工作管理机关

大中城市一级司法行政戒毒工作管理机关是指设在市（地区、盟、自治州）的司法局，管理本地区的司法行政戒毒工作。主要职能为：

（1）贯彻执行国家、省（自治区、直辖市）有关司法行政戒毒工作的法律、法规、规章和方针、政策；起草本市（地区、盟、自治州）司法行政戒毒工作发展规划、工作计划及管理制度，并组织和监督实施。

（2）负责本市（地区、盟、自治州）司法行政系统强制隔离戒毒和戒毒康复工作。

（3）指导和监督本市（地区、盟、自治州）社区戒毒、社区康复工作。

（4）负责本市（地区、盟、自治州）司法行政戒毒科学研究工作，开展戒毒工作宣传，参与社会治安综合治理。

（5）负责管理和指导本市（地区、盟、自治州）司法行政机关戒毒系统国有资产的管理。

（6）负责本市（地区、盟、自治州）司法行政机关戒毒系统队伍建设，落实警务管理和警务督察工作。

（7）承办上级交办的其他事项。

二、司法行政戒毒工作运行机制

（一）强制隔离戒毒工作运行机制

强制隔离戒毒所是依法设置的强制隔离戒毒执行机关，它是代表国家依法对被决定强制隔离戒毒人员实行强制性教育戒治的国家行政执法机关。强制隔离戒毒所分为省属和市属两类，省属所由省（自治区、直辖市）戒毒管理机关直接管理，市属所由大中城市（地区、盟、自治州）一级司法局管理。

1. 强制隔离戒毒所的设置

根据《禁毒法》《戒毒条例》《司法行政机关强制隔离戒毒工作规定》等法律、法规、部门规章的规定，强制隔离戒毒场所按以下要求设置。

1) 强制隔离戒毒所的规划

县级、设区的市级人民政府根据需要设置强制隔离戒毒场所，应当合理布局，报省（自治区、直辖市）人民政府批准，并纳入当地国民经济和社会发展规划。司法行政机关设置强制隔离戒毒所，还应当符合司法部的规划，经省

（自治区、直辖市）司法厅（局）审核，由省级人民政府批准，并报司法部备案。

2）强制隔离戒毒所的分类

第一，依据收治对象不同分类。

《禁毒法》第44条规定，强制隔离戒毒场所应当根据强制隔离戒毒人员的性别、年龄、患病等情况，对戒毒人员实行分别管理。因此，根据收治对象的不同，可将强制隔离戒毒所分为以下几类。

① 普通强制隔离戒毒所。普通强制隔离戒毒所是收治18周岁以上男性强制隔离戒毒人员执行强制隔离戒毒的场所。

② 女子强制隔离戒毒所。女子强制隔离戒毒所是专门收治18周岁以上女性强制隔离戒毒人员的强制隔离戒毒所。

③ 未成年强制隔离戒毒所。未成年强制隔离戒毒所是专门收治18周岁以下强制隔离戒毒人员的强制隔离戒毒所。

④ 病残人员强制隔离戒毒所。病残人员强制隔离戒毒所是专门收治伤残和患艾滋病等强制隔离戒毒人员的强制隔离戒毒所。

第二，依据建设规模大小分类。

根据《强制隔离戒毒所建设标准》，依据设计收治量的不同，强制隔离戒毒所可以分为小型戒毒所（300～799人）、中型戒毒所（800～1499人）和大型戒毒所（1500～3000人）。

3）强制隔离戒毒所的命名

强制隔离戒毒所一般以其所在地地名加"强制隔离戒毒所"命名，如"××省××市强制隔离戒毒所"。如果同一地域有多个强制隔离戒毒所，也可以采取其他方式命名，如"××省××市第×强制隔离戒毒所"。

专门收治女性或者未成年戒毒人员的场所，可在地名后加"女子强制隔离戒毒所"或者"未成年人强制隔离戒毒所"。

4）强制隔离戒毒所的建设标准

依据《强制隔离戒毒所建设标准》，强制隔离戒毒所一般建在交通便利、市政设施完善的大中城市周边，便于充分利用社会医疗、帮教资源，同时有利于场所生活保障。按戒毒功能要求，强制隔离戒毒所应设有办公、备勤、后勤保障、收治、居住、治疗、康复、劳动、帮教等功能区。

2. 强制隔离戒毒所的内设机构

根据《司法行政机关强制隔离戒毒工作规定》第8条的有关规定，强制隔离戒毒所内设机构包括领导机构、职能机构和戒毒大队三个部分。

1）领导机构

强制隔离戒毒所设所长 1 人、政委 1 人、副所长若干人。所长负责全面工作。政委负责思想政治工作，协助全面工作。副所长分管管理、教育、生产、行政等方面工作。

2）职能机构

强制隔离戒毒所的职能机构包括两类：一是围绕场所教育戒治工作设立的职能科室，主要包括办公室、所政管理科、生活卫生科、教育矫治科、计划财务科、医院（医务室）、警戒护卫大队等；二是按照统一司法行政戒毒工作模式设立的五大专业中心，分别是戒毒医疗中心、教育矫正中心、心理矫治中心、康复训练中心和诊断评估中心。

3）戒毒大队

戒毒大队是强制隔离戒毒所的基层组织，是依法直接管理教育戒毒人员的执法单位。

3. 强制隔离戒毒所的职责

（1）负责贯彻执行国家、省（区、市）强制隔离戒毒工作方针政策和法律、法规。

（2）负责拟定强制隔离戒毒工作规划、年度计划和规范性文件，并组织实施。

（3）负责强制隔离戒毒工作的执行，承担与社区戒毒社区康复的衔接和指导工作；负责对强制隔离戒毒人员进行科学规范的戒毒治疗、心理矫治和身体康复训练等，通过依法、严格、科学、文明管理，开展卫生、道德、法制教育和职业技能培训，帮助吸毒成瘾人员戒除毒瘾、恢复健康、融入社会。

（4）负责强制隔离戒毒场所信息网络、计划财务、纪检监察、卫生医疗、装备保障等工作。

（5）负责强制隔离戒毒所党建、党风廉政建设、意识形态等工作，加强民警队伍教育管理，促进民警队伍革命化、正规化、专业化和职业化建设。

（6）承办上级交办的其他事项。

4. 强制隔离戒毒所的工作人员

强制隔离戒毒所的工作人员，即司法行政戒毒人民警察，是依法执行职务的国家公务人员。2021 年，全国统一的司法行政戒毒工作基本模式全面建成后，按照"五大中心"工作和岗位要求，司法行政戒毒人民警察除了具备法学、监管、教育、警务等方面的知识、技能外，还应掌握一定的戒毒医疗、心理矫治、运动康复等专业戒毒知识与技能。戒毒医疗中心工作人员应具有相应的医师、护士、药师执业资格。教育矫正中心工作人员应当具有教师资格证书或教育学专业背景。心理矫治中心工作人员应为心理学、医学心理学专业本科及以上全日制学历毕业或已取得国家心理咨询师、心理治疗师资格或精神科医师资格。康复训练中心工作人员应具备社会体育指导员或国家职业健身教练专业资质。诊断评估中心工作人员应当从具备一定的诊断评估工作经验的医师、心理咨询师、教师、康复训练专业指导人员和大队民警中选拔。

强制隔离戒毒所可以通过加强与当地医疗卫生机构、高校、科研机构、专业组织的合作共建,以购买社会服务、聘用兼职人员等方式充实专业戒治工作队伍。

5. 强制隔离戒毒所的管理对象

根据《禁毒法》第38条规定,强制隔离戒毒适用范围包括:

(1) 吸毒成瘾人员。吸毒成瘾人员有下列情形之一的,由县级以上人民政府公安机关作出强制隔离戒毒的决定:

① 拒绝接受社区戒毒的;

② 在社区戒毒期间吸食、注射毒品的;

③ 严重违反社区戒毒协议的;

④ 经社区戒毒、强制隔离戒毒后再次吸食、注射毒品的。

(2) 吸毒成瘾严重人员。对于吸毒成瘾严重,通过社区戒毒难以戒除毒瘾的人员,公安机关可以直接作出强制隔离戒毒的决定。《吸毒成瘾认定办法》第8条规定了吸毒成瘾严重的认定标准,即吸毒成瘾人员具有下列情形之一的,公安机关认定其吸毒成瘾严重:

① 曾经被责令社区戒毒、强制隔离戒毒(含《禁毒法》实施以前被强制戒毒或者劳教戒毒)、社区康复或者参加过戒毒药物维持治疗,再次吸食、注射毒品的;

② 有证据证明其采取注射方式使用毒品或者至少三次使用累计涉及两类以上毒品的;

③ 有证据证明其使用毒品后伴有聚众淫乱、自伤自残或者暴力侵犯他人人身、财产安全等行为的。

(3) 自愿接受强制隔离戒毒人员。吸毒成瘾人员自愿接受强制隔离戒毒的,经强制隔离戒毒所场所所在地县级、设区的人民政府公安机关同意,可以进入强制隔离戒毒场所戒毒。强制隔离戒毒所应当对自愿强制隔离戒毒人员进行必要的健康检查,并就戒毒治疗期限、治疗措施、出(离)所条件、与社区戒毒措施衔接等事宜，与自愿强制隔离戒毒人员及其监护人签订接受强制隔离戒毒协议书。

6. 强制隔离戒毒工作内容

1）规范执法

《禁毒法》《戒毒条例》颁布实施后，司法行政机关也颁布了《司法行政机关强制隔离戒毒工作规定》等一系列规范性文件。公安部、司法部、卫健委联合出台了《强制隔离戒毒诊断评估办法》。各地也根据相关法律法规制定了符合本地区的规范性文件，严格规范了戒毒人员从收治到管理、教育、治疗、康复、诊断评估再到解除等各个执法环节。戒毒场所要严格履行执法职责，以规范执法带动其他戒毒工作的规范化建设，着力推进依法治所和公正执法。

2）精细管理

不同于其他戒毒措施，强制隔离戒毒人员是在强制隔离戒毒场所戒毒，戒毒人员的人身自由受到一定的限制。秉承以人为本的工作理念，强制隔离戒毒场所通过完善制度、规范流程，实现精细化、人性化管理。例如，戒毒人员入所之初，强制隔离戒毒场所通过严格的管理、考核和纪律约束，帮助戒毒人员矫正恶习，养成良好的生活行为习惯。随着戒毒人员的逐步康复，管理要求逐步过渡到离所前的社区式管理，帮助戒毒人员适应出所后的生活。

3）科学戒治

戒毒人员在不同阶段，身心症状、行为表现、戒治效果等都具有明显的阶段性特征，戒毒场所需把握戒治规律和特点，遵循循证矫治的理念，不断提升教育戒治的专业化水平。循证矫治源于循证医学，即"在戒毒工作实践中，具体情况具体分析，选择那些已经被科学证据证明有效的方法和措施，结合工作人员的个体经验，针对戒毒人员的具体特点，设计、执行具体的矫正措施与矫正实务"[①]。因此，制定矫治方案时，可以优先考虑选择已被科学证明有效的方法技术，减少资源浪费，提高矫治工作质量。在开展戒治时，要注意数据的收集、追踪，做好矫治效果的评估工作，既提升当下工作的质量，又为未来工作开展提供数据支撑。

（二）戒毒康复工作运行机制

《禁毒法》第 49 条规定，县级以上地方各级人民政府根据戒毒工作的需要，

---

① 吴善积：《强制隔离戒毒工作中推行循证矫治模式的基本路径、存在问题与对策》，载《中国司法》2014 年第 4 期。

可以开办戒毒康复场所;对社会力量依法开办的公益性戒毒康复场所应当给予扶持,提供必要的便利和帮助。人民政府开办的戒毒康复场所,由公安机关或司法行政机关主管。截至 2018 年底,全国司法行政戒毒系统共有戒毒康复场所或区域 73 个,在册近 4000 余人。自 2008 年《禁毒法》实施以来,累计收治戒毒康复人员 10.6 万余人。①

2019 年以来,司法行政系统新投入 2.7 亿元专门用于加强医疗机构基础建设。目前,全国司法行政戒毒场所共有各类医疗机构 349 个,建立医联体的戒毒场所比例达 88.8%;在社会医院内建成戒毒人员"专用病房"291 个,建有艾滋病初筛实验室 44 个,确证实验室 1 个;已有 15 个省(区、市)25 个场所医疗机构对社会戒毒人员提供戒毒医疗服务。②

1. 戒毒康复场所的设置

根据《禁毒法》《戒毒条例》《戒毒康复管理办法》等法律、法规、部门规章的规定,司法行政机关主管的戒毒康复场所按以下要求设置。

1) 戒毒康复场所的规划

县级、设区的市级人民政府根据需要设置戒毒康复场所,应当合理布局,报省、自治区、直辖市人民政府批准,并纳入当地国民经济和社会发展规划。

省(区、市)戒毒管理局可以根据需要将强制隔离戒毒所改建为戒毒康复所,或在强制隔离戒毒所内开辟专门区域建立戒毒康复中心。

2) 戒毒康复场所的建设标准

戒毒康复场所的建设标准,由国务院建设部门、发展改革部门会同国务院公安部门、司法行政部门制定。按戒毒功能要求,戒毒康复场所应设有满足戒毒康复人员生活、学习、医疗、劳动、培训、就业等基本需求的功能区。

2. 戒毒康复场所的内设机构

根据《戒毒康复管理办法》第 4 条的相关规定,戒毒康复所应当设置行政管理、戒毒康复、教育培训、劳动生产、后勤保障等部门。

3. 戒毒康复场所的职责

(1) 负责贯彻执行国家、省(区、市)戒毒康复工作方针政策和法律、法规。

---

① 司法部:《中国司法行政戒毒工作发展报告》,引自"中国政府网"2019-06-26。
② 司法部:《开创司法行政戒毒工作新局面》,引自"司法部官网"2020-06-26。

（2）负责拟定戒毒康复工作规划、年度计划和规范性文件，并组织实施。

（3）负责提供戒毒康复人员戒毒医疗服务，实施生理、心理、社会功能康复训练，开展卫生、道德、法制教育以及职业技能培训和就业指导等工作。

（4）推动回归社会工作，做好与戒毒所、社区戒毒、社区康复工作部门的衔接事宜，加强对戒毒康复人员后续跟踪及救助服务。

（5）对社区戒毒专职工作人员、禁毒志愿者以及戒毒康复人员家属开展戒毒康复教育培训，对社会群体进行禁毒宣传教育。

（6）承办上级交办的其他事项。

4. 戒毒康复场所的工作人员

戒毒康复场所应当配备一定的管理人员，配备医务人员、心理咨询人员等专业技术人员，根据需要配备工勤人员。

5. 戒毒康复场所的管理对象

戒毒康复场所的管理对象主要包括以下几类人员：自愿接受戒毒康复的吸毒成瘾人员、被责令接受社区戒毒的吸毒成瘾人员、强制隔离戒毒期满后被责令接受社区康复的人员；提前解除强制隔离戒毒经评估需要巩固戒毒效果的人员；无业可就、无家可归、无亲可投以及保持操守能力较差、在社区没有条件戒毒的社区戒毒社区康复人员。

对于未满16周岁者，艾滋病患者，盲、聋、哑人，严重病患者，怀孕或哺乳未满1年的妇女，精神病患者，以及其他不宜接收的人员，戒毒康复场所可不接收。

6. 戒毒康复工作内容

1）人性化管理

戒毒康复场所采用人性化半开放式的管理方式，依法保障戒毒康复人员的合法权利，使戒毒康复人员享有人身自由和活动空间。充分调动戒毒人员戒毒的自主意愿，参照社区管理模式，指导戒毒康复人员通过民主选举组建管理机构，引导其自我教育、自我管理、自我约束。

2）综合性戒治

戒毒康复场所运用多种手段，帮助戒毒康复人员戒除毒瘾，恢复身心健康。例如：建立戒毒康复人员健康检查制度，定期开展健康检查；制订有针对性的康体训练计划，促进生理机能恢复；开展心理矫治工作，帮助戒毒康复人员预防、减轻和消除心理问题，促进心理健康；开展毒品知识、毒品危害、戒毒康复为主的教育工作，增强戒治信心和能力，组织各种文化娱乐活动，营造良好的戒毒氛围；开展对戒毒康复人员的社会帮教工作，落实各项帮教措施。

3）针对性帮扶

提高戒毒康复人员的就业能力，帮助戒毒人员在思想上树立正确的劳动观，依靠所内的超市环卫等劳动岗位、所外引进的生产项目，开办职业技能培训，不断提升戒毒康复人员的劳动技能。积极帮助戒毒康复人员落实社会保障、解决生活困难。对符合条件的戒毒康复人员提供就业登记、就业困难人员认定、就业援助、最低生活保障、医疗保险、养老保险、失业保险等社会保障，对由于特殊原因造成基本生活出现暂时困难的戒毒康复人员给予临时救助。

4）拓展性宣教

有条件的戒毒康复场所可以建立戒毒康复服务指导中心，对社会面戒毒康复人员提供戒毒教育、技能培训、戒毒治疗、心理辅导等服务，对回归社会的戒毒康复人员提供后续跟踪服务，对社区戒毒专职工作人员、禁毒志愿者以及戒毒康复人员家属开展戒毒康复教育培训，推动戒毒康复场所工作向社会辐射延伸，切实把戒毒康复场所建成服务一方的戒毒康复中心。建立向社会开放制度，定期组织在校学生、干部群众、社区居民参观考察，开展毒品危害警示教育，发动社会力量向戒毒康复人员献爱心，切实把戒毒康复场所建成禁毒宣传教育的基地。

（三）指导和支持社区戒毒社区康复工作运行机制

指导和支持社区戒毒社区康复工作是《禁毒法》和《戒毒条例》赋予司法行政部门的重要职能，是实现强制隔离戒毒和社区戒毒社区康复无缝衔接的重要举措，也是构建社会化延伸工作格局、巩固司法行政戒毒工作成效的重要环节。

1. 指导和支持社区戒毒社区康复工作机构设置

根据《禁毒法》《戒毒条例》《司法行政机关强制隔离戒毒工作规定》《司法部关于建立全国统一司法行政戒毒工作基本模式的意见》等法律法规、部门规章的规定，组织机构按以下要求设置。

1）组织机构规划

省（区、市）戒毒管理局和司法行政戒毒场所（以下简称戒毒场所）应当成立社会化延伸工作专职机构。负责全省（区、市）戒毒康复人员后续照管、指导支持社区戒毒社区康复、戒毒康复等工作，并进行统筹规划、协调联动、监督指导、评估考核。

省（区、市）司法行政戒毒场所根据各地区实际禁毒、戒毒形势，积极争取地方政府支持，在乡镇（街道）、社区建立社区戒毒社区康复指导站，可与当地社区戒毒社区康复工作站实施合署办公。有条件的省（区、市）可建立专门的戒毒康复场所。

2）建设标准

省（区、市）戒毒管理局应对戒毒场所、社区戒毒社区康复指导站建设标准、设施设备配备进行统一规划。

戒毒场所建立专门的社会化延伸办公场所，对戒毒康复人员出所衔接事宜进行处置，保存出所衔接资料。对社区戒毒社区康复指导站进行管理，保存相关数据、资料。

社区戒毒社区康复指导站应设置办公室、心理咨询室、毒品检测室、集中教育室、个别谈话室等功能室，配备毒品检测、教育矫治和康复训练基础设施设备。

2. 社区戒毒社区康复指导站职责

（1）协助指导社区戒毒社区康复工作，对辖区内戒毒康复人员进行定期摸排，协助分类分级管控。

（2）指导社区戒毒社区康复工作站开展戒毒教育、法律常识、心理矫治、社会适应、职业技能培训等工作。

（3）协助社区戒毒社区康复工作站开展职业推介、困难救助和社会帮扶活动。

（4）引导戒毒专家、社会工作者、戒毒志愿者、社区戒毒（康复）人员家属参与指导站工作。

（5）为社区戒毒社区康复人员提供戒毒康复治疗服务机构的信息。

（6）为社区戒毒（康复）工作人员、社会工作者、禁毒志愿者、义工及吸毒人员家属开展培训，传授戒毒知识、帮教技能等。

（7）配合社区组织开展禁毒宣传教育工作。

（8）承办上级交办的其他事项。

3. 社区戒毒社区康复指导站的工作人员

戒毒场所应当遴选对外协作和教育戒治经验丰富的民警担任社区戒毒社区康复指导站专职工作人员，根据实际工作需求，常驻指导站开展相关工作。在此基础上，戒毒场所应根据年度戒毒康复人员人数配备教育指导、心理咨询、体能康复、法律政策、技能培训等方面的专兼职人员，可通过社会购买服务形式配备专兼职人员。

4. 社区戒毒社区康复指导站的工作对象

社区戒毒社区康复指导站的工作对象主要为：社区戒毒社区康复人员；解除强制隔离戒毒人员；吸毒人员家属等。

5. 指导和支持社区戒毒社区康复工作的内容

（1）做好出所衔接。戒毒场所应当主动与强制隔离戒毒原决定机关、户籍或居住地所在公安机关、禁毒办、社区戒毒社区康复工作站、家属对接，在戒毒康复人员出所前1个月，履行法定信息告知义务。督促戒毒人员出所后及时到地方社区戒毒社区康复工作站报到，接受定期尿检，参加戒毒康复。

（2）开展风险评估和分级管理指导。戒毒场所应依托社区戒毒社区康复指导站、乡镇（街道）、社区、公安机关等部门每年对戒毒康复人员进行一次风险评估。根据风险评估结果提出分级管理意见，协同社区戒毒社区康复工作站进行依法管理。

（3）提供专业指导。针对戒毒康复人员开展拒毒防毒能力训练、职业技能培训、心理健康服务、就业指导推介、法律援助等；针对戒毒人员家属开展戒毒帮扶培训，帮助重建家庭支持系统；针对社区工作者、社会志愿者提供帮教技能培训、专业知识咨询。

（4）协调社会资源。加强与人力资源和社会保障部门、卫生、民政等部门的沟通协作，以多种方式组织协调社会各界参与社区戒毒社区康复工作。

（5）开展禁毒宣教。组织开展毒品预防宣传教育"六进"（进社区、进学校、进单位、进家庭、进场所、进农村）活动，提高群众识毒、防毒、拒毒能力，了解戒毒工作，营造良好的社区康复氛围。

三、统一的司法行政戒毒工作基本模式

自《禁毒法》《戒毒条例》颁布以来，各地在强制隔离戒毒方面，积极探索实践，涌现出了一批各具特色的强制隔离戒毒模式，如北京市"三期五疗一延伸"模式、浙江省"四四五"模式、湖北省"351"模式等，丰富了司法行政戒毒工作的理论和实践。在此基础上，2018年5月，司法部正式下发《关于建立全国统一的司法行政戒毒工作基本模式的意见》，明确了要通过2～3年的时间，建立全国统一的司法行政戒毒工作基本模式（以下简称统一戒毒模式）。

（一）核心内涵

统一戒毒模式的核心内涵是以分期分区为基础、以专业中心为支撑、以科学戒治为核心、以衔接帮扶为延伸。

以分期分区为基础，即，根据戒毒人员从入所到出所的不同时间段，设置生理脱毒区、教育适应区、康复巩固区和回归指导区四区。四区相对分离，设置不同标识标牌，实施不同形式的管理。在生理脱毒区实施"病房式"管理；在教育适应区实施"军营式"管理；在康复巩固区实施"校园式"管理；在回归指导区实施"社区式"管理。戒毒人员依据戒治表现，在四区之间进行流转。

以专业中心为支撑，即，建立戒毒医疗中心、教育矫正中心、心理矫治中心、康复训练中心和诊断评估中心五大中心，进行实体化运作，承担四区的戒毒医疗、教育矫正、心理矫治、康复训练、诊断评估等专业戒治工作。

以科学戒治为核心，即，以帮助戒毒人员戒除毒瘾为根本目标，通过专业技术方法的研发和实施，形成综合配套的戒毒技术标准和规范体系，实现科学精准戒毒。

以衔接帮扶为延伸，即，在后续延伸中，以衔接帮扶作为强制隔离戒毒与社区戒毒、社区康复无缝对接的主要形式，突出康复指导和社会化延伸。

（二）运行框架和主要任务

1. 分期分区流转

1）生理脱毒区

生理脱毒区的工作对象是新收治或生理脱毒期结束时评估为不合格的强制隔离戒毒人员，工作时间为 7 至 15 日。

生理脱毒区的主要任务是对新收治的、需要急性脱毒的戒毒人员，开展为期 7 至 15 日的急性生理脱毒，开展入所体检、吸毒史调查、脱毒观察；根据吸毒种类和成瘾程度，科学制定脱毒方案，分类实施急性脱毒治疗，消除急性戒断症状，确保戒毒人员安全脱毒。对公安机关转送的已经度过急性脱毒期的戒毒人员，在生理脱毒区进行不少于 7 日的入所观察，开展入所体检。同时，开展性病、艾滋病、肝病、肺结核病等传染病，高血压、糖尿病等慢性病，以及精神障碍的筛查，进行安全风险评估和转区流转评估。

2）教育适应区

教育适应区的工作对象是生理脱毒期结束时评估为合格，或者教育适应期结束时评估为不合格的戒毒人员，工作时间为 1 个月。

教育适应区的主要任务是开展入所适应性教育。在继续缓解和消除其稽延性戒毒症状、恢复其生理机能的同时，对戒毒人员开展入所教育和行为养成教育，帮助戒毒人员尽快熟悉场所环境，顺利适应戒毒生活。开展认知教育，引导戒毒人员正确认识毒品危害，明确戒毒目标，进行入所心理测试、心理健康教育和心理危机干预。建立心理治疗档案、教育矫治档案和诊断评估档案。对教育适应期满的戒毒人员进行考核评估，合格者转入康复巩固区。

3）康复巩固区

康复巩固区的工作对象是教育适应期结束时经阶段性评估为合格，或者康复巩固期结束时经阶段性评估为不合格的戒毒人员，工作时间为教育适应期结束至期满（或提前解除之日）前 1 个月。

康复巩固区的主要任务是按照"4＋1＋1＋1"教育戒治模式，即 4 天劳动日、1 天教育日、1 天康复日、1 天休息日，全面开展教育矫治、戒毒医疗、康复训练等各项活动，综合运用戒毒医疗、心理矫治、教育矫正、身体康复训练、习艺劳动和职业技能培训等戒治手段，帮助戒毒人员实现身心康复。开展日常治疗、疾病防控、定期体检；开展针对传染性疾病、慢性病和精神障碍等的监测和防治；开展戒毒知识、法律常识、文化素质、思想道德教育；开展心理健康教育、个案化心理矫治和团体心理辅导；开展拒毒能力和防复吸训练；开展身体机能的康复训练；开展以职业技能培训为核心的习艺劳动；对戒毒人员进行期满 1 年综合诊断评估。

4）回归指导区

回归指导区的工作对象是经康复巩固期考核评估合格、戒毒余期 1 个月的戒毒人员，工作时间为 1 个月。

回归指导区的主要任务是开展回归适应性教育。开展综合性诊断评估，出具综合性诊断评估报告；开展形势政策教育、就业指导；鼓励被责令社区康复的人员到戒毒康复场所进行社区康复，帮助戒毒人员了解社区戒毒（康复）的机构和流程；出所前体检；为戒毒人员构建后续帮扶平台，构建家庭和社会支持系统，做好回归社会后续衔接帮扶工作。

2. 专业中心戒治

1）戒毒医疗中心

戒毒医疗中心的主要任务是开展戒毒人员急性脱毒治疗和所内基本医疗工作。要重点建设好生理脱毒病房、戒毒康复门诊、精神卫生门诊科室，配备戒毒治疗和传染病筛查设备，建立具有戒毒等相关知识和专业技能的医师队伍。

戒毒医疗中心采取和使用的生理脱毒方法应当科学规范，确保安全。要至少配备或聘任1名精神卫生医生，并管理使用好麻醉药品和精神药品。加强与社会医院合作，建立专家定期来所坐诊、开展远程会诊制度，开通戒毒人员救治绿色通道，方便疑难病症诊治和急难危重戒毒人员的抢救与治疗。

2）教育矫正中心

教育矫正中心的主要任务是改变戒毒人员错误认知，增强戒毒人员戒毒动机和戒毒信心。设置教学、图书阅览、禁毒展览、文化活动、职业技能培训设施，配备电化教学设备，建立集教学点播、教学效果考核、教育管理信息采集于一体的教育管理网络，建立涵盖多学科的专兼职教师队伍。采取资源共享、购买服务、教研合作等多种方式，引进社会力量参与所内教育矫正工作。通过课堂教育、个案化教育、主题教育、职业技能培训教育、毒品预防宣传教育、衔接帮扶等手段，对戒毒人员开展教育矫正工作。

3）心理矫治中心

心理矫治中心的主要任务是帮助戒毒人员戒断"心瘾"。设置心理咨询、测验和治疗的场所，配备心理测量、生物反馈、毒瘾测试等专业设备。建立戒毒人员的心理健康档案，开展覆盖全员的心理健康教育，按四区工作侧重开展团体辅导和个案化心理矫治，定期开展心理测评，全程跟踪戒毒人员心理健康状况，实施危机干预和防复吸训练。与社会专业机构合作，探索开发戒断"心瘾"的新方法、新手段。

4）康复训练中心

康复训练中心的主要任务是增强戒毒人员意志力，恢复和改善身体机能。设置体能康复训练场馆，配备用于训练力量、耐力、速度、灵敏度、平衡协调的器械，建立专兼职康复训练指导队伍。对戒毒人员身体状况进行测试，由专业人员开具有针对性的个人运动处方，合理确定训练项目和运动强度。要对运动效果进行定期测试评估，根据评估结果调整训练计划。

5）诊断评估中心

诊断评估中心的主要任务是开展戒毒效果阶段性评价和全过程效果评估。诊断评估是对戒毒人员生理脱毒、身心康复、行为表现、社会环境与适应能力等情况进行的综合考核和评价。戒毒人员在生理脱毒区、教育适应区、康复巩固区、回归指导区进行流转时，需要开展诊断评估。戒毒场所根据诊断评估结果，形成《综合性诊断评估报告》，提出提前解除、延长戒毒期限的意见，也可在解除强制隔离戒毒措施时提出责令社区康复的建议。

3. 社会化延伸

建立社会化延伸专职机构，主要任务是以衔接帮扶为重点，突出戒毒康复指导。依法开展出所衔接、出所评估调查、后续照管、指导支持社区戒毒社区康复等工作，帮助戒毒康复人员（包括解除强制隔离戒毒后责令社区康复人员、未责令社区康复人员以及戒毒康复所管理人员）巩固戒治效果，重建家庭和社会支持系统。

（三）意义[①]

截至 2020 年 12 月底，全国 287 个收治戒毒人员的强制隔离戒毒所全部通过统一戒毒模式考核验收。

建立统一戒毒模式是推进全面依法治国的重要实践。党的十八大以来，党中央提出了全面依法治国的一系列新理念新思想新战略，为推进司法体制改革指明了发展方向，为司法行政戒毒工作发展提供了行动指南。建立全国统一的戒毒模式，形成了中国特色司法行政戒毒工作体系，是司法行政戒毒工作从改革实践中不断探索、提升戒毒工作法治化水平的重大举措。

建立统一戒毒模式是保障戒毒人员合法权益的重要举措。戒毒人员在强制隔离戒毒期间依法享有公民享有的且在强制隔离戒毒期间未被剥夺的各项权利。统一戒毒模式以科学戒治为核心，推行科学有效的身心康复方法、公正文明规范的执法，提升戒治成效，充分保障了戒毒人员的人格权、话语权、健康权等各项合法权益。

建立统一戒毒模式是提升科学戒毒水平的客观需要。《禁毒法》《戒毒条例》颁布以来，司法行政戒毒工作在戒毒工作理念、戒治手段等方面涌现了大批创新的理论实践成果，但客观上也存在着一些发展不平衡不充分的问题。统一戒毒模式从顶层设计上进行统筹和规范，对司法行政戒毒工作机制、戒毒方法体系、戒治效果的评价等方面进行统一，形成科学专业的戒毒工作体系，推动戒毒工作全面协调发展、科学发展、创新发展。

建立统一戒毒模式是维护国家和社会稳定的必然要求。戒毒工作是国家安全体系的重要环节，是维护国家安全和社会稳定的重要战线。统一戒毒模式对专业戒治和延伸帮扶的强化，有效提升了戒毒人员拒毒和防复吸能力，有助于戒毒人员顺利回归家庭和社会、成为守法公民，同时巩固了戒毒场所戒治效果、服务了基层社会治理和平安中国建设，有效减少因毒致病、因毒返贫、因毒犯罪等一系列社会问题，有力地维护了家庭、社区和整个社会的安定和谐。

[①] 司法部：《全国统一的司法行政戒毒工作基本模式全面建成》，引自"司法部官网"2021-06-25。

（四）存在的不足

1. 法治化水平有待提升

相关法律法规需进一步修订完善。《禁毒法》《戒毒条例》的出台，使戒毒工作有法可依，但条文规范过于原则化，缺乏可操作性。随着时代变迁，有些条文已不能适应当前法治建设和毒品治理工作的要求。例如，强制隔离戒毒作为一项限制人身自由 2～3 年的强制措施，未经法院审判而由公安机关直接作出，容易引发争议。实践中还出现了强制隔离戒毒人员主动交代轻微犯罪案件"以刑抵戒"的问题。[①]《戒毒条例》第 27 条明确的公安机关、司法机关分段执行的双轨运行工作机制，在实践中也存在衔接程序规定模糊、权力配置不相协调、浪费戒毒资源等问题。[②]

检察监督缺位。检察机关的监所检察部门负有对看守所、监狱、强制隔离戒毒等监管场所的各项执法活动的合法性进行监督并指导的职责。自劳教制度废除后，各地劳教场所纷纷改为强制隔离戒毒场所，原驻劳教场所的检察室被撤回。而《禁毒法》《戒毒条例》《人民检察院组织法》等法律法规对于强制隔离戒毒的法律监督没有作出明确规定。

2. 制度设计有待完善

执法人员身份定位不明。司法行政部门的强制隔离戒毒场所，基本上由原来的劳教所转型而来，2013 年劳教制度废除后，原来的劳教人民警察自然转型为司法行政戒毒人民警察。但《禁毒法》《戒毒条例》《警察法》还没有作出相应调整，均未对强制隔离戒毒场所的人民警察身份进行重新定位。

机构编制职数不足。目前，不少强制隔离戒毒所还沿用劳动教养时期的民警编制数，按照统一戒毒模式要求，强制隔离戒毒所需要建立五大专业中心，配备一定的专业人员。根据司法部戒毒工作管理警力配备要求，目前戒毒场所警力按收治戒毒人员的 18% 配备专业管教民警、5% 配备警戒护卫民警，实际工作中戒毒医疗、康复训练、心理矫治等专业人员不足，难以满足教育戒治工作的需要。五大中心的领导职数和人员编制如果不到位，会直接影响五大中心的实体化、一体化、整体化运行。

[①] 吴加明、陈钢：《强制隔离戒毒与其他限制人身自由强制措施的衔接》，载《上海政法学院学报》2014 年 1 月。

[②] 靳澜涛：《消除双轨制：强制隔离戒毒制度改革的应然选择》，载《中共南京市委党校学报》2017 年第 3 期。

专业人员激励考核机制不完善。专业队伍在招录、培训、考核、晋升等方面的配套制度还比较缺乏，导致从事教育矫正、心理矫治、康复训练等专业工作的人员职级晋升受限、在职培训缺乏、荣誉激励不足，导致队伍专业化程度与统一戒毒模式的要求不相匹配。

3. 诊断评估工作有待改进

现行的诊断评估制度与当前工作要求还有差距。诊断评估工作贯彻于整个建立统一戒毒模式的运行之中，是考核教育戒治效果、指导专业中心工作开展、促进教育戒治工作提升的关键。统一戒毒模式相较于过去的戒毒模式提出了更多更新的要求，如开展流转评估、开展防复吸和解除心瘾的戒治工作等，但目前的诊断评估制度与统一戒毒模式的要求还不匹配，需对诊断评估内容、标准和程序进行相应修订。

评估标准过于笼统宽泛。现行《强制隔离戒毒诊断评估办法》出台于2013年，评估标准过于原则化，缺乏操作性和标准性。各省（区、市）虽然陆续出台了诊断评估细则，但客观上存在的地区差异和部分指标过于主观，导致同一名戒毒人员在不同地区、由不同工作人员进行评估，可能会得到不同的评估结果。另外，吸食不同类型毒品的人戒毒时出现的稽延性戒断症状和急性戒断症状等消除的时间有所差别，诊断评估的标准却没有作出区分。

公安机关和司法机关的权责不清。诊断评估目前采取分权管理模式，司法行政机关是诊断评估的执行机关，诊断评估结果需要公安机关审批决定。在现实操作中，经常出现司法行政机关作出提前解除强制隔离戒毒的评估结论，公安机关不予批准。执法标准的不统一，影响了法律的权威性和公正性，还容易造成强制隔离戒毒人员的思想波动，给执法工作带来潜在的安全隐患。

（五）发展方向

统一的司法行政戒毒工作基本模式全面建成不是戒毒工作的终点，而是提高戒毒工作规范化、科学化、现代化水平，完善中国特色司法行政戒毒制度的新起点，因此，需要通过不断完善配套措施，实现统一戒毒模式高质量长效运行。

1. 加强法治建设

通过修改《禁毒法》《警察法》《强制隔离戒毒诊断评估办法》等，合理调整行政权力配置，明确司法行政戒毒工作人民警察身份、司法行政机关对强制隔离戒毒的执行权、诊断评估结果的决定权等，明确检察机关对于强制隔离戒毒工作的执法监督职能，完善诊断评估制度，保障戒毒人员权利，强化执法公信力。

2. 加强专业队伍建设

依据当前工作要求，出台强制隔离戒毒场所警力配置标准，明确辅警的招录和管理制度，加大专业人才招录力度，制定业务规范标准，探索专业队伍的考核激励机制。

3. 加强智慧戒毒建设

依托司法行政（法律服务）案例库上线戒毒案例、司法部推出的戒毒新技术新方法以及教育戒治优势项目等资源，形成初步的循证矫治数据库，结合现有研究，评定证据等级，以供戒毒场所参考选择合适的矫治项目，开展教育戒治。同时结合智慧戒毒建设，精准采集各类业务数据，综合分析，进一步形成个案化矫治方案。在工作中通过监测各个矫治环节、强化跟踪回访，汇聚数据评估戒治效果、修正矫治方案，反哺循证矫治数据库，提升科学戒毒质效。

拓展学习

强制隔离戒毒模式历史探索

自《禁毒法》《戒毒条例》颁布以来，全国各地司法行政机关总结已往戒毒工作经验，按照新的法治要求，围绕提升戒断率降低复吸率、维护社会和谐的工作目标，积极探索，形成了各具特色的强制隔离戒毒模式，简单介绍如表1所示，为今后工作提供借鉴和参考。

表1 强制隔离戒毒模式

地区	模式	内涵
北京	351	三项工作理念：以治疗为核心、科学戒毒、服务戒毒 五类戒治手段：医疗和康体训练、行为矫治、认知教育、心理治疗、家庭修复和社会帮教 一个延伸：健全和完善诊断评估体系
湖北	351	三个阶段：生理脱毒期、身心康复期、回归适应期 五个重建：重建戒毒人员生理、心理、认知、行为、家庭和社会功能等五个系统 一个延伸：后续照管

续表

地区	模式	内涵
湖南	3456	三期：生理脱毒、身心康复、回归适应 四区：医疗戒护、康复教育、常规矫治、回归适应 五级管理：临床监护、封闭、常规、宽松、自主 六项工作机制：戒毒医疗、康复训练、再社会化教育、心理矫治、关怀救助、后续照管
海南	336	三大区域：教育适应区、戒治康复区、回归指导区 三种管理模式：军营式、校园式、社区式 六大职能：戒毒医疗、教育矫正、心理矫治、康复训练、诊断评估、后续指导
重庆	PC模式	围绕"提高戒断率、降低复吸率、延长操守期"的总体目标，注重"戒、治、练"三大环节，充分运用教育、管理、治疗、康复等手段，综合西医脱毒、中医扶正、仪器辅助、营养支持等戒治方法，探索以人为中心的强制隔离戒毒"PC"（Person Centered）模式，构建以树立正确的生死观、是非观、价值观为前提，以启智、明理、担责等"六字"为核心，以培养戒毒人员辨别是非、向善向好、自控适应、压力管理、情绪管理、毒瘾耐受、抵制诱惑、抉择应对、社会生存等"九大能力"为根本的"369"戒毒教育体系
浙江	445	四区分离：生理脱毒区、教育适应区、康复巩固区、回归指导区 四式管理：病房式、军营式、校园式、社区式 五个专业中心：戒毒医疗中心、心理矫治中心、康复训练中心、教育矫正中心、诊断评估中心
江苏	432	四期流转：治疗监护期、脱毒管控期、康复矫正期、回归适应期 三分管理：分区管理、分类戒治、分级处遇 双向延伸："向前延伸"衔接自愿戒毒、社区戒毒；"向后延伸"衔接社区康复、后续照管
安徽	3451	三分管理：分类收治、分别戒治、分级管理 四期戒治：急性脱毒期、康复期、巩固期、回归期 五大中心：戒毒医疗、诊断评估、体能训练、教育矫治、劳动康复 一个延伸：社会延伸

续表

地区	模式	内涵
云南	391	三期：生理脱毒期、康复治疗期、回归巩固期 九项："医疗、生活、身心"三关怀，"身心康复、认知矫正、技能培训"三强化，"拒毒能力、适应社会能力、修复家庭关系能力"三巩固 一延伸：延伸管理
广东	336	三期：戒治适应期、康复训练期、戒治巩固期 三分：分别管理、分类戒治、分级处遇 六法：医学戒治法、知行矫正法、生理康复法、心理矫治法、回归培训法、延伸帮戒法
广西	4·4	四期戒毒：脱毒治疗期、入所康复期、教育巩固期、回归适应期 四区管理：脱毒治疗区、教育康复区、习艺巩固区、回归适应区 四步矫治：生理脱毒、认知提高、行为养成、回归适应 四级管理和处遇：医院式管理、校园式管理、企业式管理、化区式管理
四川	三期九段	三期：生理脱毒期、心理康复期、社会调适期 九段：急性脱毒阶段、生理戒治阶段、身体康复阶段；意志训练阶段、心理矫治阶段、心理康复阶段；所内适应阶段、所外适应阶段、社会考察阶段
青海	四期三法两延伸	四期：生理脱毒期、身心康复期、常规矫治期、回归适应期 三法：分类戒毒法、康复训练法、互相巩固法 两延伸：戒毒康复和后续照管两项延伸
陕西	333	三分管理：分别、分期、分级 三期矫治：生理脱毒、康复训练、回归社会准备 三项机制：规范管理、综合戒治、科学评估
河北	365	三期递进：生理脱毒期、身心康复期、回归适应期 六措并举：管理、医疗、教育矫治、体能行为训练、心理干预、关怀救助 五能评估：生理康复、心理康复、认知提升、行为表现、再社会化功能评估

续表

地区	模式	内涵
河南	3569	三期：生理脱毒期、康复治疗期、回归巩固期 五段：急性生理脱毒阶段、入所适应阶段、康复治疗阶段、巩固成果阶段、延续照管阶段 六步：认识毒品、立志戒毒、改变习惯、坚定信念、应对诱惑、巩固成果 九法：课堂教学法、个别教育法、宣誓教育法、心理治疗法、行为训练法、亲情召唤法、文化育人法、诊断评估法、延伸照管法
福建	361	三期：脱毒期、康复期、巩固期 六疗：药疗、仪疗、心疗、食疗、体疗、行疗 一延伸：后续照管
新疆	351	三期：生理脱毒期、身心康复期、巩固适应期 五疗并举：药疗、食疗、心疗、理疗、体疗 一个延伸：场所戒毒与社区戒毒（康复）实现无缝衔接
宁夏	333	三期：脱毒治疗期、康复矫治期、回归适应期 三区：脱毒区、康复区、巩固区 三评估：入所评估、一年后评估、出所评估
山西	一个流程 五大平台	一个流程：三期戒治（脱毒期、康复期、回归期）、三区管理（治疗区、康复区、回归训练区） 五大平台：教育平台、文化平台、矫治平台、劳动平台、医疗平台

从表1可以看出，各地司法行政机关在强制隔离戒毒工作实践中，操作模式不尽相同，但存在共通之处。一是以分期模式为主流。完整的戒毒康复过程分为脱毒、康复和回归社会三个阶段，各阶段工作各有侧重。分期有利于针对性地设置目标和任务、评估工作。二是重视综合戒治。通过医疗、运动、心理、教育等多样化的戒治手段，帮助戒毒人员康复身心。三是强调延伸工作。强制隔离戒毒最终目的是让戒毒人员戒除毒瘾后，回归社会成为守法公民，能够正常生活。强制隔离戒毒场所营造的无毒环境可以让戒毒人员完成脱毒和康复治疗，但戒毒人员终究要去面对社会，适应社会生活。强制隔离戒毒场所通过开展出所后的后续照管帮扶，强化与社区康复、戒毒康复的衔接，可以有效巩固场所戒治效果，打造闭环戒毒全链条，助力戒毒人员回归家庭社会。

经过全国各地司法行政戒毒系统数年的实践和积累，司法部最终以浙江"445"模式为原型，确定了全国统一的司法行政戒毒工作基本模式。清晰划分的四个期段、物理区隔标识明确的四区、"四式"管理教育理念、为专业戒治提供保障的五大中心，对社会化矫治格局的完善，彰显了中国特色司法行政戒毒制度的优越性和先进性。

 项目考核

1. 司法行政强制隔离戒毒工作主要包括哪些方面的内容？
2. 司法行政戒毒康复工作主要包括哪些方面的内容？
3. 如何理解统一的司法行政戒毒工作基本模式？

学习项目七

社会工作与戒毒

◆ **学习目标**

1. **知识目标**：了解社会工作的基本理念、主要功能；掌握戒毒社会工作的基础知识和基本方法。

2. **能力目标**：学会运用社会工作专业知识、方法和技能预防和减轻毒品危害，促进吸毒人员社会康复，在戒毒治疗、心理矫治、文化教育、体能康复、职业培训、后续帮扶等方面，开展相关的实践工作。

3. **素质目标**：深化对戒毒工作社会化、职业化、专业化的认识，延伸戒毒工作视角，培养系统、开放、专业的工作理念。

◆ **重点提示**

本项目学习重点是了解社会工作的基本理论和发展过程，理解社会工作介入戒毒工作的必要性与可行性，熟悉、掌握戒毒社会工作的基本理论和基本方法。

学习任务1 社会工作基础知识

一、社会工作含义与发展

(一)社会工作的含义

社会工作是现代社会应对纷繁复杂的社会问题而形成的职业活动。作为一种现代职业,社会工作在为贫弱群体和困境人士提供服务、维护社会秩序和促进社会进步方面,发挥着重要作用。

通常认为,社会工作是一种秉持利他主义价值观,以科学知识为基础,运用科学的专业方法,帮助有需要的困难群体,解决其生活困境问题,协助个人及其社会环境更好地相互适应的职业活动。这一定义指出,社会工作本质上是一种职业化的助人活动,其主要特征是向有需要的人特别是困难群体提供科学有效的服务。社会工作以受助人的需要为中心,并以科学的助人技巧为手段,以达到助人的有效性。[①]

一百多年来,社会工作在世界各国、各地区的多个领域获得发展,并且具有越来越丰富的内涵。它被看作是一种科学的社会服务、一套科学的助人方法、一种艺术,以及现代社会的一种社会制度,等等。[②]

社会工作是科学的社会服务,以助人为目的。社会工作以服务于有困难的个人、家庭、群体为目的,它的这种利他的活动不是服务提供者获取私利的手段或工具,而是目标本身。社会工作所说的服务,是直接或间接地向贫弱群体和困境人士提供物质的、精神的或生活上的帮助。它强调具体去做,即在科学理论的指导下采取行动、提供服务。社会服务是社会工作的最本质特征。

社会工作是科学的助人方法。在现代社会中,贫弱群体、困境人士所遇到的问题十分复杂,要想有效地帮助他们,就需要一定的方法和技巧。社会工作就是根据解决问题的需要,综合而巧妙地运用科学方法提供社会服务的实践活动。

---

① 王思斌:《社会工作概论(第三版)》,高等教育出版社,2014年版,第1—5页。
② 王思斌:《社会工作导论(第三版)》,北京大学出版社,2021年版,第1—6页。

从另一个角度来看，社会工作是一种专业和制度。在许多国家和地区，社会工作作为一个职业已被认可，并在社会救助、危机干预、人类与社区发展方面发挥着独特作用。社会工作的专业权威已经建立起来，形成了专业职级，同时，高水平的社会工作者被视为专家而受到重视。在国际上，社会工作专业人员也建立了自己的专业组织——国际社会工作者联合会（IFSW）、国际社会工作学校联合会（IASSW）等，共同推动社会工作事业的发展。它们也成为联合国教科文组织、国际劳工组织的咨询机构。

在许多发达国家和地区，社会工作体系已成为社会福利制度的重要组成部分。国家重视并承认社会工作的专业、合法地位，并通过政府拨款、社会捐赠等方式筹集资金，支持社会工作机构开展服务活动。政府通过购买服务、政策支持等方式，委托社会工作机构，聘用社会工作人员为贫弱群体和困境人士提供福利服务。

社会工作的目标除了解除服务对象的困难和促进其发展外，还能解决社会问题、促进社会和谐及推动社会进步等。基于不同的国情社情，在不同的社会背景下，对"社会工作"的定义存在差异，但社会工作以"助人自助"为基本理念已经被广泛接受。2014年，国际社会工作者联合会提出了一个社会工作的定义，即，社会工作是以实践为基础的专业，是促进社会改变和发展、提高社会凝聚力、赋权并解放人类的一门学科。社会工作的核心是社会公平公正、人权、集体责任和对多样性的尊重。社会工作专业以社会工作理论、社会科学、人文学科以及相关的本土化知识为支撑，社会工作使人们积极应对来自生活的挑战，提升生活的幸福感。这个定义实际上是对社会工作比较全面的界说，对完整理解社会工作具有重要价值。

（二）社会工作的发展[①]

以助人为鲜明特点的现代社会工作最早产生于西方，早期的工业化国家解决社会问题的理念和方法为社会工作的产生奠定了实践基础。人们关于个人与社会关系的认识，为社会工作奠定了坚实的思想和社会基础。比如，古希腊人的幸福观认为，个人拥有财富并不是幸福，只有与他人分享才是幸福，这种幸福观为社会中人们的互助提供了思想依据。古罗马时期，人与人之间的助人与互助表现为人们对社会责任观的强调。基督教的博爱思想，起源于欧洲文艺复兴运动的人道主义思想，托马斯·阿奎那的"大同与公平分配"的公正观，等等。

---

① 参见赵敏、张锐敏主编：《戒毒社会工作基础》，军事医学科学出版社2011年版，第191—196页。

工业革命引发了大量社会问题,也促进了慈善活动的发展和民间社会服务组织的产生。社会工作就是伴随工业化引发的社会问题而产生的,起源于贫民救济或慈善事业。这些慈善活动和民间社会服务组织以向无家可归的儿童和老人、失业者以及其他困境人士提供服务为己任,后来又通过专业教育、培训以及建立专业制度来提高服务水平,进而形成了现代社会工作。社会工作的发展大致经历了三个阶段。

1. 社会工作的出现

社会工作最先出现在英国。早期工业革命带来了社会经济结构的变化,大规模机器生产方式代替小农经济之后,使得大量农民失去土地,进入城市谋生成为产业工人、城市贫民,继而衍生出失业、贫困、破产、流浪乞讨等各种社会问题。社会弱势群体的生存问题特别是贫穷问题最为突出,严重影响社会稳定和发展。由于贫民数量的迅速增长,原来办理济贫事务的教会不堪重负,于是英国政府开创了由政府以社会政策的形式来规范社会救济事业的先河,出台了相应的济贫政策救助贫民,以消除由贫困带来的社会问题。其中,1601年英国颁布《济贫法》(又称《伊丽莎白济贫法》),将过去小范围的零星赈济事业转变为一项政府行为,正式承认政府有济贫的责任。比如它规定,地方教区应当为所在地的居民充实救济经费,为不能工作者及儿童准备粮食,为体力健全者准备工作。它的颁布,初步建立了社会救济行政制度和救济工作方法,确立了政府主持公共救济事业的模式,为社会工作的发展打下了基础,也是社会工作职业化的开端。

2. 社会工作的发展

快速的工业化和城市化改变了人们的生活方式,而贫困、健康不良和疾病、酗酒、吸毒、卖淫、无人看管的儿童等社会问题不断蔓延,与此同时,工人阶级运动不断兴起,资产阶级城市居民感受到了来自工人运动的危险,呼吁采取措施。

为应对贫民问题,德国的汉堡市在1788年开始实行一种全新的制度,称为汉堡制。其救济理念是助人自助,方法是为失业者介绍工作,将贫苦儿童送往职业学校学艺,对患病者进行医疗救助,等等。汉堡制实施了13年,取得了一定成效。1852年,德国爱尔伯福市仿效汉堡制并加以改良,实施一种新的救济制度,称为爱尔伯福制。英国《伊丽莎白济贫法》,德国的汉堡制、爱尔伯福制,开创了现代社会政府承担社会救助规划行政工作的先河,并影响了后来的社会工作制度与方法。

1869年，伦敦成立了第一个"慈善组织会社"，以协调政府与民间组织的各种慈善活动，推动民间的志愿救济活动。1877年，美国水牛城出现全美第一家"慈善组织会社"。其后，在其他城市也相继建立了类似组织。慈善组织会社强调科学的工作方法，根据每个申请救助的人和家庭的不同情况，分别予以处理，这种强调"个别化"的做法，直接影响了专业社会工作的方法。慈善组织会社还促进了救济机构、慈善组织之间为解决贫困问题协调合作，也为社区组织、社会行政工作的产生和发展奠定了基础。

在慈善组织会社运动进行了十几年后，英国又兴起了"睦邻组织运动"，1884年英国伦敦创办了"汤因比馆"，1889年美国芝加哥创办"霍尔馆"，引发了当时处于工业化时期的欧洲很多国家的社区改造运动。强调社会工作应当以整个社区为工作对象，以社区的实际需要为切入点开展工作，工作方式从个人与社会两方面同时入手，以促进全面的社会福利为目的。

上述制度的实施、组织的出现和工作的开展，不仅大大推动了社会工作的发展，也为社会工作的专业化奠定了基础。

3. 社会工作的专业化

19世纪末20世纪初，社会工作在西方进入制度化和专业化发展阶段。随着社会福利政策的全面化、系统化以及社会工作管理体制和运行机制的建立，社会工作逐步走向成熟，其间经历了几个重要发展阶段。

一是社会工作培训的兴起及社会个案工作方法的产生。19世纪中后期产生与活跃的"慈善组织会社"运用"友好访问员"开展工作，被视为专业社会工作的萌芽。1898年，美国成立纽约慈善学院，开始培训"慈善组织会社"的"亲善访问员"。1904年，成立纽约社会工作学院。1910年，美国的哥伦比亚大学、芝加哥大学都已开设了社会工作的相关课程。1917年，美国学者玛丽·芮奇蒙发表《社会诊断》一书，成为专业社会工作发展史上一个具有里程碑式的事件，使社会个案工作成为一种专业的社会工作方法。

二是三大专业社会工作方法的相继形成。个案工作方法从产生到20世纪40年代，都是开展社会工作的主要方法。在个案工作方法得到不断发展的同时，社会工作另一重要专业方法，即小组工作方法在20世纪30年代开始形成并受到重视。柯义尔于1930年出版《小组的社会过程》一书，奠定了小组工作的学理基础。1939年，在美国社会工作会议上，社会小组工作成为其中一个独立的小组。1946年，小组工作方法开始被置于和个案工作方法同样的地位看待。1950年，在美国社会工作会议上，社区工作正式被列为社会工作的专业方法之一。在社会工作的三大经典专业方法形成后，社会工作开始成为一种比较完善的专业。

三是社会工作专业方法走向整合。第二次世界大战以后及20世纪60年代和70年代社会福利计划的扩展，使得社会工作在这些项目和计划中扮演了重要角色。贫困问题依然存在，引发社会工作的反思，以社会工作的不同方法划分出面向个人、家庭、群体和社区的专业实务工作，是否存在弊端。20世纪70年代以来，社会工作的理论和方法更加多元化，社会工作专业方法走向整合。社会工作更注重从不同学科、学派的理论中吸取营养，向多元化、综合化同时又更为专精的方向发展。社会工作从重视微观服务、宏观社会政策倡导，发展到从意识形态和政治层面维护服务对象的权利，社会工作者重视为弱势社群呼吁，专业的社会工作机构也在不断完善和扩展。

二、社会工作的功能

（一）治疗功能

社会工作是对社会问题的回应。社会问题的出现是因为社会系统（个人、家庭、社区、社会制度）不能正常发挥其社会功能。治疗在微观层面上是指针对个人、团体的直接服务，帮助他们恢复受创的社会功能。治疗也包含恢复，就是重组和重建社会系统。治疗在社区层面上看，就是要解决社区存在的问题。社会工作的治疗功能就是消除那些导致问题产生和使社会功能丧失的个人或环境因素，对失去的社会功能予以恢复和重建，获得适当的社会调适模式或产生新的替代模式，从而使服务对象发挥正常的社会功能。

（二）预防功能

预防可以从两方面进行：第一，采取措施，防止问题的发生，这是初级预防，是预防的最高境界；第二，在问题刚出现就采取措施，不使其生长，这是二级预防。初级预防能够从根本上防止问题的发生。从宏观制度上讲，初级预防的措施就是要发展有效的社会福利支持体系，包括个人的自助系统与社会环境的支持体系，以及健全的社会工作助人体系，保障社会大众的生活安全与基本需要的满足，并为其提供发展的机会。

预防的一个重要手段是进行公众教育。例如，在环境保护中，社会工作者可以通过一系列活动，宣传环境与人类关系的知识，帮助人们认识到环境保护关乎人类的生存与发展，提高人们的环境保护意识，从而达到预防环境恶化的目标。

（三）发展功能

社会工作的发展功能是指社会工作者通过发掘和充分利用社会资源，激发个人或制度的潜能，使处于困境的个人或群体得到成长，并有效发挥自己的社会功能，从而改善生活状况、提高生活质量。

与治疗和预防功能不同，发展功能涉及一种动态的成长。治疗是事后的补救，预防是事先的防范，二者都是促使事物变化的外在措施。而发展着眼于个人与制度内部能力的发挥和增长，把解决问题的着眼点放在增强当事人的能力上。社会工作的最终目的是助人自助，而达到目的的途径就是"发展"。

社会工作的三个功能相互依存，治疗与预防的目的是为了促进发展，而发展又可以起到预防的效果。

三、我国的社会工作

（一）我国古代社会福利思想与实践

现代意义上的社会工作是为解决工业化带来的社会问题而出现的，专业的社会工作产生于西方。但在我国历史上，很早就有关于社会福利的思想和实践。比如，《礼记》中记述了孔子提出的社会福利主张，大同思想不但是我国古代福利思想的代表，对我国早期的福利措施也有着深远的影响。孟子继承和发展了孔子的社会福利思想，提出了"仁政"的政治主张，同样对我国后世的社会福利思想及实践产生了重要影响。墨子在揭露和批判当时不合理社会现象的基础上，提出和平康乐的理想社会图景，对我国后来社会福利思想及实践的影响同样不可低估。实践上，"保息六政"是我国古代的救贫措施，在商周时代已趋于完备。"九惠之教""社仓乡约"等社会救助制度，也体现了社会福利的思想。

（二）新中国成立前的社会工作

新中国成立前，社会工作在中国有一定的发展。辛亥革命胜利以后，以孙中山为首的南京临时政府，设立内务部主管民政和社会福利事务，这表明中国开始接受西方社会福利和社会服务的理念。1928年2月，国民政府设立社会部代替过去的内务部，负责社会福利事务。1938年成立了赈济委员会，并在国民党中央委员会内设立了社会组织部。该部于1940年改为社会部并隶属行政院，其职责范围包括社会救济、社会福利、社团组织、社会运动、社会服务、劳工及合作行政等。

1920年，在协和医院筹建之初，美国人浦爱德受洛克菲勒基金会的委派，来协和医院同时筹备社会服务部。1921年，协和医院社会服务部正式成立，标志着医务社会工作在中国开始发展。

在现代中国社会事业发展史上，比较有名的是20世纪20年代和30年代的乡村建设运动。乡村建设运动被看作是我国现代社区发展和社区服务事业的一个开端，并取得了一定的成绩，对国际专业社会工作的发展也有一定的贡献。虽然限于当时的社会历史条件，这些活动由于战争等原因没有取得预期的结果，它在我国社会工作发展史上仍具有重要意义。

新中国成立前，中国共产党领导的解放区和革命根据地也开展了民政工作。根据地和解放区的人民，在党和政府的领导下，在解放区救济总会等有关部门的具体指导下，在生产救灾、社会救济、战地服务、拥军优属等方面作出了很大成绩。

（三）新中国成立后的社会工作

1949年至20世纪80年代，我国的专业社会工作处于中断阶段。新中国成立后，社会工作及其功能定位被纳入到行政框架之中，解决各种社会问题的方式主要依靠社会动员和各种行政手段，因此逐渐形成了"行政性非专业"的"社会工作"，使得这一时期的专业社会工作处于中断阶段。从实践意义上看，我国行政体制下的不同部门和社会机构以及工会、青年团、妇联等群众团体承担了大量的社会工作。这是一种由政府负责的、非专业的社会工作模式，与社会工作的三大经典工作方法有很大区别。

社会工作在我国的重建，与20世纪80年代开始的社会转型有密切联系，也与社会结构变迁所带来的经济社会问题密切相关。比如，贫穷问题、市场经济条件下的失业问题、人口老龄化问题、社会弱势群体的存在及其社会救助问题、快速社会变迁中某些个体或群体在生活和发展方面遭遇的困难，等等。

随着社会的转型，我国以计划经济为基础的行政性非专业化社会工作受到了挑战。与市场经济体制相配合，社会需要一个有效的调节机制，以修正市场给社会带来的不利影响，专业社会工作正是在这样的社会背景下重建的。重建初期的专业社会工作具有明显的特点，即零散性和非制度性，大部分服务由非政府的志愿机构提供，资金来源不稳定。此时的社会工作尚处于恢复与萌芽阶段。

改革开放以来，我国经济飞速发展，但同时也面临一系列社会问题。中共十六届六中全会作出了"建设宏大的社会工作人才队伍"的战略部署，我国社会工作获得了快速发展。"社会工作者"被正式认定为我国的新职业，纳入专业技术的范畴。从 2008 年起，我国每年都举行社会工作者职业水平考试。2010年，中共中央、国务院发布《国家中长期人才发展规划纲要（2010—2020年）》，把社会工作人才作为重点发展的专业人才。同年，我国开始招收第一批社会工作硕士研究生，社会工作教育发展也上升到一个新的水平。

中共第十九届五中全会提出"要畅通和规范……社会工作者和志愿者等参与社会治理的途径"。2020 年民政部作出规划，要求"十四五"期间实现乡镇（街道）社会工作服务站全覆盖。各政府部门也相继提出在本系统发展社会工作。2021 年的政府工作报告提出要"大力发展社会工作"，我国社会工作迎来了新的历史发展时机，必将得到更高水平的发展。

学习任务 2　戒毒社会工作

一、戒毒社会工作的含义

戒毒社会工作是指将社会工作的理念和方法应用于戒毒康复工作领域，在社会工作的专业理念支持下，依靠专业社会工作者，借助社会工作专业方法对吸毒人员进行干预，帮助其戒毒康复，回归社会。

戒毒社会工作是社会工作的专业理念和工作方法在戒毒领域的具体应用，它坚持"助人自助"价值理念，遵循专业伦理规范，运用社会工作专业知识、方法和技能预防和减轻毒品危害，促进吸毒人员社会康复，是一种专门化社会服务活动。其服务对象主要包括正在进行自愿戒毒、社区戒毒、强制隔离戒毒、社区康复的人员及其家庭和一般群众。目前主要阵地在社区和监所，主要内容包括戒毒康复服务、帮扶救助服务、禁毒宣传教育以及协助开展有关戒毒管理事务等。

二、戒毒社会工作的必要性与可行性

（一）必要性

毒品危害所带来的个人、家庭和社会问题，困扰着全人类，抵制毒品、戒治挽救吸毒人员是全社会的责任。我国目前的戒毒模式主要有自愿戒毒、社区戒毒、社区康复、强制隔离戒毒等，这几种戒毒模式所形成的戒毒康复体系，在帮助吸毒人员摆脱毒品危害方面发挥了重大作用，也为我国戒毒工作的发展作出了重大贡献。但也必须看到，现有的戒毒模式各有优势和弊端，而且，其弊端明显地影响到了戒毒康复效果。比如，自愿戒毒，虽然戒毒人员有较强的戒毒愿望，参与度和配合度也比较高，但是由于缺乏封闭的戒毒环境和严格的管理措施，导致戒毒治疗的随意性比较大、复吸率高。社区戒毒与社区康复是在社区接受戒毒矫治，从制度安排上，可以充分利用社区的各种有效资源，帮助吸毒人员回归社会。但就现实运行情况来看，由于社区工作人员的专业性不强、基层资源配置不够等方面的原因，而且社区戒毒、社区康复工作在开放的社会环境下执行，实际上主要是依靠戒毒人员的自我约束来进行行为控制和戒毒戒治，这大大影响了社区戒毒与社区康复的预期效果。强制隔离戒毒虽然管理规范、戒治工作专业化程度较高，有一定的强制性和权威性，但同时也面临医护等专业力量不足、经费有限等方面困难，存在戒毒人员回归社会后能否正常生活、能否被社会接纳、能否自食其力等方面的问题。社会工作鲜明的价值导向、专业伦理、独特的介入方法，更易被吸毒者个体所接受，有助于戒毒目标的完成，这给传统戒毒工作带来了较大的影响。戒毒社会工作不仅仅限于戒毒，而是以戒毒为起点，引导吸毒人员的自我重建，最终达到吸毒人员融入社会，戒毒效果稳固、长久。

将社会工作介入戒毒领域，就是将社会工作的理念和方法应用于戒毒工作领域，由具有一定禁毒戒毒和社会工作的知识、方法和技能的社会工作者，对工作对象提供生活关心、戒毒康复帮助、就业指导，法律咨询服务和行为督促。[①] 社会工作不仅尊重服务对象的多元化和差异化，同时针对不同的场景、采取不同的工作手段，站在整合的视角来看待和解决问题，统筹利用现有资源，综合考虑各种因素，运用个案、小组、社区等工作方法，借助社会学、心理学、医学、法学等相关专业知识，将行为治疗模式、理性情绪疗法、人本治疗等综合运用到服务对象上，从而促进服务对象的改变，帮助其舒缓压力，走出困境。

社会工作的介入也进一步完善了我国的戒毒工作体系。戒毒工作是一项社会系统工程，需要综合运用法律、行政、经济、文化教育、医疗等多种手段，调动全社会的力量，共同推动戒毒工作的全面发展。社会工作能起到整合社会资源的作用，其志愿性特征也可以吸引大批志愿者参与，弥补政府人力资源的不足。同时，社会工作还可以利用自身贴近社区的优势，为政府决策、制定戒毒政策提供第一手资料。

---

① 范志海：《禁毒社会工作发展现状、问题及趋势》，载《中国社会工作》2011年第7期。

(二)可行性[①]

1. 社会工作的专业价值理念有助于与吸毒者建立良好的关系

社会工作被西方学者称为社会的"润滑剂",其专业理念是"助人自助",其专业价值是"平等尊重接纳"等,其基本专业假设是人是可以改变的,其基本工作理念是人在情境中。美国社会工作者协会(NASW)制定的《伦理守则》对社会工作的伦理规范做了进一步阐释。就社会工作对案主的伦理责任来看,《伦理守则》确定的原则包括:案主利益优先、尊重且促进案主的自决权、尊重案主隐私与获得秘密的权利等,尤其是保密原则。这就为吸毒者提供了一个较为轻松、开放的环境。吸毒者本身作为一个"被贴标签者",当社会工作者能够用接纳、平等、非批判的态度与其交流,将其当作真正的人而非问题者来看待,那么,吸毒者原本排斥、仇视、封闭的情绪可以得到缓解。由于社会工作者遵循案主利益最大化及为案主保密原则,吸毒者也能够对其畅所欲言,将内心的压力、痛苦讲述给社会工作者,这种随之而来的信任关系也会更加牢固,从而更有利于整个服务过程的推进。

2. 社会工作助人自助的目标与戒毒目标是一致的

助人自助是社会工作的宗旨和目标,通俗来讲,通过社会工作者参与协助,不仅仅要帮助案主摆脱困境,更要让案主有自我解决问题的能力,社会工作者既要"授人以鱼"、更要"授人以渔"。社会工作不仅注重表面问题的解决,更注重对案主自身处理问题能力的培养。戒毒的目标不仅仅是让吸毒者摆脱毒瘾,更重要的是让其从心理上认清毒品的危害性,拒绝复吸。与此同时,还帮助戒毒人员具备一定的生存能力和工作技能,促使其顺利回归社会,走向生活正轨。因此,社会工作助人自助的目标与戒毒目标是一致的。

3. 社会工作的具体工作方法有助于吸毒者的康复与回归

社会工作的通用方法主要有个案工作、小组工作、社区工作等,注重从生理、心理和社会等不同层次、不同角度进行全方位的干预。目前针对吸毒人员比较主流的治疗模式是 BPS 模式,具体来说就是生理(Biophysical)、心理(Psychological)、社会(Social)三合一的分析模式。吸毒人员遭遇到的是生理、心理和社会三重困境,因此,戒毒社会工作的目标就应该从生理、心理和社会

---

① 参见王娜:《戒毒学》,中国人民公安大学出版社 2014 年版,第 137—138 页。

三个角度出发来制定。在实际戒毒社会工作中,将戒毒社会工作的任务和目标具体设定为生理戒断、心理康复和社会回归。与此相应的是,具体的介入方法也往往是从生理、心理和社会三个角度同时出发。这意味着戒毒社会工作本质上是一个多层次、多纬度的系统工程,甚至不仅仅止于社会工作,还应该包括其他社会部门和力量的全方位参与。[1]

三、戒毒社会工作的理论

(一)优势视角理论

优势视角是一种关注人的内在力量和优势资源的视角,意味着应当把人们及其环境中的优势和资源作为社会工作助人过程中所关注的焦点,而非关注其问题和病理。优势视角基于这样一种信念,即个人所具备的能力及其内部资源允许其能够有效地应对生活中的挑战。

(1) 优势视角相信人可以改变,每个人都有尊严和价值,都应该得到尊重。

(2) 优势视角认为每个人都有自己解决问题的力量与资源,并具有在困难环境中生存下来的抗逆力。即便是处在困境中、倍受压迫和折磨的个体,也具有他们自己从来都不曾知道的与生俱来的潜在优势。

(3) 优势视角认为在社会工作助人实践过程中,关注的焦点应该是案主个人及其所在环境中的优势和资源,而非问题和症状,改变的重要资源来自于案主自身的优势,个人的经验是一种优势资源。

优势视角超越了传统问题视角的理论范式,关注点在案主的优势和潜能。它强调要把注意力聚焦在案主如何生活、如何看待他们的世界,以及从他们的经验里找出意义。运用社会工作优势视角的观点思考案主问题时,并不是要刻意忽略其痛苦或不足之处,而是期待从另一种角度出发,协助案主以另一种态度去思考自己的问题与改变的机会,使得问题对于案主或其他人较不具威胁性,当危胁性降低时,案主与他人愿意解决问题的动机便会提高。

优势视角从批判病态或缺陷模式开始,立足于积极心理学、抗逆力研究、社会建构、叙事治疗和寻解治疗。优势视角认为,个人内在的某处有一种渴望成为英雄的情结并且赋予了不同名义,包括超越环境、发展自己的潜能、站起来直面不幸。[2]

---

[1] 王瑞鸿:《戒毒社会工作:理念、原则及方法》,载《华东理工大学学报》(社会科学版),2006年第4期。

[2] 何雪松:《社会工作理论》,上海人民出版社2007年版,第200—201页。

过去从问题视角来看待吸毒者，吸毒者是社会秩序的破坏者、是家庭破碎的罪魁祸首、是自作自受的结果。但是，如果一味地把他们当作问题人群来看待，带着一种排斥的心理去对待吸毒者，将导致吸毒者更大的仇恨、复吸乃至报复社会的恶性循环。优势视角提供了一个全新的视角，认为，虽然吸毒者因为吸毒对社会、家庭乃至个人造成了一定的影响，但同时他们也是受害者和病人，我们应当激发其改变的动力，并充分发掘他们的优势和潜能，从心理、生理和社会多个层面协助其改变。

（二）危机干预理论

危机干预理论以短期干预为导向，强调运用心理分析和自我心理学的概念协助危机状态中的个人和提供快速与短暂调适的专业服务。从情绪层面来看，危机有一极点或转折点，当危机逼近时，紧张程度骤增而刺激个人调动前所未有的潜力，或个人反而丧失了能力不知何去何从；从认知角度来看，危机来自认知归因的结果，除非危机得到缓解，否则可能造成个人情感、行为和认知上严重的功能失调。[1]

吸毒人员面临的危机，首先是个人危机，需要利用药物及心理辅助治疗帮助其摆脱毒品的困扰，重新拥有一个健康的身心。其次是家庭危机，需要修复破碎的家庭关系、摆脱人们的异样眼光、重新回归家庭与社区。最后是社会危机，需要重新回归和融入社会，不再重返吸毒之路，在社会上获得平等的机会和资源。只有当个人危机、家庭危机和社会危机分别得到解决后，吸毒者才能真正实现回归，其中任何一个环节的断裂都将导致吸毒者戒毒危机干预的失败。

（三）生态系统理论

生态系统理论假设个人与其栖息环境的交流过程中，必须在其适当成长的时间点获得足够的环境滋养才能够进行各项生活历程，而为了维系生活历程的前进，人因此就要与其栖息环境保持适当的调和度以达到顺利的适应。[2]

在生态系统理论视角下，人类被看作通过与环境的各种因素的相互作用来发展和适应。社会工作试图通过对人与自然和社会环境间的功能失调的处理，来强化能力、整合治疗和改变问题。生态系统理论视角既考察内部因素，也考察外部因素。

---

[1] 顾东辉：《社会工作概论》，复旦大学出版社 2008 年版，第 109 页。
[2] 宋丽玉、曾华源、施教裕、郑丽珍：《社会工作理论——处遇模式和案例分析》，中国台北：洪叶文化事业有限公司 2002 年版，第 255 页。

就吸毒者而言，一方面自身心智不成熟、抵抗外界诱惑的能力差、没有良好的自我价值观等；另一方面，某些社会环境因素对其吸毒也产生了一定的影响，起着催化剂的作用。比如，社会上存在的毒品问题，为吸毒人员接触毒品提供了可能。很多吸毒者一开始接触毒品是由于在家里或工作中遇到较大的压力或困难，却得不到有效的舒缓而寻求毒品来麻痹自己；另一些吸毒者则是因为应酬而经常出入于各种娱乐场所，受朋友诱惑而吸食毒品。

从生态系统理论来看，戒毒的途径和方法，不仅要从案主系统着手，同时更要关注到目标系统、行动系统乃至整个宏观环境。一方面，强调戒毒者要具备强大的戒毒信念、自我控制能力；另一方面，要加大对有关毒品违法犯罪活动的打击力度，调动多方资源彻底清理吸毒的环境因素，形成全社会禁毒的氛围和机制。建立起全民关注、全民联动的机制，多管齐下，多措并举，创造一个更有利于减少毒品以及毒品问题的社会环境。

四、戒毒社会工作方法[①]

目前的戒毒社会工作方法基本上涵盖了社会工作的三大传统方法，即个案社会工作、小组社会工作和社区社会工作，以及项目化方法等，并进一步呈现出多元化、综合化趋势。

（一）个案社会工作

个案社会工作，即戒毒社会工作者采用直接的、面对面的沟通与交流，通过运用自我、提供物质帮助及精神支持等手段，协助药物滥用者（吸毒人员）解决生活问题，保持操守，实现社区融合和社区康复。

戒毒个案工作方法大致包括找案、案主分类、建立基本信任关系、建立专业关系、主客观资料收集、问题分析与诊断、制订服务计划、实施服务计划、结案与评估以及跟踪服务等诸多环节，其中某些环节与传统个案工作类似，另一些环节则与传统个案工作有较大差别。

1. 找案

由于戒毒社会工作者大部分是在分散的社区里为案主提供专业服务，因此，实施程序的第一个环节不是传统个案工作中的接案，而是找案，即按照一定比

[①] 参见 TSU.TW 原文：《戒毒社会工作方法》，引自"禁戒毒品-天山医学"，载 https://www.tsu.tw/edu/7086.html。

例、根据公安机关提供的初步资料，主动到社区寻找案主，并为其提供必要的服务。

2. 案主分类

在戒毒社会工作中，社会工作者通常会面临三类案主，即"人在户在"、"人户分离"与"大墙（监狱）内"。其中，"人在户在"的案主是社会工作者的重点服务对象。对于"人在户在"的案主，社会工作者在实践中还需要做一次"ABC分类"，即A类（偶有药物滥用行为者）、B类（一般药物成瘾者）与C类（严重药物成瘾者）。A类案主偶有药物滥用行为，还没有形成药物依赖，此类案主主要是放在"社会面"上控制，但是对于其中的青少年药物滥用者值得特别关注；B类案主为一般药物成瘾者，即已形成药物依赖，存在"戒药"动机，属于"推一把就下去、拉一把就上来"的那类案主，这类服务对象是社会工作者的"重点案主"；C类案主为严重药物成瘾者，是公安机关重点关注的对象。

3. 建立基本信任关系

通常情况下，B类（一般药物成瘾者）案主并不会主动寻求社会工作者帮助，相反，他们对社会工作者存在较强的戒备和防范心理。在他们最初的认知里，社会工作者是代表政府来"管"他们的，无形中有种对立的情绪。他们认为，社会工作者并不一定是像描述的那样是来帮助他们的，存在着不信任的心理。这种情况，一方面与社会工作者在找案阶段，通常由社区的治保主任或民警陪同不无关系，更主要的原因是社会工作者与案主之间没有建立起基本的信任关系。因此，社会工作者与案主之间建立基本的信任关系对于个案工作具有重要的"破题"意义。

至于如何与案主建立信任关系，社会工作者在实践中摸索了很多方法。比如，"走近案主三步曲"，先从外围收集案主资料，然后以平等、尊重、接纳的态度接触案主，最后尽可能地帮助案主解决一些实际问题和困难。另外，"选准切入点"也是建立信任关系的重要步骤；对案主及其家人的称呼也很重要，比如称呼要亲切自然，这样可以拉近彼此的距离，等等。

4. 挖掘整合社区资源、协助案主解决实际问题

整合社区资源、协助案主解决实际问题，既是与案主建立信任关系的途径之一，也是服务案主计划中一个相对独立的步骤。药物滥用人员长期吸食毒品，会给个人、家庭及社会造成多种危害，如失业、疾病、经济困难、家庭关系紧张、违法犯罪等。社会工作者在与案主建立起基本信任关系之后，就要着手帮

助案主解决一些迫在眉睫的实际问题，如就业问题、就医问题、低保问题、劳动技能培训、户口问题、子女入学问题、经济困难问题、家庭关系紧张、社会适应不良等问题。这些工作虽然与社会工作"助人自助"的理念还有距离，过多地参与这些工作还会显得不够专业，有"非专业化"的嫌疑，但上述"非专业化"的工作又是必要的，因为它是达到专业化的重要手段或途径，即所谓"以非专业化的手段推进专业化"的工作。

5. 结案

传统个案工作的结案有几种情况，如完成预期的工作目标（契约方式）、转介等。就戒毒社会工作而言，以戒断毒瘾作为结案标准，显然要求太高，不太现实；以帮助案主解决一些实际问题作为标准，显然要求太低，不能体现戒毒社会工作的专业性，而国内药物成瘾者对"契约服务"的方式，还没有完全接受，从而使结案缺少规范的标准。目前基本上以三年尿检结果配合戒毒社会工作者观察、最后由公安机关出具证明等作为药物滥用者"摘帽"的依据，也是戒毒社会工作结案的参照标准。

（二）小组社会工作

小组社会工作又称团体社会工作，是指社会工作者以一定规模（一般 7~12 人）的小组为工作对象，通过有目的的小组活动和组员间的互动，引导、帮助小组成员共同参与集体活动，获得相关经验，协调个人之间、人与环境之间的关系，促成行为改变，恢复与发展社会功能，最终实现开发个人潜能，使个人获得成长的社会工作方法。

按照小组的目标任务可分为以下几种。

（1）教育小组：主要目标是帮助成员学习新的知识与技巧。通常由专家介绍知识和技巧，小组成员分享感受并获得相关知识与技能。例如家长教育小组，父母亲共同学习如何管教子女的行为。

（2）成长小组：提供让成员了解、增加与改变他们对自己及他人的思想、感觉及行为的机会。主要目标是促进个人的正常发展，包括人际关系、价值观、问题解决、沟通以及思考和感觉方式等。体验小组是成长小组的典型例子，小组工作者为成员设计各种活动，其中大多是户外活动，涉及体力上的挑战、冒险以及成员合作，体验后通常都伴随讨论与分享，增进自我了解与了解他人。

（3）支持小组：通常由有相同问题或经验的人组成。小组成员通过分享彼此的思想感受，会发现其他组员与自己面临着同样的问题，有着同样的情感与想法，这种一致性使其不再感到孤单，从而获得一种情感上的支持。比如，常见类型包括新近丧偶小组、父母离异儿童小组、单亲妇女自强小组、囚犯配偶小组、戒毒人员小组等。

（4）治疗小组：通常是指心理治疗小组，按其目标分为三类——支持性治疗小组，人际关系成长小组，内心成长小组。支持性治疗小组强调重建、增进或者维持组员的功能或解决问题的能力；人际关系成长小组的目标集中于促进组员重新审视、发展和改变自己的人际关系；内心成长小组的目标强调培养有助于成长和改变的洞察能力。心理治疗小组对社会工作者的专业能力要求较高，侧重于协助成员改变问题行为或生理、心理、社会创伤后的治疗。在心理治疗小组中，社会工作者被视为专家、权威人士，他们与成员一起诊断问题，制定治疗目标。

戒毒小组工作是以一组具有相似背景的药物滥用者（吸毒人员）为工作对象，在小组工作者带领下，通过团体情境或团体互动实现娱乐、教育与治疗的目标。在这方面，上海戒毒社会工作者有很多实践探索，具有代表性的小组有静安区的"同伴自助小组"、闸北区的"女子戒毒沙龙"、闵行区的"家庭联谊会"、嘉定区的"亲子平行治疗小组"等等。比如，成立于 2005 年 7 月的静安区的"同伴自助小组"，遵循"政府提供支持、社工帮助指导、戒毒人员自主运作、吸毒人员少量参与"的活动原则，小组组长由成功戒毒人员担任，负责召集组员、策划活动主题，社会工作者担任小组辅导员，对小组活动进行指导和监督，另有帮教志愿者、同伴示范员等角色设置。

同伴自助小组的工作流程大致如下：

① 小组成员的招募与筛选：根据自愿、平等、尊重、接纳原则，招募已成功戒治的康复人员、有戒治愿望且有信心的人员、有戒治愿望但信心不足的人员以及正在寻求支持的人员。

② 小组成员预估：预估建立在收集资料、面谈基础上，对小组成员的潜在问题、小组活动风险等进行综合分析。预估过程实际上也是与小组成员建立关系、激发动机的过程。

③ 制定小组工作目标和工作计划：小组工作目标应注重激发案主的个人潜能，小组工作计划包括活动内容、活动次数、活动周期等。

④ 小组活动初期阶段：通过现身说法、互动交流，为小组成员树立榜样，消除顾虑，为下一个环节做好铺垫。

⑤ 小组活动中期阶段：通过参观学习、因循诱导、传统教育、案例警示等渗透同伴教育理念，巩固戒毒成果，让他们走进社会，认识社会，更好地工作学习。

⑥ 小组活动后期阶段：运用友情互助、公益实践等方法，培养案主回报社会、关爱他人的意识。

⑦ 小组评估：包括是否完成小组工作目标、小组成员改变程度、小组带领者之间的协调配合情况、社会工作者的自我反思等。

静安区的"同伴自助小组"模式与严格意义上的小组工作可能还有一定距离，但实践证明，这一模式在帮助药物滥用者（吸毒人员）戒毒方面发挥了独特作用，因此，静安区的"同伴自助小组"模式有一定的推广和借鉴价值。

（三）社区社会工作

社区社会工作是社会工作的一种基本方法，是以社区和社区居民为服务对象，通过发动和组织社区居民参与集体行动，确定社区的问题和需求，动员整合社区资源，争取外部协助，有计划、有步骤地解决和预防社会问题，调整和改善社会关系，减少社会冲突，培养自助、互助以及自决的精神，增强社区的凝聚力，培养社区居民的民主参与意识和参与能力，发掘并培养社区领导人才以提高社区的社会福利水平，促进社区发展和进步的工作方法。

在戒毒社会工作实践中，个案社会工作方法、小组社会工作方法得到了充分运用，相对而言，社区工作方法或社区照顾方法还没有得到足够的重视和充分运用。而事实上，社区工作方法或社区照管方法对于帮助案主恢复社会功能具有基础性作用。"社区为本"的戒毒社会工作，就是社会工作者根据不同社区的情况以及案主群体的不同需要，设计多层次的介入策略，通过整合社区内有关服务机构和团体及其他社区资源，以跨专业的合作方式去协助社区居民接纳案主，实现社区融合。

戒毒社区社会工作主要体现为社区照管策略和方法的运用。

1. 在社区照管策略方面

社会工作者在服务案主的过程中，将正规的专业照管与案主的非正式照管相结合。一方面，协调政府有关资源、运用个案、小组等社会工作专业方法为案主提供心理辅导、社会功能恢复等专业服务工作；另一方面，社会工作者也注意帮助案主构建非正式支持网络，特别是发挥家庭、邻居或附近居民的照管作用。

2. 在社区照管方法方面

社会工作者运用辅助、支持等技巧，帮助案主运用其资源和能力；运用协调、协商等技巧，减少案主运用资源的环境阻力；运用人际沟通、社区联络等技巧，帮助案主发掘并运用社区资源；社会工作者也会通过下情上达、社区教育等技巧，维护和促进案主的权益。

社区照管策略和方法的初步运用可产生良好的效果。比如，一些案主在社会工作者的帮助下实现了社会康复，也有一些案主由被动接受服务转变为主动寻求社区帮助，还有一些案主承诺为社会工作者而改变，等等。

（四）戒毒社会工作的项目化方法

项目化方法，即服务提供者与服务购买方（政府职能部门、基金会或企业）的关系是规范化、契约化的合同关系，而不是领导与被领导的行政关系。政府通过项目委托的方式与服务提供者进行合作，服务提供者则按照合同标的和服务方案，在专业督导的支持下，为药物滥用人员（吸毒人员）提供综合性社会工作服务。项目的评估通过自评或第三方评估的方式完成。项目化方法有利于政府、社会组织等建立起平等的伙伴关系，而非上下级关系，这有利于政府职能转换和社会组织的健康发展。

拓展学习

同伴教育在毒瘾戒治中的作用

同伴教育作为一种同伴互助的方法，最早出现在18世纪末19世纪初。英国人贝尔和传教士兰卡斯特采用的"导生制"教学——教师们在学生中选择一些学生，并将其培训成可以督导其他学生的"班长"，被学者们认为是最早的有系统有组织的同伴教育。此后，同伴教育迅速在全球社会领域发展起来。在日内瓦召开的第十二届世界艾滋病大会上，澳大利亚、美国、瑞士、荷兰、印度等国向全世界介绍了同伴教育在预防艾滋病领域的研究经验。同伴教育在我国真正发展起来也是源于此次世界艾滋病大会，中国红十字会为预防艾滋病而推广的艾滋病同伴教育项目，引发了一大批学者开始同伴教育的系列研究，并将这种方法应用于大学生、中学生、妇女、青少年、吸毒人员、流动人口等群体的艾滋病预防教育。随着研究的深入，同伴教育方法逐渐被教师、社会工作者、研究者应用到禁毒、心理健康等多个领域。[①]

同伴教育是利用具有共同特征群体的从众心理或相互影响力，来实施教育影响的新型教育方法。一般认为，同伴教育是指具有相似背景、相似经历和相

---

① 罗玲、彭少峰：《同伴教育研究评述》，载《社会工作》2015年01期。

似年龄的伙伴，共同分享信息、知识和观念，相互传递思想、情感，以唤起感情上的共鸣。同伴教育是一个人社会化的重要途径，也是一种教育行为。

同伴教育是教育者充分发挥同伴间"趋众倾向"的特点，借助培训有号召力的同伴，使周围同伴接受正确信息，从而有计划、有目的地组织同伴相互分享经验和学习的教育方式。同伴教育主要采用小组讨论、游戏、角色扮演等参与性、互动性强的方式进行培训。参与人主要是年龄相仿、知识背景相似、兴趣爱好相近的同伴和朋友。同伴教育培训中，侧重于态度的讨论和技能的培训，而不是知识的传授。同伴教育中主持人的角色不是老师，而是话题讨论的引导者。同伴教育的特点是尊重、平等、形式活泼和参与性强，其核心是交流，目的不是要教会别人什么，而是在彼此讨论之后得出解决问题的办法或者改变态度。同伴教育既可以采取群体游戏讨论的方式，也可以是一对一聊天谈心。

在戒毒领域，同伴教育是一种区别于传统戒毒模式的新型戒毒方法。有学者认为同伴教育是一种建立在社会学习理论基础上的专业教育方法。它通常运用培训的手段将目标群体培养为同伴辅导员，并让同伴辅导员对与其有相似年龄、经历、背景等的同属群体开展服务，帮助服务对象改变行为，达到预期目标。

戒毒人员要戒断毒瘾，摆脱由吸毒带来的生理、心理上的变化，客观上面临许多困难。比如，由于长期吸毒，各方面生理机能遭受破坏、缺乏营养，戒毒人员往往表现出面黄肌瘦、体质衰弱、未老先衰等生理特点，开始戒断时会出现出汗、烦躁等反应；在心理上出现精神恍惚、情感冷漠等状态；容易冲动、紧张、孤独、恐惧、发怒，心理承受能力差。同时，他们的价值观、人生观、生活方式等也偏离社会正常轨道。研究发现，吸毒人员的心理、社会支持方面有着共同特点。比如，吸毒人员在人格特征上往往具有高冲动性，自我控制能力较差。家庭环境对吸毒人员有重大影响，这点在青少年时期尤为明显，一旦缺乏正确的引导和教育便容易沾染毒品甚至吸毒成瘾。吸毒者在社会支持上往往较为薄弱，社会缺乏对他们的理解与认同，当他们认识到自己不被社会所接纳时，就会主动将自身脱离于群体之外。而同伴教育强调与戒毒人员一起面对戒断毒瘾、防止复吸的难题。同伴干预的理论依据是"信息—动机—行为技巧理论模型"，该理论模型指出，只要一个人拥有足够的信息、采取行动的动机和有效行动所需的技能，就有可能从事促进健康的行为。[①]

---

① 彭少峰、罗玲：《自助·互助·助社会：戒毒社会工作与同伴教育的融合探索——以上海"涅槃重生同伴教育小组"为例》，载《社会福利（理论版）》2014年第11期。

同伴教育更容易被戒毒人员所接受，帮助他们坚定戒毒信心。来自具有相似经历的同伴的互动和感染，来自成功戒毒人员的示范和鼓励，能够消除戒毒人员的孤独感，缓解心理压力，也使他们看到希望，建立和强化自身戒毒的动机；通过群体作用和心理互动增强了他们戒除毒瘾的信心和自制力，从而巩固和提高戒治效果。在强制隔离戒毒所，同伴教育一直是教育矫治的重要手段，也是降低毒品复吸的有效方法之一。同伴教育也在一定程度上降低了戒毒的医疗成本和社会成本。因此，在毒瘾戒治中建立和完善同伴教育体系具有重要价值。

 项目考核

1. 如何理解社会工作？其基本工作理念是什么？
2. 如何理解社会工作的功能？
3. 戒毒社会工作的方法有哪些？

 单元小结

本单元主要介绍了戒毒康复的基本理论，以及戒毒康复通常经历的几个阶段和常用的戒毒康复方法、基本工作流程等。在本单元的学习中，要重点掌握我国目前采取的几种戒毒康复措施。

世界各国对毒品成瘾的态度与理念不同，形成了强制矫治、医疗戒毒、药物维持治疗、"戴托普"治疗社区等各具特色的戒毒康复模式。我国也形成了具有中国特色的以政府为领导、社区为基础、家庭为依托、多种戒毒措施并举的戒毒康复工作体系。在治理毒品问题上，司法行政戒毒工作是我国禁毒体系中不可或缺的组成部分，它在帮助成瘾人员戒除毒瘾、减少毒品危害等方面发挥着重要作用。因此，本单元特别介绍了司法行政系统的戒毒康复工作，以及统一的司法行政戒毒工作基本模式。

戒毒工作专业性强、涉及面广，涉及医疗、教育、心理矫治、身体康复等领域，涵盖教育学、社会学、医学、心理学、管理学等学科。本单元还专门介绍了戒毒社会工作方面的内容，将社会工作引入戒毒领域，发挥社会工作的专业优势，对帮助吸毒人员戒除毒瘾、顺利回归社会有着重要的积极作用。

附录

常用法律法规

附录一
中华人民共和国禁毒法

附录二
戒毒条例

附录三
吸毒成瘾认定办法

附录四
吸毒检测程序规定

附录五
戒毒药物维持治疗工作管理办法

附录六
戒毒治疗管理办法

附录七
强制隔离戒毒诊断
评估办法

附录八
公安机关强制隔离戒毒所
管理办法

附录九
司法行政机关强制隔离戒毒
工作规定

参考文献

[1] 马生安. 行政行为研究——宪政下的行政行为基本理论[M]. 济南：山东人民出版社，2008.

[2] 姜明安. 行政法与行政诉讼法[M]. 7版. 北京：北京大学出版社，2019.

[3] 赵敏，张锐敏. 戒毒社会工作基础[M]. 北京：军事医学科学出版社，2011.

[4] 贾东明. 毒品：成瘾与康复[M]. 杭州：浙江大学出版社，2013.

[5] 冼波. 烟毒的历史[M]. 北京：中国文史出版社，2005.

[6] 曲晓光，杨波，李庆安. 戒毒与康复：自愿戒毒领域的探索与实践[M]. 北京：北京日报出版社，2018.

[7] 司法部戒毒管理局. 司法行政戒毒工作概论[M]. 北京：法律出版社，2017.

[8] 司法部戒毒管理局. 司法行政强制隔离戒毒心理矫治实务[M]. 北京：法律出版社，2021.

[9] 王思斌. 社会工作概论[M]. 3版. 北京：高等教育出版社，2014.

[10] 王娜. 戒毒学[M]. 北京：中国人民公安大学出版社，2014.

[11] 何雪松. 社会工作理论[M]. 上海：上海人民出版社，2007.

[12] 顾东辉. 社会工作概论[M]. 上海：复旦大学出版社，2008.

[13] 郭兰平. 强制隔离戒毒导论[M]. 成都：西南交通大学出版社，2010.

[14] 杨波，戴建海，张卓，等. 毒品成瘾与心理康复[M]. 北京：中国政法大学出版社，2015版.

[15] 刘建昌，等. 社区戒毒与社区康复[M]. 北京：中国人民公安大学出版社，2011.

[16] 李文君. 毒品预防教育与戒毒康复[M]. 北京：中国人民公安大学出版社，2010.

[17] 周祖勇，胡建宏．司法行政系统强制隔离戒毒模式实践与探索［M］．杭州：浙江科学技术出版社，2011．

[18] 郝伟，赵敏，李锦．成瘾医学：理论与实践［M］．北京：人民卫生出版社，2016．

[19]［美］大卫·卡普齐，马克·D. 斯托弗．成瘾心理咨询与治疗权威指南：第3版［M］．王斐，译．北京：中国人民大学出版社，2021．

[20] 张文霞，朱冬亮．家庭社会工作［M］．北京：社会科学文献出版社，2005．

[21] 宋丽玉，曾华源，施教裕，等．社会工作理论——处遇模式与案例分析［M］．中国台北：洪叶文化事业有限公司，2002．

[22] 吴善积．强制隔离戒毒工作中推行循证矫治模式的基本路径、存在问题与对策［J］．中国司法，2014（4）．

[23] 吴加明，陈钢．强制隔离戒毒与其他限制人身自由强制措施的衔接［J］．上海政法学院学报（法治论丛），2014，29（1）．

[24] 靳澜涛．消除双轨制：强制隔离戒毒制度改革的应然选择［J］．中共南京市委党校学报，2017（3）．

[25] 赵敏，陆光华，王秋颖，等．海洛因依赖者脱毒治疗依从性影响因素的分析［J］．中国药物依赖性杂志，2004（4）．

[26] 杜江，赵敏，谢斌．精神障碍与物质滥用的共病［J］．国际精神病学杂志，2006（2）．

[27] 范成路，赵敏，杜江，等．生物反馈结合线索暴露治疗降低海洛因依赖者药物线索反应［J］．中国心理卫生杂志，2009，23（12）．

[28] 王增珍，肖杨，彭月华，等．预防海洛因依赖者戒毒后复吸的以问题导向的动机—技能—脱敏—心理能量干预模式和操作流程简介［J］．中国药物依赖性杂志，2013，22（5）．

[29] 费梅苹．本土化视野下社区戒毒康复社会工作服务研究——以上海同伴教育为例［J］．华东理工大学学报（社会科学版），2017，32（1）．

[30] 李晓凤．社会复归视角下中国戒毒互助型治疗社区的理念与干预路径探究——以深圳社区戒毒社会工作为例［J］．浙江工商大学学报，2020（2）．

[31] 何立，占金芳，邱洁妮，等．男性戒毒人员营养治疗后对身心状况的影响：营养治疗对脱毒康复的作用［J］．中国药物依赖性杂志，2021，30（5）．

[32] 徐玉，张尊月，王华伟，等．毒品戒断人员营养治疗专家共识［J］．肿瘤代谢与营养电子杂志，2021，8（1）．

［33］唐莺莹，吴毅，王继军. 重复经颅磁刺激的临床应用与操作规范上海专家共识［J］. 上海医学，2022，45（2）.

［34］史天舒，何赞，王豆豆，等. 重复经颅磁刺激在物质依赖治疗中的应用［J］. 中国药物滥用防治杂志，2020，26（4）.

［35］袁逖飞. 药物成瘾：脑可塑性机制与靶向干预［J］. 中山大学学报（医学科学版），2020，41（3）.

［36］姚玲玉，李晶. 虚拟现实技术及其在临床心理学的应用［J］. 心理技术与应用，2016，4（12）.

［37］陈宗平. 运动干预药物成瘾的研究进展［J］. 体育风尚，2021（4）.

［38］祝莉，王正珍，朱为模. 健康中国视域中的运动处方库构建［J］. 体育科学，2020，40（1）.

［39］李彦林，宋恩. 戒毒人员运动处方专家共识［J］. 中国运动医学杂志，2020，39（11）.

［40］刘星. 表达性艺术治疗临床应用研究进展［J］. 全科护理，2021，19（3）.

［41］乌海市强制隔离戒毒所课题组，李慧芬. 以书法为主的表达性艺术治疗在戒毒矫治中的应用项目报告［J］. 中国监狱学刊，2021，36（4）.

［42］申凯歌，袁红霞，苗嘉萌，等. 基于"五行生克制化"五行音乐疗法治疗康复期戒毒人员抑郁状态疗效观察［J］. 天津中医药，2021，38（6）.

与本书配套的二维码资源使用说明

本书部分课程及与纸质教材配套数字资源以二维码链接的形式呈现。利用手机微信扫码成功后提示微信登录，授权后进入注册页面，填写注册信息。按照提示输入手机号码，点击获取手机验证码，稍等片刻收到 4 位数的验证码短信，在提示位置输入验证码成功，再设置密码，选择相应专业，点击"立即注册"，注册成功。（若手机已经注册，则在"注册"页面底部选择"已有账号？立即注册"，进入"账号绑定"页面，直接输入手机号和密码登录。）接着提示输入学习码，需刮开教材封面防伪涂层，输入 13 位学习码（正版图书拥有的一次性使用学习码），输入正确后提示绑定成功，即可查看二维码数字资源。手机第一次登录查看资源成功以后，再次使用二维码资源时，只需在微信端扫码即可登录进入查看。